사랑의 징검다리

이상화 두 번째 수필집

창조문학사

■ 머리말

우리 인간은 거대한 자연 속의 조그마한 존재이다. 이 자연의 거대한 흐름에 따라서 흘러가야 한다. 구약성경 첫머리에 기록된 하나님의 말씀은 "태초에 하나님이 천지를 창조하시니라"라고 쓰여 있다. 우리 인간은 그 가운데 티끌에 불과하다. 이 티끌인 우리가 어떻게 해서 여기에 왔으며 무엇을 하려고 왔는지 모른다. 앞으로 영과 육이 언제 분리되는지도 모르며 분리된 뒤에 어디로 갈 것인지도 모르고 살고 있다. 즉, 우리는 우리의 의지로 이 세상에 온 것도 아니고 의지대로 사는 것도 아니고 의지대로 가는 것도 아니다. 그것은 하나님의 뜻에 따라 살고 있기 때문이라고 생각한다. 피조물이 어찌 창조주의 큰 뜻을 헤아릴 수 있으리오?

나는 원래 문단에 등단하고 싶다는 생각보다 하나님을 영화롭게 하기 위한 글을 쓰고 싶었으며 그렇게 하고 싶다는 기도를 드리었다. 그래서 신앙에 관한 단상이나 성지 순례기를 주로 섬기는 교회 홈페이지, 지방과 중앙의 문학지에 발표했으며 칼럼은 주로 기독교계 신문에 발표했다.

내가 처음 글을 써서 지방문학지에 실은 것도 신앙과 관련된 글이었고 서기 2천년도 초반에 기독교계 신문에 투고한 것도 신앙에 관련된 글이었다. 그러고 보면 처음 활자화된 나의 작품은 다 기독교 신앙과 관련된 글이었다.

하나님을 영화롭게 하는 길은 하나님을 경외하고 말씀에 순종하며 하나님을 의지하고 하나님을 닮아가는 것으로 생각한다. 특히 믿음은 들음에서 난다고 했으니 복음을 전하는 것은 하나님 말씀에 순종하는 중요한 부분이다. 이 말씀을 전하는 방법에는 여러 가지가 있다. 그중에 문서선교도 있다. 어떠한 방법을 사용하든지 우리에겐 복음을 바르게 전하여야 할 의무가 있다.

내가 처음 출간한 수필집을 생활수필집이라면 이번에 출간하는 수필집은 신앙수필집이라고 말하고 싶다. 이 수필집의 제1부에서는 필자가 5년 유수 개월을 살았던 이슬람 공화국 이란의 첫인상과 그곳에서의 신앙생활 그리고 구약시대 그 나라에 큰 발자취를 남긴 분들이 활동한 무대와 그들이 묻힌 곳, 즉 고레스 왕의 능, 수산 궁터, 악메다 궁터, 선지자 다니엘의 묘, 아하수에로 왕비 에스더의 능 등의 유적지를 소개했으며

제2부에서는 음악은 언어의 큰 벽을 넘어서 선교하기에 좋은 만국의 선교 도구임을 강조하고 해외선교에는 많은 어려움이 있으나 국내에 들어와 있는 외국인 근로자에 대하여는 그런 어려움이 없으므로 최선을 다하여 복음을 전해야 한다고 강조했고

제3부에서는 복음을 직접 전하면서 실제로 느꼈던 것을 썼고 개신교의 마이너스 성장을 분석하고 그 대안을 제시했으며 우리 곁에 이미 다가선 이슬람의 맹렬한 선교활동을 적시하고 이에 대한 대안도 제시해 보았으며

제4부에서는 예수그리스도는 죄 사함 받은 자를 하나님 나라로 인도하는 교량적 역할을 한다는 것을 일깨우고 교회

는 늘 개방하여야 하며 생명의 말씀으로 병든 영혼을 치유하자고 했고

제5부에서는 기도와 말씀에 관련한 소회를 썼으며 특히 교회 안팎에 운동력 있는 말씀이 살아 움직이도록 각 가정에서 어렸을 때부터 자녀에 대한 신앙교육이 중요함을 강조해 보았다.

제6부에서는 이스라엘 자손이 애굽의 노예생활에서 하나님의 인도하심에 따라 젖과 꿀이 흐르는 가나안 땅으로 출애굽 한 여정에 따른 성지 순례와 사도 바울의 3차에 걸친 전도 여정에 따른 성지를 순례하면서 선배들이 남기고 간 신앙생활의 흔적을 찾아보고 느낀 바를 썼다. 그리고 개신교를 이 땅에 전파한 외국 선교사들의 열정, 자기 아들을 살해한 자를 사랑으로 감싸고 나병 환자들을 극진히 사랑한 목자의 열정, 일본 제국주의자들의 잔인무도한 종교 탄압과 싸운 선배들의 열정 그리고 동족상잔의 비극 속에 사라진 순교자들의 숭고함을 담아보았다.

끝으로 이 수필집을 읽으신 분들 가운데 한 분이라도 크게 감동을 하여서라기보다 마음에 스며드는 조그마한 느낌으로라도 하나님을 생각하고 하나님 편에 서 주었으면 필자로서는 더할 나위 없는 기쁨으로 생각하겠다.

2015년 초가을

지은이 이 상 화 씀

이상화 수필집

사랑의 징검다리

차 례

제1부 이슬람 공화국 이란의 기독교 성지

아기 믿음 ········· 12
기내에서 생긴 일 ········· 16
이슬람 공화국 이란의 기독교 성지 ········· 21

제 2부 음악은 만국 공통의 선교 도구

음악은 만국 공통의 선교 도구 ········· 60
외국인 근로자와 선교와의 함수관계 ········· 63
육적인 갈급보다 영적 목마름 ········· 66
한 알의 밀알 ········· 69
'러브 괴산' 행사를 마치고 ········· 72

이상화 수필집
사랑의 징검다리

제3부 개신교는 왜 마이너스 성장했는가?

바람아! 불어라. ······························ 78
예수 믿고 구원받으세요. ······························ 81
우리가 하는 것이 아니다. ······························ 84
개신교는 왜 마이너스 성장했는가? ······························ 88
이슬람교도는 이미 우리 곁에서 활동하고 있다. ······························ 99

제4부 사랑의 징검다리

사랑의 징검다리 ······························ 118
기도하는 집 문부터 열어야 ······························ 121
하나가 된 느낌 ······························ 124
여름 행사, 그 중요성을 잊지 말자. ······························ 126
하나님 말씀으로 마음을 치유하자. ······························ 128

제5부 자녀에 대한 신앙교육의 중요성

은밀한 도움이 더 아름답다 ······ 132
성경에서 진리를 캐내자 ······ 135
종소리에 담긴 평안 ······ 138
또 하나의 열매를 바라며 ······ 141
자녀에 대한 신앙교육의 중요성 ······ 145

제6부 기독교 성지순례

출애굽 여정에 따른 성지순례 ······ 150
사도 바울의 전도여정에 따른 성지순례 ······ 190
우리나라 기독교 성지순례 ······ 249

제1부
이슬람 공화국 이란의 기독교 성지

아기 믿음
기내에서 생긴 일
이슬람 공화국 이란의 기독교 성지

바사 왕 고레스가 이같이 말하노니 하늘의 신 여호와께서 세상 만국을 내게 주셨고 나에게 명령하여 유다 예루살렘에 성전을 건축하라 하셨나니 너희 중에 그의 백성 된 자는 다 올라갈지어다 너희 하나님 여호와께서 함께하시기를 원하노라 하였더라(대하 36:23)

아기 믿음

1989년 1월에 내가 재외공관 근무자로 내정되고 난 뒤에 가장 고민을 많이 했던 것은 신앙문제였다. 그것은 내가 임지로 발령받은 곳이 이슬람(Islam)의 나라 이란(Iran)이기 때문이다. 교회가 없다면 신앙생활에 많은 불편이 있을 것으로 생각하였다. 1970년대 우리나라 건설인들이 이슬람의 나라 사우디아라비아(Saudi Arabia)에 진출했을 때 크리스천인 근로자들이 예배를 드리다가 현지 경찰의 습격을 받고 연행된 뒤에 추방당했다는 실화가 있다. 사우디아라비아(수니파)와 이란(시아파)은 같은 이슬람권의 나라이다.

나는 이란에서 적법하게 허용된 교회가 있으면 비록 한인교회가 아니더라도 매주 그곳에서 예배를 드리면서 신앙생활을 할 텐데 그렇지 않을 때에는 매 주일 크리스천끼리 모여서 예배를 드리지 않을 수 없다. 그러할 때 혹시 위의 사우디아라비아 예와 같이 공직자로서 불미스러운 일이 발생하면 어떻게 하나 하는 염려도 하였다.

나는 1984년에 교회에 등록하여 정식으로 신앙생활을 시작했다. 먼저 하나님을 섬긴 집사람의 기도와 가르침을 받으면서 주일 성수는 물론 교회 행사에 철저하게 참석했으며 교우들과 교제도 열심히 했다. 그리고 몸가짐을 바르게 하려고 그동안 먹었던 술도 끊는 등 생활의 변화를 가져왔다. 독서는 일반 서적을 뒤로 하고 하나님의 진리를 찾기 위해서 성경을 열심히 봉독하고 세상적인 노래는 하나님을 찬양하는 찬송가로 바뀌었다.

하나님을 열심히 섬기고 사랑하며 그의 진리 가운데 살면 영생의 길이 있다는 것을 여러 번 들었다. 또 실제로 예배를 드리고 찬양하면 마음이 편안하고 교우들과 대화를 나누면 신뢰가 가며 신앙생활 자체가 너무도 즐겁고 행복했다. 그것은 집사람의 기도와 보살핌, 목사님과 교우들의 지도가 있어서 그랬던 것으로 생각한다.

그런데 내가 살아온 내 나라, 내가 섬기던 교회를 떠난다고 생각하니 불안해지기도 하고 내 가족을 데리고 가서 살 이란의 수도 테헤란(Tehran)에는 한국 교민들이 얼마나 살고 있는지와 그곳에 한인교회가 있는지에 대하여 궁금증이 생기기 시작했다. 지금 생각하면 그때 내 신앙은 '아기 신앙'이어서 불안했던 것으로 생각한다. 하나님을 믿고 그분을 경외하고 그분께 모든 것을 맡기고 살면 그분께서 눈동자 같이 지켜주시고 걱정 근심을 제거해 주실 것이니 두려울 것이 없을 텐데 말이다.

위에서 말한 궁금증을 해소하기 위하여 이란에 진출해 있는 건설업체 직원 등을 통하여 신앙에 관련된 궁금한 것을 알아본 결과 그곳에 교민들이 다수 살고 있으며 테헤란시 가밤살타네라는 곳에 한국인 성도들만 예배를 드리는 테헤란한인교회가 있다는 것을 알았다. 그 교회에 한국인 목사님도 계시고 장로님도 계시며 성도는 40여 명이 된다는 것도 알았다. 그래서 내 마음은 안정을 찾았다.

주이란한국대사관에 부임한 그 주일 가밤살타네에 있는 테헤란한인교회 예배에 참여했다. 이 한인교회가 정확히 언제부터 세워진 교회인지는 알 수 없었으나 팔레비 왕조 이전부터 그곳에서 예배를 드려왔던 오래된 교회라는 말을 들었다. 그 뒤 팔레비 왕이 이집트로 망명하고 주이란미국대사관이 폐쇄되고 미국 사람들이 철수한 격동의 세월 속에서도 우리 한인들은 테헤란한인교회라는 이름으로 현재 사용하고 있는 옛 교회건물을 임차하여 계속 사용하고 있었다.

팔레비 왕이 집권하고 있을 때에는 우리 교민들도 많았으며 그때 많은 교민이 예배를 드렸다고 한다. 물론 그곳에 진출해 있는 상사직원, 근로자 등 해서 한때는 부흥했었으나 팔레비 정권의 몰락과 미국 사람들의 철수라는 바람을 타고 테헤란한인교회도 기울기 시작했다고 한다.

1980년 9월에 발발한 이란과 이라크와의 8년 전쟁으로 말미암아 수도 테헤란이 공습을 당하는 수난을 겪었을 때 테헤란한인교회 성도들도 어려움을 겪었다고 한다. 그래도 하나님께서는 매주 예배를 드릴 수 있는 여건과 은혜를 베풀어주셨고 우리 한인들은 함께 열심히 하나님을 섬기고 살았다고 한다.

우리 부부는 어느 때는 새벽기도 모임에 참석했고 어느 때에는 교회 뜰의 낙엽을 쓸기도 했고 어느 때에는 교우들과 함께 이란 안에 있는 구약시대의 성지를 순례하면서 기독교에 대한 지식의 폭을 넓히기도 했다. 그렇게 하면서 나의 아기 신앙도 조금은 자란 것 같다. 비록 낯선 외국 생활을 했다 하더라도 하나님을 섬기고 살았으므로 마음이 평화로웠고 하나님께 감사하는 삶을 누릴 수 있었다.

이처럼 이란의 수도 테헤란에 한인교회가 있어서 부임 초부터 귀국할 때까지 그곳에서 신앙생활을 할 수 있도록 해 주신 하나님께 감사하고 무사히 업무를 마치고 건강한 몸으로 귀국할 수 있도록 도와주신 하나님께 감사드렸다. (2013.05.27)

기내에서 생긴 일

지금으로부터 10여 년 전의 이야기이다. 우리 가족이 임지인 이란에 입국하기 전에 문화권(기독교와 이슬람)의 차이에서 오는 특이한 충돌사건이 우리 집사람에게 먼저 찾아왔다. 그것은 우리 가족이 김포국제공항을 떠나 일본 나리다국제공항(成田國際空港)에서 이란 항공기로 갈아타고 베이징 하늘을 날고 있을 때 기내에서 생긴 일이다.

여자 승무원이 집사람에게 저녁 식사 트레이(tray)를 건네준 뒤에 머리카락을 가리는 스카프(뒤에 알았지만, 페르시아어로 "루사리"라고 함)를 쓰지 않았다는 이유로 주었던 식사 트레이를 가져가 버렸다. 처음에는 황당해서 말이 나오지 않았다. 잠시 뒤에 우리는 승무원을 불러서 그녀에게 점잖게 짐 속에 루사리가 들어 있으니 테헤란국제공항에서 짐을 찾은 뒤에 꼭 쓰겠노라고 양해를 구했다.

그러나 우리의 이러한 설명은 받아들여지지 않았다. 하기야 기내는 항공기 국적국의 영토이므로 그들의 법규가 적용되는 곳이므로 그들의 주장이 틀렸다고 말할 수는 없다.

우리 집사람이 저녁 식사를 하지 못하는 것도 문제이지만, 그들이 말하는 루사리를 쓰지 않았다고 테헤란국제공항에서 입국이 거부될 가능성이 있을지도 모르겠다고 생각했을 때 불안하기도

했다. 그 승무원과 우리 집사람과의 시비는 계속되었다. 집사람은 이런 것은 항공기에 탑승하기 전에, 즉 사전에 알려주지 않고 인제 와서 루사리를 쓰지 않았다는 이유로 손님에게 불평등하게 대우하는 것은 부당하다고 항의도 했다. 그러나 그들의 답변은 한결같이 노(no)이었다.

일본 공항을 이륙한 뒤에 우리 집사람과 서로 인사하고 대화를 나누었던 이란 부인이 이 광경을 지켜보고 있다가 안 되었든지, 해결의 실마리가 풀리지 않으리라 생각했든지, 헌 루사리 한 장을 건네주었다. 그래서 우리 집사람은 가까스로 곤욕에서 벗어나고 겨우 저녁 식사를 하게 되었다.

이란에 도착한 뒤부터 그곳을 떠날 때까지 이란의 공공장소에서 여성의 머리카락을 거의 볼 수가 없었다. 여성들이 자신의 아름다움을 가꾸는 것은 동서고금의 구별이 없다. 머리카락을 다듬고 얼굴을 예쁘게 하려고 여성들은 미장원에 자주 들이곤 한다.

그러나 이란은 내국인이든 외국인이든 루사리(히잡)로 머리카락을 가리고 목에서 발등까지 가리는 장옷인 "루프신"이란 겉옷을 입거나 아니면 머리에서 발등까지 가리는 이슬람교도들의 전통적인 옷인 "차도르"를 입어야 한다.

이런 옷들의 색깔은 원래 검은 색깔인데 테헤란은 그래도 많이 현대화되어서 색깔에 구애받지 않는다. 그것이 검은 색깔이든, 흰 색깔이든, 자주 색깔이든 상관없다. 그러나 이슬람 색채가 강한 종교 도시, 예를 들면 시아파 순례지인 콤(Qom)시나 시아파 성지인 마슈하드(Mashhad)시, 타브리즈(Tabriz)시 등의 도시에서는 대부분이 검은 색깔의 차도르를 입는다.

이러한 옷은 속에 입은 옷을 가리는 역할도 하지만, 겨울철에 추운 바람을 막을 수 있으며 여름철에 야외에서 잘 때 홑이불로 사용할 수도 있다. 그러나 한여름 뜨거운 날씨에 입고 외출한다는 것은 여간 괴로운 일이 아닐 수 없다.

자기 나라 여성들에게 이러한 루사리를 쓰도록 강요하는 것을 우리가 시시비비를 논할 문제는 아니다. 그러나 비이슬람권의 외국 여성들에게 이러한 루사리를 쓰고 루프신을 입도록 강요해서 괴로움을 준다는 것은 이해할 수 없다. 자국의 영토 안에서 자국의 법규에 따라 루사리 등을 외국 여성들에게도 쓰고 입도록 강요하고 또 자국의 여성들이 비이슬람권 외국에서 활동할 때 이 루사리 등을 쓰고 입도록 강요하는 것은 형평의 원칙에 어긋난다고 생각한다.

이란에서 살면서 안 일이지만, 이슬람에서는 여성의 머리카락과 둔부는 성과 밀접한 관계가 있으므로 이슬람교도들의 성적 질서를 확립하여 신앙생활을 바르게 하게 하려고 이 루사리, 루프신, 차도르라는 옷이 생겼다고 한다.

이슬람교도인 여자들은 이 옷을 9세부터는 의무적으로 입어 온지라 습관이 되어 별로 불편하지 않다고 하는데 비이슬람권 여자들에게는 여간 곤욕스러운 일이 아닐 수 없다.

그러나 어찌하겠나? "로마에서는 로마법을 따르라"는 말처럼 이란에 와서 살고 있으니 어쩔 수 없이 그 나라의 법규에 따를 수밖에 없다. 우리 집사람도 크리스천이면서 5년 유수 개월 동안 그들이 하라는 대로 루사리도 쓰고 루프신도 입고 살다가 왔다.

이 루사리 등에 얽힌 이야기가 많다. 크리스천인 어느 대사 부인은 귀국할 때까지 이란 안에서 루사리를 한 번도 쓰지 않았다는 이야기가 있다. 그러면 그 부인은 외출을 한 번도 안 했을까 하는 의심이 간다. 그러나 외교관 차 안은 주재국 법규의 적용 대상에서 제외되는 즉, 치외법권이 미치는 곳이므로 그 부인은 외출하더라도 차 안에서 내리지 않고 현지 운전사를 시켜서 쇼핑 등을 했다고 하는 에피소드가 있다.

또 루사리를 쓰지 않았다든가? 그들의 법규에 거슬리게 착용했을 때 외국인 경우 콤미테(Comité de Sûreté Générale. 경찰기관)에 잡혀가서 벌금을 물고 나왔다는 말도 있으며 현지인의 경우 콤미테에 잡혀가서 매를 맞고 나왔다는 이야기도 있다.

다른 나라에서는 이슬람권의 이 복장 문제로 가끔 신문에 보도된 것을 볼 수 있었다. 한 때 "프랑스 북부 릴의 한 국립고등학교에서는 이슬람원리주의의 상징으로 간주하여 교실에서 착용을 금지한 차도르를 입었다는 이유로 이슬람권 여학생 9명을 퇴학시켜 논란"이란 해외토픽이 신문에 게재된 일이 있었다.

우리는 위에서 이미 말한 바와 같이 이란에서 5년 유수 개월을 살다가 1994년 8월 24일 오후 7시 30분에 석양의 햇빛을 안고 집사람과 함께 메흐라바드국제공항(Mehrabad International Airport)을 이륙해 귀국길에 올랐다.

우리 집사람은 몸에 걸치는 옷 때문에 괴로운 때도 있었지만, 그래도 이란을 떠날 때 섭섭함이 마음 한구석에 자리 잡고 있었나 보다. 누가 처음 쓴 말인지는 모르겠으나 집사람도 "시원섭섭하다"는 말로 이란을 떠나는 소감을 말하면서 항공기에 탑승했다. 중국행의 꽤 큰 항공기였는데 거의 만석이었으며 대부분이 이란인들이고 외국인은 그리 많지 않았다.

우리 집사람은 항공기가 메흐라바드국제공항을 이륙한 뒤에 루사리를 아주 벗어버렸다. 마치 5여 년 전에 이란 항공기 안에서 겪었던 사건을 생각하고 그때의 곤욕스러움을 되갚기라도 하듯이 루사리를 아주 벗어 버렸다. 보는 나도 그렇지만, 자신도 시원함을 느꼈을 것이다. 아마 이란에서 살다 떠나는 외국 여성들의 심정은 지금 우리 집사람이 느끼고 있는 바로 그것과 같을 것으로 생각하였다.

이제부터는 거추장스러운 루사리를 쓰지 않은 우리 집사람의 윤기 나는 검은 머리카락을 늘 보면서 살 수 있게 되었다. 그런데 햇빛에 비친 집사람의 머리카락을 무심히 쳐다보다가 흰 머리카락을 발견했다. 머리카락을 가리는 '루사리도 오는 백발을 막을 수 없었던가 보다'라고 생각하면서 세월의 무상함을 다시 한 번 생각해 보았다. 오늘 그 시절 그때를 생각하면서 추억의 갈피 속에서 괴로웠던 장면이 아닌 아름답게 채색된 삶의 한 장면을 찾아보고 이 글을 썼다. (2000.09.15)

이슬람 공화국 이란의 기독교 성지

◇ 국가 개요

이란은 이슬람의 나라이다. 이란에 기독교 성지가 있다는 것을 성경이나 중동 역사서를 통하여 알고는 있으나 그 성지를 직접 순례한 사람들은 드물 것으로 생각한다. 그 이유는 1918년 이래 영국의 지배(영국보호령), 카자르왕조(Qajar Dynasty)의 몰락, 팔레비왕조(Pahlevi Dynasty)의 기반조성과 집권 등으로 정국이 혼란했고 특히 1979년 이슬람 혁명을 계기로 이란은 미국과의 우호 관계가 단절했으며 1980년부터 이라크(Iraq)와 8년 동안 계속된 전쟁 등으로 이란의 정정이 극히 불안해서 외국인의 입국과 활동이 30여 년 동안 자유롭지 못했기 때문이다.

현재도 미국과의 우호 관계가 회복되지 않았으나 1988년 이라크와의 전쟁이 종료된 뒤에 여러 차례의 경제개발계획을 수립하여 추진했으며 그런대로 정정이 안정을 되찾았기 때문에 외국인들의 입국이 자유로워서 관광의 길이 열렸다. 거기다가 기독교 성지나 일반 관광시설도 많이 정비되어서 여행자들에게 별 불편을 주지 않는다. 그리고 더 중요한 것은 이란 정부에서 관광객을 유치하기 위한 관광진흥책을 쓰고 있다는 것이다.

이란의 기독교 성지를 설명하기 전에 독자들의 이해를 돕기 위하여 이란이 어떠한 나라인지? 즉 이란의 지리적 위치, 국토면적, 수도, 언어와 종교, 역사 등을 먼저 간략하게 설명하기로 한다.

필자는 1980년대 말부터 1990년대 중반까지 이란에서 살면서 시간이 허락할 때 부부 동반으로, 교우들이나 대사관 직원들과 같이 이란의 기독교 성지를 순례하곤 했다. 그때의 기억을 되살리고 문헌을 참고하여 이란의 기독교 성지를 설명하고자 한다.

○이란의 지리적 위치

이란은 아시아 대륙의 서남부에 있고 북위 25°와 40°, 동경 44°와 63° 사이에 있으며 인접국으로는 동쪽에는 파키스탄(Pakistan)과 아프가니스탄(Afghanistan), 서쪽에는 터키(Turkey), 이라크(Iraq), 쿠웨이트(Kuwait)와 사우디아라비아(Saudi Arabia), 남쪽에는 페르시아 만(Persia Gulf)과 오만 만(Gulf of Oman) 그리고 북쪽은 아르메니아(Armenia), 아제르바이잔(Azerbaijan) 및 투르크메니스탄(Turkmenistan)과 카스피 해(Caspian Sea)에 인접해 있다.

수도인 테헤란(Tehran)은 이란 북부에 있으며 위도상 북위 35° 40' 동경 51° 25'에 있다.

○이란의 국토 면적

이란의 국토 면적은 1,648,000㎢로서 한국 국토 면적의 7.5배이며 인접국인 이라크의 약 4배이다. 총면적의 용도별 구성을 보면 농경지가 9.8%, 목축업이 가능한 초지는 6.7%, 산림지대가 10.9%이고 농경할 수 없는 불모지가 72.6%로 되어 있다.

그리고 주요부존자원으로 확인매장량으로 볼 때 원유는 약 1,300억 배럴로 세계 제2위이며 가스는 34tcm(trillion cubic meters)로 역시 세계 제2위이다. 석탄 3~5억 톤, 철은 16억 톤, 동은 8억 톤 그리고 연/아연은 0.5억 톤으로 자원 부국이다.

○이란의 수도 테헤란

테헤란(Tehran)은 해발 3,000여m인 알보르즈 산(Mount Alborz)에 안겨 있고 그 면적은 1,200㎢이다. 기후는 여름에는 뜨겁고 건조하며 겨울에는 춥다. 기온은 최고 섭씨 42°, 최저 섭씨 -16°이며 평균 강우량은 연간 225㎜이다. 고도는 남부는 해발 1,100m이고 북부는 해발 1,700m이며 인구는 1천2백만 명이 넘는다.

이 도시의 생성과정을 살펴보면 애초 레이(Rey)라는 조그마한 마을이었으나 1220년에 몽골의 침입이 있은 뒤에 개발되기 시작했다. 도시발전과 인구증가는 지금으로부터 약 2세기 이전에 시작되었다. 사파비드왕조(Safavid dynasty. 1501~1732)의 타흐마스브 왕의 명령에 따라 골레스탄(Golestan) 궁전의 건축과 테헤란 주변에 12개의 문이 있는 8㎞의 성을 쌓고 성루(城樓)를 만드는 등 1554년에 하나의 도시로 형성되었다. 그리고 카자르왕조아가 모하마드 칸(Agha Mohammad Khan. 1742~1797)이 1795년에 이 테헤란을 공식적으로 수도로 발표했다. 테헤란 이름은 테(teh=hot)와 란(ran=locality)의 합성어로 "뜨거운 곳"이라는 뜻이다.

나세르 오드 딘 왕의 50년 통치기간 테헤란은 크게 확장되었고 주거환경이 개선되었으며 넓은 도로망의 개설 그리고 바자, 큰 상가, 공예시설 등이 이 기간에 건설되었다.

현재 테헤란에는 유명한 박물관이 여럿 있다. 즉 국립박물관(The National Museum of Iran), 유리도자기박물관(The Glass & Ceramic Museum), 레이자 압바시스박물관(Reza Abbasis Muse um), 카펫박물관(CarpetMuseum), 국립국왕박물관(The National Palace Museum) 등이 있다.

테헤란은 이란의 정치, 경제, 문화, 교육, 금융, 상업, 교통, 통신 등의 중심지이며 수송시설로 메흐라바드국제공항(Mehrabad International Airport)이 있고 국토가 광활해서 국내선이 발달해 있다. 그리고 육로로는 철도, 도로, 버스터미널이 있어 각 시도에 연결되어 있다. 또 관광객들의 기호에 적합한 각종 숙박시설도 갖추고 있다. 그리고 테헤란 시민은 외국인들에 대하여 아주 친절하다.

○이란의 언어와 종교

이란의 언어는 아랍어가 아닌 페르시아어(일명 파르시'Farsi'라고 함)이다. 페르시아어는 이란 이외에 아프가니스탄에서도 사용한다. 과거 페르시아가 아랍군의 지배를 받아 이슬람(Islam)화된

때로부터 아랍 문자를 사용하기 시작했으며 중세에 페르시아어를 모체로 다수 아랍어휘를 차용하여 현재의 페르시아어가 만들어졌다고 한다. 아르메니아인(Armenian)들은 인도 유럽어족의 언어, 튀르크(Turk)계 인들은 튀르크어를 사용하고 있다.

이란은 이슬람 공화국(Islamic Republic)으로서 전 국민의 98.8%가 무슬림(Muslim)이며 0.7%가 기독교인, 0.3%가 유대교인, 0.1%가 조로아스터교(Zoroastrianism. 拜火敎)인, 기타가 0.1%이다. 아르메니아인들은 전부 그리스도교를 신봉하고 있으며 그 이외에 소수 이란 사람들도 있다. 이란은 원래 유일신 아후라 마쓰다(Ahura Mazda)를 숭배하는 조로아스터교를 신봉했는데 7세기부터 11세기까지는 아랍인의 지배를 받아 이때부터 이슬람화가 급속히 진행되었으며 오늘날 이슬람 공화국이 되었다. 이러한 이란은 헌법상 종교의 자유를 허용하고 있다.

위에서 이미 말한 조로아스터교를 좀 더 부연하면 고대 페르시아 철학자이며 예언자인 조로아스터(Zoroaster. 또는 Zarathushtra. B.C. 660~553년)가 '아후라 마즈다'(Ahura Mazta)라는 신의 계시를 받아 창시한 종교이다. 아후라(Ahura)는 '주'를 의미하며 마쓰다(Mazta)는 신의 '이름'인데 지혜와 현자를 뜻한다고 한다. 조로아스터교는 유일신을 숭배하지만, 종교체계는 이원론이다. 우주에 주재하는 신은 하나가 아니라 둘로 보고 있다. 하나는 선과 광명을 대표하는 아후라 마쓰다이고 다른 하나는 악과 어둠을 대표하는 아흐리만(Ahriman)이다.

조로아스터교의 교리는 '바르게 생각하고 바르게 살자'는 것이라서 아후라 마즈다는 시기와 질투의 신이 아니라 관용과 선한 신이라고 한다. 그래서 학자들은 조로아스터교의 선과 악, 천국과 지옥, 천사, 부활, 최후의 심판 개념 등은 훗날 다른 종교에 영향을 주었을 것이라고 보기도 한다. 이 종교는 서기 7세기경 이슬람이 이란에 들어오기 전까지 가장 성행했던 종교이다.

그리고 바사제국 아케메네스 왕조(Achaemenian Dynasty)의 역대 왕들은 조로아스터교의 최고신인 '아후라 마쓰다'의 은혜를 입어 관용적이고 정의로운 통치를 하였다고 한다.

이스파한 시에서 동쪽으로 260㎞ 떨어진 야즈드(Yazd)에 창시자의 초상화와 아후라 마쓰다의 상징물이 있는 조로아스터교 신전이 있으며 그 근방 산 위에 사람의 시신을 조장(鳥葬)하는 '침묵의 탑'(Silence Tower. 현지어로 Dakmeh라 함)도 있다. 인간의 영혼은 영원하나 육체는 죽으면 불결한 흉물로 변하기 때문에 신선한 흙이나 물과 불에 접촉해서는 아니 되므로 시신을 매장, 수장이나 화장을 해서는 안 된다고 한다. 그래서 산 정상의 원통형 탑 중앙에 시신을 놓아 매 등 새들의 먹이가 되게 했다고 한다. 침묵의 탑은 두 개가 있는데 그중 높은 것은 남성용이고 좀 작은 것은 여성용이라고 한다. 그런데 현재는 정부에서 위생상 이유로 조장을 금하고 있다고 한다.

◇ 이란의 역사 개관

이란은 역사가 매우 유구한 나라이다. '이란'(Iran)이라고 표현하는 것보다는 '페르시아'(Persia)라고 표현하면 머릿속에 잘 떠오를 것으로 생각한다. 페르시아란 말은 이란 남쪽에 있는 페르시스(Persis, Parsa, 현재의 Fars)라는 지방의 이름에서 유래된 것이라고 한다.

이 페르시아는 기원전 4000년 이전부터 거주 흔적이 알려졌고 그 당시의 선사시대 유적이 많이 남아 있다. 즉 고대 페르시아 사람들이 들어오기 이전부터 엘람(Elam) 족은 이미 지금의 이란 남부 후제스탄(Khuzestan) 주 지방에 기원전 2400~539년경 문명을 구축한다. 이는 인류 역사에서 가장 오래된 문명에 속한다.

엘람 족의 세력이 절정에 이르렀던 기원전 13세기에는 지구라테 초가잠빌(Ziggurat-e-Choghazambil)에서 위용을 과시한다. 기원전 612년 메대(Mede)는 스키타이(Scythia)와 바벨론이 동맹하여 아시리아(Assyria)를 공격하여 수도를 파괴하는 등 큰 피해를 준다. 기원전 559년 고레스(Cyrus)는 페르시아 남부에서 연약한 왕조의 후계자로서 메디아 군주 아스티아게스(Astyages) 왕을 추방한다. 그리고 기원전 539년 페르시아 제국의 고레스 대왕(Cyrus The Great)은 엘람 왕국의 수도를 점령하여 페르시아 제국에 복속시킨다. 초대 페르시아 제국을 세웠던 아케메네스 왕조(Achaemenes/ Achaemenian Dynasty) 때 다리우스 1세는 흑해, 나일 강(Nile River), 인더스 강(Indus River)까지 영토를 확장하는 등 제국을 건설한다.

그러나 페르시아는 기원전 490년 그리스와의 마라톤전투(The Battle of Marathon)에서 패한 뒤에 점차 쇠퇴하기 시작한다. 기원전 330년경에 알렉산더 대왕(Alexander The Great, B.C. 356~323)이 페르시아 제국을 정복하지만, 그는 곧 죽고 신하인 셀레우코스(Selucos) 장군이 왕권을 잡는다. 이후 왕위 계승자들이 이어지지만, 점차 파르티아(Parthia) 사람들에게 지배권을 내주게 된다. 그리하여 페르시아 동북쪽에서 진출한 파르티아 사람들이 두 번째 페르시아 제국(B.C. 247년경)을 세우고 로마제국에 도전한다.

그 뒤에 사산 왕조(Sassanian Dynasty)가 세 번째 페르시아

제국(A · D 224년경)을 세워 건축과 웅장한 예술로 페르시아 제국이 400여 년간 황금기를 구가한다. 서기 641년에 아랍인의 침입으로 멸망한다. 위에서 이미 말했지만, 7세기부터 11세기까지는 아랍인의 지배를 받아 이때부터 이슬람화가 급속히 진행한다. 유일신 아후라 마쓰다(Ahura Mazda)를 숭배하는 조로아스터교(Zoroastrianism) 대신 이슬람(Islam)이 전파되기 시작한다. 9세기에 한때 사파르왕조 · 사만왕조가 일어났으나 얼마 가지 못하고 11세기부터 13세기까지는 튀르크(Turk)계 셀주크왕조의 지배를, 이후 16세기까지는 몽골(Mongolia)계 티무르제국의 지배를 받는다.

그러다 1502년 사파비왕조가 일어나면서 강력한 이란 민족국가를 형성한다. 당시 수도 이스파한(Esfahan)은 '세계의 중심'으로 불릴 만큼 큰 번영을 누렸고 이때 비로소 시아파 이슬람이 국교로 정해진다. 18세기 후반부터는 투르크멘(Turkmen)족의 카자르왕조가 창건되어 수도를 테헤란으로 옮긴다. 19세기 초 카자르왕조 시대 후반에는 러시아의 압박을 받았고 1857년에는 아프가니스탄(Afghanistan) 문제로 영국과의 전쟁에서 패한다. 이러한 대외적인 패전에도 불구하고 국내에서는 여전히 전제정치가 행해지자 결국, 국민의 반발을 초래하여 1906년 헌법 제정을 비롯해 의회제도가 성립된다.

1918년 페르시아-영국 조약으로 영국보호령이 된다. 이에 항거하여 이란 카자크 병단(Corps)의 대장 레자 칸(Reza Khan)이 무력 정치개혁을 일으켜 카자르왕조를 무너뜨리고 1925년 스스로 레자 샤(Reza Shah)라 칭한 뒤, 팔레비 왕조(Pahlevi Dynasty)의 기초를 닦는다. 레자 샤(왕)는 중앙집권제를 시행하고 치외법권의 철폐, 철도의 부설, 여성의 차도르 착용 금지 등 후진성 탈피에 노력하는 한편, 각종 불평등조약을 폐기하고 국제연맹에도 가입한다. 이어 서아시아 여러 나라와 동맹을 맺고 지속해서 유럽세력 배제를 위한 투쟁을 펼치는 한편, 1935년에는 국호를 이란(Iran)으로 바꾼다.

1941년 부제의 퇴위로 즉위한 무하마드 레자 샤(Muhammad Reza Shah. Pahlevi)는 석유 수입의 증대를 배경으로 하여 1963년 농지개혁, 문맹 퇴치, 중립과 석유 외교, 여성참정권 등을 골자로 하는 '백색혁명'(The White Revolution)을 단행하였다. 1973년 제5차 5개년경제계획 시행 중 석유. 중공업에 치우친 나머지 보수 시아파의 반 팔레비 투쟁의 격화로 1979년 1월 팔레비는 이집트로 망명하고, 반정부 이슬람 혁명을 주도한 호메이니(Ayatollah Ruhollah Khomeini. 1900~1989)는 국민투표를 통해 이슬람 공화국의 수립을 선언함으로써 실질적 지도자로 군림한다.

1980년 9월 샤트알아랍 수로와 아트그섬 영유권을 둘러싸고 이라크와 8년간의 전쟁을 치렀으며 그 결과 국제적인 고립과 막대한 인적, 물적, 경제적인 손실을 보았다. 그러나 전후 국제적인 고립에서 벗어나려는 움직임과 함께 1989년 호메이니의 사망으로 하메네이(Hojatolislam Sayyed Ali Khamenei. 1939~)가 최고 지도자의 지위를 계승하고, 라프산자니(Rafsanjani. 1934~)가 대통령에 당선되어 전후복구와 경제사회개발5개년계획을 수립하였으며 실용주의 정책을 채택하였다. 1997년 하타미(Mohammad Khatami. 1943~) 대통령은 개혁파로 취임한 뒤에 역시 경제난을 극복하기 위한 개방, 개혁정책을 적극적으로 추진했고 현재 마흐무드 아흐마디네자드(Mahmoud Ahmadinejad. 1956~) 대통령은 보수파로 경제난 타개를 위하여 적극적인 개발정책을 추진하고 있다.

참고로 아케메네스 왕조(Achaemenian dynasty) 페르시아(바사) 제국(B.C. 약 550~330년)의 역대 통치자들을 열거하면 다음과 같다. 키루스 2세(대제, 구약성경엔 고레스. B.C. 550~530년), 캄비세스 (B.C. 530~522년), 스멜디스 1세 (B.C. 522~521년), 다리우스 1세(대제, 구약성경엔 다리오. B.C. 521~486년), 크세르크세스 1세(대제, 구약성경엔 아하수에로. B.C. 486~464년), 아르타크세르크세스 1세(구약성경엔 아닥사스. B.C. 464~423년), 다리우스 2세 (B.C. 423~404년), 아르타크세르크세스 2세 (B.C. 404~359년), 아르타크세르크세스 3세 (B.C. 359~338년), 아르세스 (B.C. 338~336년), 다리우스 3세 (B.C. 336~330년)이다.

◇ 이란의 주요 기독교 성지

기독교 성지 순례하면 주로 이스라엘(Israel)을 중심으로 이집트(Egypt), 요르단(Jordan), 로마(Roma), 터키(Turkey), 그리스 (Greece) 등지로 많이 가는데 이란에도 기독교 성지가 여러 곳에 있다. 이란에서는 구약성경에서 큰 발자취를 남긴 분들이 활동한 무대와 그들이 묻힌 곳을 찾아볼 수 있다. 즉 고레스 왕의 능, 수산 궁터, 악메다 궁터, 선지자 다니엘(Daniel)의 묘, 아하수에로 왕비 에스더의 능 등의 유적지가 바로 그것이다.

이란의 기독교 성지는 주로 기원전에 활동했던 분들이 묻힌 묘라고 볼 수 있다. 그렇다면 그 묘가 성경에 쓰여 있는 분들의 무덤이라는 것을 어떻게 알 수 있는가? 가 문제이다. 학자들의 말을 빌리면 전설이 아니고 전승해 오는 말, 고고학자들이 발견한 유물(토기 등)에서 찾은 증거, 성경 상의 지형지물 그리고 비석의 비문 등을 보고 판단한다고 한다.

한국에서 이란까지 가는 항로는 인천국제공항을 출발해서 중국 베이징을 거쳐서 이란의 수도 테헤란 근교에 있는 메흐라바드 국제공항으로 가게 되는데 하루에 두 편의 항공기가 테헤란을 향하여 비행한다. 비행시간은 8시간에서 9시간이 소요된다.

테헤란을 기점으로 할 때 고레스 왕의 능은 파르스(Fars) 주에 있으므로 가는 도중에 건축물의 걸작인 페르세폴리스(Persepolis)가 있어 이를 살펴볼 수 있다. 항공기를 이용하더라도 거리상으로 보아 1박 2일 코스로 여행하는 것이 좋을 것이며 후제스탄(Khuzestan) 주에 있는 수산 궁터와 다니엘 묘는 서로 거리가 1㎞쯤 떨어져 있으므로 하나로 묶어서 갈 수 있어 당일 코스로도 가능하다. 그리고 하마단(Hamadan) 주에 있는 악메다 궁터와 에스더의 능은 테헤란에서 국내선 항공기로는 40분이 소요되며 승용차 편으로는 4시간 반 정도 소요된다. 시간적인 여유가 있으면 같은 주에 있는 알리 사드르 동굴(Ali-Sadr Cave)을 관광하길 권한다.

이란의 기후는 섭씨 최고 50°, 최저 -30°이고 연평균 강우량은 서부는 1,500㎜, 동부는 500㎜이나 여름과 가을은 쾌청한 날씨가 계속 이어지는데 더위를 피하여 가을로 순례스케줄을 잡는 것이 좋다.

그리고 여기에서 성지는 서로의 거리를 고려하지 않고 시대순으로 설명하기로 한다.

◇ 하나님의 목자 고레스 왕의 능

○바사의 초대 왕 고레스

고레스는 북부 엘람의 한 지역 안샨(Anshan)국의 왕 캄비세스 1세(Cambyses Ⅰ. B.C. 600~559)와 메대(Mede, Media라고도 함)의 네 번째 왕 아스티아게스(Astyages)의 딸 만다네(Mandane) 사이에서 태어났다. 그러므로 고레스는 왕족 출신이다.

고레스가 출생하기 전에 그의 외할아버지가 꿈을 꾸었는데 그 꿈에서 "자기 딸의 태내에 포도나무가 자라 전 아시아를 그늘지게 한 환상을 보았다."고 하며 마구스(Magus = 원래는 조로아스터교 사제, 마법사)에게 해몽을 부탁했던바, "당신 딸의 자식이 당신을 대신하여 아시아를 지배할 것이라고 말했다." 고 한다.

그의 외할아버지 아스티아게스는 그 예언이 두려워서 가장 성실한 자기 심복 하르파구스(harpagus)를 보내 고레스를 살해하도록 명했으나 그의 심복은 그 명령을 따르지 아니하여 고레스가 살아남게 되었다고 한다. 사학자 헤로도토스(Herodotus. B.C. 484?~425?)에 따르면 고레스는 생후 곧 산중에 버려져 이리의 젖을 먹고 자랐다고 하는 등의 범상치 않은 일이 있었다고 한다. 기원전 559년에 그의 아버지가 사망하자 안샨국의 왕위를 계승하고 페르시아 민족을 통합한 뒤에 역사적인 정복사업에 나섰다. 그의 전성기에는 중앙아시아로부터 지중해 연안까지 영토를 넓혀 20년간 치리했다.

고레스는 총명한 군주로서 그는 유능하고 인간적인 정책을 시행하여 아시아에 있어서 그를 가장 매력적인 인물 중의 하나로 만들었고 그는 기원전 550년에 메대 왕국의 수도 악메다(Achmetha)를 점령하여 통합하고 수도를 그곳(지금의 하마단)으로 옮기었으며 그의 외할아버지 아스티아게스를 추방하고 기원전 539년 바벨론을 정복했으며 페르시아제국을 세워 아케메네스 왕조의 창시자가 된다.

고레스라는 왕(사실은 고레스 2세)의 이름은 구약성경 역대하 36장 22절에 처음으로 등장한다. 여기 22절과 23의 말씀 중에 여호와께서 예레미아의 입으로 하신 말씀을 응하게 하려고 고레스가 온 나라에 공포도 하고 조서도 내렸는데 그 조서가 기독교 친화적인 정책을 쓴 것으로 유명하다. 그 조서의 주요 내용은 첫째로 여호와 하나님께서 명하여 예루살렘에 성전을 건축하라고 한 것, 둘째로 이를 위하여 바벨론이 사로잡아 온 유다인 포로를 귀환시키라 한 것, 셋째로 전리품으로 탈취한 금, 은과 모든 기명을 예루살렘 전에 돌려 보내주라는 것(스 5:14, 15)이다.

○예루살렘의 수난과 선지자들의 예언

고레스가 바사제국을 세우기 전 50수 년 동안 예루살렘은 바벨론 느브가넷살(Nebuchadnezzar. B.C. 634~562) 왕에 의하여 세 차례나 포위 공격을 당했으며 그때 어린 다니엘과 에스겔(Ezekiel) 등 유다인 4천6백 명이 포로로 끌려가는 불운(렘 52:28~30)과 성전이 훼파되는 수난을 당하여 멸망하였다. 그 이유는 유다 역대 왕 중에 우상을 타파하고 백성에게 하나님의 말씀을 가르치며 싸우기에 앞서 하나님을 믿은 르호보암(Rehoboam), 아사(Asa), 여호사밧(Jehoshaphat) 등의 왕들도 있었지만, 여호와에 대한 예배를 멀리하고 우상숭배 하며 백성에게 그칠 줄 모르는 악행을 한 여호하아스(Jehoaz), 여호야김(Jehjakim), 여호야긴(Jehojachin) 등의 왕들이 있었기 때문에 마침내 위와 같이 백성이 바벨론의 포로로 잡혀가고 성전이 파괴되는 시련을 당하였다고 한다.

그러나 여호와 하나님께서는 선지자 이사야(B.C. 740~680)로 하여금 고레스가 어떻게 하여 바벨론을 점령할 것인지에 대하여 성경에 미리 기록하게 하셨다. 즉 "깊음에 대하여는 이르기를 마르라 내가 네 강물들을 마르게 하리라"(사 44:27) 여기서는 '깊음'과 '강물'과 같은 영화를 누리는 바벨론으로부터 그 영화를 빼앗는다는 뜻, 즉 바벨론의 멸망을 예언케 하셨고 "고레스에 대하여는 이르기를 내 목자라 그가 나의 모든 기쁨을 성취하리라 하며 예루살렘에 대하여는 이르기를 중건되리라 하며 성전에 대하여는 네 기초가 놓여지리라 하는 자니라"(사 44:28)고 하셨으며 예레미아(B.C. 627~580)로 하여금 "나 여호와가 이같이 말하노라 바벨론에서 70년이 차면 내가 너희를 권고하고 나의 선한 말을 너희에게 실행하여 너희를 이곳으로 돌아오게 하리라"(렘 29:10)라고 하여 예루살렘 성전의 재건과 바벨론의 포로생활로부터 유다인들을 귀환시키는 것을 예언케 하셨다.

○고레스의 조서와 선지자 예언의 성취

여호와 하나님께서는 바사 왕 고레스에게 유다 왕국의 회복을 명하는 칙령을 내리게 하셨다. 구약성경을 보면 "바사의 고레스 왕 원년에 여호와께서 예레미야의 입으로 하신 말씀을 이루시려고 여호와께서 바사의 고레스 왕의 마음을 감동시키시매 그가 온 나라에 공포도 하고 조서도 내려 이르되 나에게 명령하여 유다 예루살렘에 성전을 건축하라 하셨나니 너희 중에 그의 백성된 자는 다 올라갈지어다 너희 하나님 여호와께서 함께 하시기를 원하노라 하였더라"(대하 36:22, 23. 스 1:1~3)라고 한 말씀이 있다.

또한, 하나님께서는 바사 초대 왕 고레스의 마음을 감동시켜 그로 하여금 기원전 539년 10월 12일에 바벨론(벨사살 왕)을 정복케 했으며 위에서 이미 말한 바와 같이 538년에 유다인들의 귀환을 허락하는 조서를 내리게 하고 536년에 예루살렘 성전의 재건이 시작되었다. 바벨론 포로생활은 586년 이후 50년 만에 끝이 나나 포로가 70년 동안 있으리라는 예레미야의 예언은 바벨론으로 포로가 되어갔던 기원전 606년부터 기산 하면 정확히 들어맞는다.

그리고 예루살렘 성전의 재건은 기원전 534년에 중단되었다가 520년에 재개되어 515년에 완성을 본다. 그러므로 고레스 왕 때 성전 재건이 시작되어 다리오(Darius I) 왕 때 대역사가 끝난 셈이 된다. 이와 같은 친유다정책은 다리오 왕(Darius I. B.C. 522~486)과 아닥사스 왕 1세(B.C. 465~424)가 예루살렘 성전과 성벽건축을 촉구하는 법령(스 6:1~12, 7:11~26 참조)을 공포할 수 있도록 하는 계기를 마련해 주었다. 이러한 고레스의 업적은 인간의 역사에서도 큰 획을 그었을 뿐만 아니라 특별히 하나님의 대역사를 위하여 선택된 생애라는 점에서 성경 역사상 중요한 의미가 있다.

○웅장한 고레스 왕의 능

고레스 왕은 만년에 파사르가대(Pasargadae)로 도읍을 옮겼고 정복지에 대하여는 그 지방의 신을 인정하고 풍습을 존중하며 자치를 허용하는 등 유화정책을 썼다. 그는 기원전 529년 아랄 해 연안의 자카르테스유역의 스키타이(Scythian)를 정벌하기 위한 원정길에 나섰으며 마사게타이(Massagetae)와의 싸움에서 전사했다고 한다.

고레스 왕의 능은 이란 남부 파르스(Fars) 주 쉬라즈(Shiraz) 시에서 북쪽으로 110㎞쯤 떨어진 파사르가대라는 옛 고레스 궁터에서 1㎞ 떨어져 있다. 좀 더 상세하게 설명하면 그의 능은 이란 수도 테헤란에서 직선거리로 895㎞ 떨어져 있는데 쉬라즈 시까지는 항공기편으로는 2시간 반 정도 소요되며 쉬라즈 시에서 그곳까지는 승용차편으로 1시간 30여 분 정도 소요되는 거리에 있다. 그리고 쉬라즈 시와 인접해 있는 건축물의 걸작인 페르세폴리스(Persepolis)에서 북쪽에 있는 무덤의 계곡을 지나 4, 50분쯤 가면 옛 바사제국의 수도인 파사르가대에 이른다(페르세폴리스 → 고레스 왕의 능: 50㎞).

고레스 왕의 능은 기초가 12m×13m의 6층 석단 위에 세워진 엄청난 규모의 석실 분묘로 바사제국이 멸망할 때까지 황금관 속에 고레스 왕의 시신이 들어있었다고 한다. 그러나 지금은 도굴되어 비어 있으며 옛 영화를 말해주는 듯 웅장한 모습으로 홀로 서서 순례자들을 맞고 있다. 이 능은 유네스코 세계문화유산(the Monuments of world culture Heritage)으로 등재되어 있다.

고레스 왕은 분명히 다니엘로부터 페르시아가 영원한 것이 아니라 200여 년 뒤에 멸망할 것이라는 예언을 들었을 것이다. 그래서 그의 비문에 "그대가 오리라고 예상하고 오래전부터 여기에 누워 기다리고 있다. 이 나라는 내가 이룩한 것이니 너는 내 무덤을 파괴할 권리가 없다."고 썼는지도 모른다. 정복자 알렉산더 대왕(Alexander the Great)은 이곳 파사르가대 근방에 위용을 자랑하고 있는 고레스 왕의 능 앞에 도착하여 고레스 왕의 비문을 읽고 머리를 숙여 경배하였다고 한다.

고레스 왕의 옛 궁터에는 지금도 기원전 6세기 아케메네스 왕조(Achaemenian dynasty)의 모습을 찾아볼 수 있다. 즉, 윗부분이 잘린 궁궐의 석주 일부가 가지런히 남아 있고 역시 석물에 "나는 고레스 왕이다."라고 쓰여 있는 고레스 왕의 상징물, 고레스 왕의 알현실 터 등도 남아 있다. 그 이외에 4개의 날개가 달린 지어니스(genii), 포효하는 돌사자 머리, 탁흐티 마다리 수라만 단지, 고레스의 부조, 다우 독타르 돌무덤, 불의 제단, 파괴된 불의 신전이 남아있다.

이 고레스 왕의 능을 순례한 뒤 귀로에 건축물의 걸작인 페르세폴리스를 살펴보는 것이 좋을 것이다. 특히 건축학도들이나 미술학도들은 페르시아 건축문화의 진수인 이 작품을 감상하기 바란다.

◇ 바사제국의 수도 페르세폴리스

○페르세폴리스의 대역사와 소실

페리세폴리스에는 대사관 직원들과 함께 업무 차 쉬라즈를 방문했다가 잠시 들린 적이 있다. 페르세폴리스는 페르시아어로 닥호테 잠시드(Takht-e-Jamshid) 궁이라고 하며 파르스(Fars) 주 쉬라즈(Shiraz) 시 북쪽에 자리 잡고 있다. 이 궁터는 유네스코에 세계문화유산으로 등재되어 있다.

테헤란에서 쉬라즈 시까지는 895㎞ 떨어져 있으며 승용차편으로는 이스파한 시를 거쳐 갈 때에는 약 11~12시간이 소요되나 항공기편으로는 2시간 반 정도 소요된다. 그런데 이 역사적인 예술품인 페르세폴리스는 쉬라즈 시에서는 승용차편으로 약 40분 거리에 있다. 그곳에 가기 전에 한국 신화건설(주)이 이란과 이라크 사이의 전쟁 와중에서도 철수하지 않고 건설한 쉬라즈비료공장이 오른손 편에 우뚝 서 있다.

이 페르세폴리스 앞에는 비옥한 농토가 넓게 펼쳐져 있고 이란 건국 2000년 기념식 날 팔레비 왕의 대관식(戴冠式)을 겸하여 개최된 곳으로 유명하다. 그때 하객인 국왕들만 30명이 넘었으며 한국에서도 그 당시 국무총리가 하객으로 참여했다고 한다.

페르세폴리스 건설의 대역사는 기원전 518년경에 캄비세스가 시작하여 기원전 512년 다리오 1세, 2세가 이를 계승하여 건설하였으며 총면적은 12만 3,000㎡의 방대 규모이다. 이곳을 정복한 알렉산더 대왕이 이 페르세폴리스를 불태워 파괴할 때(B.C. 330년)까지도 완성하지 못했다고 한다.

알렉산더 대왕이 이 아름다운 건축물을 파괴한 이유에 대하여는 다음과 같은 설이 있다. 알렉산더 대왕은 페르시아를 정복하고 승리를 축하하는 자축연 중에 그리스에서 데려온 유녀의 충동질을 받고 취중에 명령을 내려 이 궁전을 불태워 버렸다고 하며 알렉산더 대왕은 술이 깬 다음 날 자기의 잘못을 뉘우치고 땅을 치면서 비통해했다는 설이 있는가 하면 알렉산더 대왕은 기원전

480년 페르시아가 테르모필레 전투(The Battle of Thermopylae)에서 그리스의 스파르타군을 대파한 뒤 아크로폴리스(Acropolis)를 불태워 파괴했는데 이를 보복하기 위하여 페르세폴리스를 불태워 버렸다는 설도 있다.

그러나 150년 전에 있었던 사건과 관련하여 페르세폴리스를 불태웠다고 하는 것은 근거가 희박하다. 150년 전의 원한을 그렇게 풀었을까? 하는 의심이 남는다. 결국, 페르세폴리스가 불태워진 이유는 알렉산더 대왕의 죽음과 같이 지하에 묻히고 말았다. 이 페르세폴리스는 불태워 파괴된 뒤 흙에 묻힌 것을 1931년부터 미국 시카고대학의 동양학연구소 고고학 팀이 발굴해서 그 웅장했던 페르세폴리스의 잔해를 볼 수 있게 되었다. 이 건축물은 알렉산더 대왕(B.C. 356-323)이 불태워 파괴한 지 2261년 뒤에 햇빛을 보게 되었으며 그 역사적인 의미를 되새기게 되었다.

○예술작품인 페르세폴리스

이 페르세폴리스는 정치적 결속과 신성한 왕권을 과시하기 위하여 바사제국의 수도로 건축된 궁전이다. 그러나 실제로 왕조의 신성과 능력, 부의 상징에 불과했고 페르시아제국을 다스리는 데에는 적합하지 않았다고 한다.

이란 역사책에 따르면 왕들은 페르세폴리스에서 가끔 또는 부정기적으로 거주했고 수사(Susa), 악메다(Achmetha)에 정부의 각료들이 있었으므로 그 당시 외국에는 페르세폴리스가 잘 알려지지 않았다고 한다.

예술가들은 이 페르세폴리스가 아시리아(Assyria)나 이집트

(Egypt)의 건축물보다 우수하다고 평가하고 있으며 규모 면에서 방대하고 뒤에 설명하겠지만, 기둥과 벽면 그리고 아파다나(Apadana) 동편 계단의 석벽에 정교하고 아름답게 새겨진 부조(浮彫)는 지금도 살아 움직이는 것 같다. 건축 석재 중 무거운 것은 돌 하나의 무게가 30톤이 되는 것도 있으며 모델(model) 없이 건축되었다고 한다.

페르세폴리스에 대한 사학자와 고고학자들의 평가는 다음과 같다. 미국 사학자 두란트(W. J. Durant) 교수는 "페르세폴리스 특히 100개의 돌기둥과 아파다나는 고대나 현대 세계에 있어서 인간의 손으로 세운 가장 아름다운 건축물이다."라고 평가했고 고고학자 허츠펠드(Herzfeld) 교수는 "페르세폴리스의 조각은 그리스의 영향을 전혀 받지 않은 독창적이며 고대 아시아의 정교한 기술과 솜씨의 극치(final flowering)이다"라고 평가했으며 윌슨(C. Wilson) 박사는 "아케메네스 예술은 비록 외국의 것에 영향을 받은 것이 보이기는 하지만, 이란만의 독특하고 독창적인 특징을 가지고 있으며 다른 나라와는 달리 이란의 작품은 생명력을 지니고 있다"고 평가했다.

17세기 영국의 시인이며 작가인 토마스 허버트(Thomas Herbert)는 "페르세폴리스라는 이 엄청난 작품이 제대로 평가받지 못했다고 말하고 로마 것보다 훨씬 훌륭하며 현재 남아있는 유적 중에서 페르세폴리스만큼 완벽하게 보존된 것은 없다"고 말했다.

○페르세폴리스의 주요 부조

페르세폴리스에는 많은 부조(浮彫. relief)가 있다. 석벽의 부조로서 아흐라 마즈다 부조, 아하수에로 1세의 문에는 메대의 귀족, 페르시아의 고관 부조 등이 있고 아파다나 동편 계단에는 아르메니아인과 페르시아인 부조 등이 있으며 사신 대표들이 조공을 바치는 장면의 부조들을 볼 수 있다. 그 사신 대표는 메대인, 수사인, 아리안인, 이집트인, 아르메니아인, 바빌로니아인, 아라비아인, 시리아인, 인도인, 리비아인, 에티오피아인 등 여러 나라라고 한다. 그리고 트라이피런(tripylon)문에 양산을 쓴 다리오 왕의 부조가 있으며 사자와 싸우는 부조는 다리오 왕인데 원래 다리오 왕은 부조에서와 같이 키가 크고 힘이 장사였다고 한다.

◇ 바사제국의 행정수도가 있었던 수산 궁터

○겨울철에도 온화한 수산 궁터

이 수산 궁터는 이란 후제스탄 주 아와즈 시에서 북쪽으로 200㎞쯤 떨어져 있는 슈슈 다니엘(Shush Daniel)이란 도시에 수산성이 접해 있고 그 수산 성 안에 수산 궁터가 있다.

원래 이곳은 옛 엘람(Elam)의 수도이었는데 다리오 1세(B.C. 521~485)가 이곳을 도읍지로 정하여 장대한 궁전을 건축하고 도시 전체를 성책(城塞)으로 둘렀으며 크게 번영하였고 페르세폴리스가 그 중심 수도로 사용될 때까지 왕궁으로 사용하였다고 한다.

이 수산 궁은 바사제국 왕들의 행정수도이며 날씨가 추운 겨울철에도 수사는 날씨가 온화하므로 왕들은 이곳을 겨울 궁으로 사용하였다고 한다(수산 궁은 북위 31°에 있음). 수사(Susa)의 성서명은 수산(Shushan)이라고 한다.

이 수산 성은 19세기 중엽부터 고고학자 W. 프로투스, J. 모르간이 그리고 1946년 이후에는 기르슈망이 발굴을 주도하였다. 기원전 4000년 무렵부터 엘람 족이 거주하여 이들이 신석기문화를 이룩하였다. 지리적으로 메소포타미아와 연속되어 있어서 문화가 크게 발달하여 예술적인 채문토기(彩紋土器. B.C. 3000~2500년경) 등을 남겼다.

수산 궁의 건축방식은 페르세폴리스(Persepolis)와 같고 건축에 참여한 인부들도 같다고 기록되어 있다. 그리고 다리오 왕이 기록한 건축일지를 따르면 토목과 벽돌 공사는 바빌로니아의 일꾼들이 했으며 목재는 레바논에서 가져왔고 금을 가져온 곳도 기록되어 있다. 이 궁전은 여러 차례 적에 의하여 일부 파괴되기는 했으나 사산 왕조(Sassanian Dynasty)까지 존속하였다.

그리고 알렉산더 대왕이 페르시아를 정벌한 뒤에도 이곳에서 서방과의 밀접한 교역을 나타내는 화폐 등이 발견되었으며 중국의 토기, 튀르크 화폐 등의 발견으로 8~10세기에는 동서 문화 교류에 큰 역할을 했음을 알 수 있다. 그러다가 1220년에 몽골군의 침입으로 완전히 폐허가 되었다고 한다.

우리 부부는 수상궁을 안내하는 선간판("APADANA PALACE"라 쓰여 있음) 옆에서 사진을 촬영하고 근방을 돌아보았다. 그 당시는 이란과 이라크 사이에 8년간의 전쟁이 끝난 바로 뒤라서 그간에 그 궁터를 제대로 관리할 수 있는 여력이 없었을 것으로 생각하였다.

○수산 궁의 영화

수산 성에 대한 기록을 성경에서 찾아보면 구약성경 느헤미야서에 "하가랴의 아들 느헤미야의 말이라 아닥사스다 왕 제이십년 기슬르월(히브리력에서 9월)에 내가 수산 궁에 있는데"(느 1:1), 다니엘서에 "내가 이상을 보았는데 내가 그것을 볼 때에 내 몸은 엘람도 수산 성에 있었고 내가 이상을 보기는 을래 강변에서이다."라는 기록이 있다. 그런데 에스더서에는 이 수산 성에 대한 기록이 여러 곳(9개소)에 있다. "당시 아하수에로 왕이 수산 궁에서 즉위하고"(에 1:2) 특히 겨울철에 방대한 영토로부터 바치는 조공을 받으면서 영화를 누렸다.

그리고 에스더서에 "이 일은 아하수에로 왕 때에 있었던 일이니 아하수에로는 인도로부터 구스까지 백이십칠 지방을 다스리는 왕이라 당시에 아하수에로 왕이 수산 궁에서 즉위하고 왕위에 있은 지 제삼년에 그의 모든 지방관과 신하들을 위하여 잔치를 베푸니 바사와 메대의 장수와 각 지방의 귀족과 지방관들이 다 왕 앞에 있는지라 왕이 여러 날 곧 백팔십 일 동안에 그의 영화로운 나라의 부함과 위엄의 혁혁함을 나타내니라"(에 1:1~4)라는 말씀이 있다. 위의 구수는 지금의 아프리카 수단을 중심으로 한 지역을 말하며 페르시아 영토 127도는 오늘날 인도, 파키스탄, 이란, 이라크, 요르단, 터키, 이스라엘, 시리아, 이집트, 수단에 이르는 방대한 지역에 해당한다.

○수산 궁의 주요 유물

현재 남아 있는 것으로는 나람-신 전승기념비(Stele of victory of Naram-Sin), 매니시투상(Statue of Manishtusu), 에슈눈나의 귀인 좌상(Seated statuette of a bearded prince of Eshununna), 함무라비법전비(Stere with the Law code of Hammurabi), 맬리시파크 2세의 쿠두루(Kudurru at the reign of MelishipakⅡ), 미완성 쿠두루(Unfinished Kudurru), 맬리시파크 2세의 대쿠두루(Grand Kudurru at the reign of MelishipakⅡ), 나지마르타시의 쿠두루(Kudurru of Nazzimarutash) 이외에 다리오 석상조각, 채색된 타일로 만들어진 활 쏘는 사람의 모습, 사자 그린핀, 날개 달린 황소, 쌍두마 기둥머리, 사자 등 프랑스 루브르박물관에 소장되어 있다. 그리고 현지에는 파괴된 초석, 석주, 벽돌들만 옛 궁터에 뒹굴고 있어 왕권의 허무함을 말해 주고 있는 듯하다.

○수산 궁에서 유다인의 구출

에스더서에 에스더와 모르드개가 유다인들을 위하여 수산 궁에서 한 일이 자세히 기록되어 있다. 에스더와 모르드개는 바벨론 왕 느브갓네살이 기원전 606년에 예루살렘을 침공하여 잡아온 유다인 포로의 후손이다. 그런데 바벨론은 바사와 고레스 2세에 의하여 정복되어 기원전 539년에 그 영토가 페르시아의 영토에 편입되었다.

그 뒤 에스더가 페르시아의 왕 아하수에로의 새 왕후가 되었으나 자신이 유다인 임을 밝히지 않는다. 당시 그 나라의 총리인

하만의 음모로 유다인들이 처형당할 위기에 처했을 때 왕후인 에스더는 그녀의 사촌인 모르드개의 지혜로운 조언을 받아 유다인들을 구하는데 에스더가 여러 날 금식한 뒤 첫 번째 왕과 하만을 잔치에 초대하여 그녀의 뜻을 전할 적절한 기회를 찾는다. 그날 밤 왕은 역대일기를 읽는 중에 모르드개의 공적을 읽고 그를 높여주려고 마음을 먹는다. 두 번째 잔치에 참석한 왕은 에스더에게 "나라의 반이라도 주겠다."고 말할 때에 에스더는 자기 백성을 구할 절호의 기회라고 보고 하만의 음모를 폭로한다.

그리하여 하만이 모르드개가 달릴 장대에 대신 매달려 죽은 뒤에 백성의 조롱을 받는다. 그녀가 자신의 백성을 구하기 위하여 왕 앞에 나가기 전에 (모르드개에게) "당신은 가서 수산에 있는 유다인을 다 모으고 나를 위하여 금식하되 밤낮 삼일을 먹지도 말고 마시지도 마소서 나도 나의 시녀와 더불어 이렇게 금식한 후에 규례를 어기고 왕에게 나아가리니 죽으면 죽으리이다 하니라"(에 4:16)라고 하였다. 여기서 "규례를 어기고 왕에게 나아가리니 죽으면 죽으리이다"라는 말은 그 당시 법규상 왕을 만나는 데에는 엄격한 절차가 있는데 왕비라도 이를 어기고 자기 마음대로 왕에게 나갔다가 죽을 수도 있다는 두려움이 에스더에게 있다는 뜻으로 자신의 비장한 결심을 표현한 것이다. 이것은 하나님의 뜻에 자신을 맡기는 용감한 믿음의 선언으로 유명한 말이기도 하다.

이것은 공과 사를 구분하지 못하는 권력자의 시기 질투와 그것을 그대로 받아들인 통치자의 결정이라 하더라도 하나님의 개입으로 유다인들을 몰살의 위기에서 구출했다. 이날의 승리를 기념하기 위하여 이날을 부림절(Purim)이라 하여 유다인의 연례적인 절기로 지킨다. 부림절의 근거는 에스더서 9장 17~32절이다.

아달월 14일과 15일을 축일로 지키라고 지시했다. 이달은 슬픔이 변하여 기쁨으로 바뀌고 초상 날이 축제일로 바뀐 달이며 이날은 유다인들이 원수에게서 풀려 난 날이라, 이날을 기쁜 잔칫날로 지내며 선물을 주고받고 가난한 사람들에게 따뜻한 손길을 뻗는 날로 삼으라고 하였다라고 쓰여 있다. 여기의 아달(Adar)은 유대 왕국의 교력(敎曆)으로 12월, 민력(民曆)으로 6월을 이르는 말인데 지금의 양력 2~3월에 해당한다.

왕비 에스더의 능은 뒤에 언급하는 바와 같이 이국 이란 서북부 하마단(Hamadan) 시 중앙부에 자리 잡고 있다.

◇ 선지자 다니엘이 잠든 곳

○선지자 다니엘의 시대적 배경

선지자 다니엘(Daniel)의 묘를 순례하기 전에 이 선지자가 산 시대적 배경을 살펴보는 것이 순례에 도움이 될 것으로 생각한다. 그 당시 유다 왕국은 애굽 왕 느고(Necho)에 의하여 즉위하게 된 제18대 왕 여호야김이 통치하고 있었는데 기원전 605년에 바벨론과 애굽 간에 있었던 갈그미스 전투(The Battle of Carchemish)에서 애굽이 패배함에 따라 애굽의 속국인 유다는 바벨론 왕 느부갓네살 2세의 노여움을 사게 되었으며 유다의 왕족과 귀족들이 포로로 끌려가게 된다(단 1:1~4). 이때 다니엘도 그 무리에 속해 있었다. 다니엘이 이렇게 끌려가서 바벨론에서

65년 이상을 살았다.

그리고 바사 왕 고레스(B.C. 559~529)가 기원전 539년에 바벨론 제국을 멸망시킴으로써(단 1:1~7) 바사 제국은 근동 지역의 패권국으로 등장하게 된다.

다니엘의 생애를 성경에 비춰보면 그는 바벨론에 포로로 끌려간 뒤에 바벨론 왕국에서 약 3년 동안 교육을 받았으며(단 1:10~21) 두 차례에 걸쳐 느부갓네살 왕의 꿈을 해몽하고(단 2:25~45, 4:19~27) 기원전 539년에는 손가락으로 벽에 쓰인 글씨를 해석했으며(단 5:1~5, 17~28) 기원전 538년에는 다리오 왕에 의하여 총리로 임명되었고(단 6:1, 2) 방백들의 음모로 사자 굴에 들어갔다가 살아났다(단 6:3~27). 여기에서 사자 굴에 던져진 다니엘이 하나님의 보호하심으로 대적에 승리하는 모습을 볼 수 있으며 의인의 신앙적 승리와 악인들의 심판적 파멸이 극명하게 대조를 이룬 것을 볼 수 있다.

그리고 사자굴 사건 뒤로 네 짐승의 묵시, 수양과 숫염소의 묵시, 70이레의 묵시 그리고 힛세겔 큰 강가에서의 묵시 등 수차례의 묵시를 보았으며 기원전 530년경에 다니엘서를 완성하였다. 이 다니엘서는 그 내용이 두 가지로 구분되는데 하나는 바벨론과 페르시아 제국시대의 것이고 다른 하나는 환상으로 본 이방인을 향한 예언과 이스라엘을 향한 예언이다(단 2:1~12:13).

○선지자 다니엘의 묘

다니엘 묘는 수산 성에서 직선거리로 1㎞쯤 떨어진 곳에 자리잡고 있어서 수산 성을 순례한 뒤에 슈슈 역사박물관을 지나서 우리 부부는 다니엘 묘로 발길을 옮겨놓았다. 이 묘는 후제스탄(Khuzestan) 주 슈슈 다니엘 시내 사후르 강(Shahoor River) 옆에 있다. 이곳에 왜 다니엘의 묘가 있는가? 에 대하여 믿을 만한 증거는 없다고 한다. 다만 전승된 말로는 서기 7세기경부터 다니엘 묘가 이곳에 있었다고 하며 1964년 여행가 베냐민(Benjamin)이 이곳에 여행 중 강 '양쪽 주민이 다니엘 관을 놓고 다투다가 그 관을 강 교량의 중앙에 놓고 싸움을 진정시켰다.'는 말이 있다. 그리고 '오늘의 이란'(Iran Today)이란 책자에 따르면 슈슈에 있는 다니엘의 묘는 후제스탄 주에서 가장 중요한 성지이며 홍수로 파괴된 뒤에 1870년에 슈슈의 역사적인 언덕 근방에 재건된 것이라고 한다. 이곳은 기독교, 유대교와 이슬람교의 성지이다.

우리가 이 다니엘 묘실 안에 들어섰을 때 많은 무슬림(Muslim)들이 묵례로 경의를 표하고 두 손을 모아서 기도드리는 모습을 보았다. 다니엘을 그들의 선지자이기도 하다. 다니엘 묘를 관을 상징하는 구조물이 있는 곳에 이슬람교도들의 참배가 그칠 날이 없다고 한다.

그런데 이슬람 선지자의 묘는 이슬람식 건물(모스크)로 되어 있으나 다니엘의 관이 안치된 건물(묘)은 돔과 광탑이 없고 흰 색깔로 된 원추형의 지붕으로 되어 있다.

유다의 왕 여호야김 3년에 바벨론 왕 느브갓네살이 예루살렘을 포위 공격했다(단 1:1). 이때 그는 성전으로부터 많은 보물을 노획했고 왕족과 귀족 중 유능한 젊은 사람들을 선별하여 포로로 잡아왔다. 위에서 이미 말한 바와 같이 이 포로 중에 다니엘이 끼어있었다.

다니엘은 유다의 귀족 출신으로 흠이 없고 아름다우며 재주가 뛰어났으며 지식을 갖추어 학문에 익숙한 인물이었다(단 1:4). 바벨론 포로 기간 중 그는 줄곧 신앙인의 절개를 지킨 포로 선지자로서, 정부의 관리로서 활동했으며 그의 이러한 활약은 바벨론이 바사에 의하여 정복될 때까지 계속되었다.

○물의 선지자 다니엘

현지인의 말에 따르면 다니엘은 "물"의 선지자라서 다니엘 묘를 이장(移葬)해 가는 곳마다 물이 흐르기 때문에 가뭄이 있을 때 다니엘 시신(관)을 훔쳐다가 6번(?)이나 이장했다고 한다. 위에서 이미 말했지만, 여행가 베냐민이 다니엘 관을 놓고 강 양쪽 주민이 싸우는 것을 보았다는 기록은 물과 관련된 싸움이 아닌가? 하는 생각을 하게 한다. 그러나 문헌적인 근거가 있는 것이 아니고 현지인들 간에 구전되어 오는 말로 생각한다. 지금도 관을 안치한 묘 밑으로 물이 흐르고 있고 묘의 바로 인근에 사후르 강이 흐르고 있다.

참고로 아와즈 시 데즈풀 지역에는 다니엘 묘 외에 기원전 1250년경에 건설된 엘람 왕국 고대 신성도시의 유적지인 '초가 잠빌 지구라트'(Ziggurat-e-Chogha Zambil)가 있다. 이 지구라트는 피라미드형 건축물로 카룬 강 지류인 데즈 강(Dez River) 쪽의 언덕에 자리 잡고 있다. 이는 페르시아어로 '높다랗게 솟아있는 산'이란 뜻으로 높이가 25m(원래는 60m)의 건축물이다. 이 도시는 엘람 왕국 운타시 갈(Untash Gal) 왕이 건설한 도시인데 기원전 640년경에 아시리아의 침입으로 수사(Susa)와 함께 파괴되었다고 한다.

이 지구라트는 흙벽돌을 쌓아지었는데 외벽 길이가 4㎞, 내벽은 470m×380m이며 굽지 않은 흙벽돌(mud bricks)로 내장했으며 외장은 구운 벽돌(burnt bricks)을 사용하여 지은 신전 등의 건축물이다. 이 유명한 유적지는 1939년에 앵글로석유회사(Anglo Oil Company)가 항공 측량하던 중 우연히 발견했고 1979년에 유네스코 세계문화유산으로 등재되었다.

◇ 고레스의 조서가 발견된 악메다 궁터

악메다(Achmetha)는 잘 알려지지 않은 궁터이다. 성경에도 "메대도 악메다 궁성에서 한 두루마리를 찾았으니 거기에 기록하였으되"(스 6:2)라고 하여 악메다궁은 단 한 번의 기록이 있을 뿐이다. 이 궁터는 지금의 하마단(Hamadan) 주 하마단 시 알반드 산(Mount Alvand)의 동북쪽 기슭에 자리 잡고 있다. 악메다는 기원전 700년경 창설된 메대(Mede)제국의 수도이었으나 기원전 549년 고레스가 점령한 뒤에 페르시아제국의 수도가 되었다. 그리고 헬라의 알렉산더 대왕은 기원전 330년에 아케메네스 왕조의 마지막 왕인 다리오 3세로부터 다리오가 예루살렘 성전의 재건을 허용한다는 고레스의 조서를 빼앗았다. 악메다는 헬라어로 엑바타나(Ecbatana)라고 한다.

페르시아제국의 수도는 네 곳에 있다. 현재 이란에 있는 것으로는 수사(Susa), 페르세폴리스(Persepolis), 악메다(Achmetha) 그리고 이라크에 소재하고 있는 바벨론(Babylon)이다. 국토가 광활하다는데도 이유가 있겠지만, 기후관계로 여러 곳에 수도가 필요했던 것이 아닌가? 이렇게 생각한다.

페르세폴리스 안내 책자에는 페르세폴리스와 같은 양식의 궁이 악메다와 수사에도 있다는 기록이 있으며 페르시아의 건축이라는 책자에는 앞에서 설명한 대로 악메다가 페르시아제국 행정수도 중의 하나라고 명기되어 있다. 악메다는 겨울에 추우므로 페르시아 왕들의 여름 궁으로 사용하였다고 한다.

사산 왕조(Sassanian Dynasty)가 쇠망하고 이슬람교도가 악메다를 정복한 뒤에 하마단(Hamadan)으로 도시 이름이 바뀌었다. 이 도시는 테헤란 서남쪽 약 336㎞ 떨어져 있어 테헤란에서 승용차 편으로 4시간 반 정도, 항공기편으로는 40분 정도 소요된다.

이 악메다궁은 성경 역사상 아주 중요한 의미가 있다. 그것은 고레스 왕이 공포한 예루살렘 성전 재건에 대한 조서가 악메다궁에서 발견되었기 때문이다. 즉 에스라서 제6장 제1절에서 3절에 "이에 다리오 왕이 조서를 내려 서적창고 곧 바벨론에서 보물을 쌓아 둔 곳에서 조사하게 하여 메대도 악메다궁에서 한 두루마리를 찾았으니 거기에 기록하였으되 고레스 왕 원년에 조서를 내려 이르기를 예루살렘 하나님의 성전에 대하여 이르노니 이 성전 곧 제사 드리는 처소를 건축하되 지대를 견고히 쌓고 그 성전의 높이는 육십 규빗으로, 너비도 육십 규빅으로 하고"라고 기록하여 있다.

위와 같이 고레스 왕이 조서를 내려 예루살렘 성전을 재건하도록 하였으나 그 성전 건축이 순조롭지 않았다. 사마리아 공동체(팔레스타인에 거주했던 이민족)가 바벨론에 포로로 잡혀갔던 이스라엘 사람들이 이스라엘의 하나님 여호와를 위하여 전을 건축한다는 말을 듣고 이에 관여하려는 것에 대하여 이스라엘 사람들은 바사 왕 고레스가 명하신 대로 홀로 건축하리라 했다(스 4:1~3). 이에 사마리아 공동체는 상소 등의 방법으로 여호와의 전 건축을 반대했다(스 4:4~24 참조)

그렇게 하여 기원전 534년부터 기원전 520년까지 성전 건축이 중단되었다. 그 뒤에 성전 건축은 선지자 학개와 스가랴가 백성에게 권고하여 다시 성전 건축에 임하게 했으며 그 일이 스룹바벨과 대제사장 여호수아의 지도 아래에 다시 시작된다(스 5:1, 2).

한편 바사 총독 닷드내가 성전 건축 문제에 대하여 "과연 고레스 왕이 조서를 내려 하나님의 이 성전을 예루살렘에 다시 건축하라 하셨는지 보이라"고 항의하여(스 5:17) 다리오 왕은 악메다궁에서 발견된 고레스의 조서를 확증하여 닷드내로 하여금 성전 건축에 필요한 물자를 지원하도록 명한다. 이렇게 하여 그 당시 총독의 이름 딴 스룹바벨 성전 건축은 기원전 515년에 이르러 완성되었다.

이곳 악메다 궁터 안에 건립된 엑바타나 박물관에는 고대 바사제국 당시부터 기원전 300년 전까지 시대별로 유물이 전시되어 있다. 특히 악메다 궁터에서 발굴된 궁궐의 주춧돌, 토기 등 많은 유물, 3개 국어(엘람어, 페르시아어, 바벨로니아어)로 쓰여 있는 다리오 왕의 비문 등이 전시되어 있고 이곳에서 발굴된 사자상은 시내 공원에 전시되어 있다.

그리고 하마단 서쪽 5㎞ 지점의 압바스 아바드(Abbas Abad) 계곡의 석벽에 아케메네스 왕조(Achaemenian Dynasty) 때에 사용했던 설형문자(楔形文字)로 쓰여 있는 다리오 왕과 아하수에로 왕의 비문이 있다. 오른쪽의 것은 다리오 왕의 것이며 왼쪽의 것은 아하수에로 왕의 것이다. 이러한 유물은 성경상의 인물을 실증해 주는 매우 중요한 사료이다.

◇ 아하수에로 왕후 에스더의 능

에스더의 능은 하마단 주 하마단 시, 즉 악메다 시내 한복판에 있는 로터리 바로 옆에 인접한 곳에 자리 잡고 있다. 우리 부부는 대사관 직원들과 같이 휴일을 이용하여 1일 코스로 승용차를 타고 다녀온 적이 있다. 이곳은 테헤란에서 336㎞ 떨어져 있는 곳이라서 거리상으로 봐 1일 코스로 순례하기는 벅찬 거리이다. 여유 있게 성지를 순례하려면 1박 2일 코스로 가는 것이 좋다.

에스더의 능은 바깥에서 보기에는 원형 돔의 작은 건물이다. 그 능의 관리는 지금도 유대인(Jews)들이 하고 있다. 1076년경까지만, 해도 유대인들이 약 5만 명이 그곳에 살았다고 한다. 이 에스더의 능은 이란에서 유대교의 최고 성지이며 우리의 성지순례 대상이기도 하다.

능의 주변에 설치된 철책에 에스더와 모르드개 묘(ESTHER & MORDEKHAY MAUSOLEUM)라는 표지가 있다. 보통 날도 초인종을 누르고 방문을 요청해야 하는 알려지지 않은 한적한 능이다. 관리인의 말에 따르면 가끔 아르메니 인들이 찾아온다고 한다. 토요일은 유대교의 안식일이므로 문을 열지 않으니 토요일을 피해서 순례하여야 한다. 모처럼 시간을 내서 순례의 길을 떠났다 헛걸음하기 때문이다. 이 능은 유대인이 관리하고 있으므로 그 관리가 아주 잘 되어 있다.

에스더의 능은 장식 없는 자연석과 벽돌로 지어졌으며 외부와 건물의 구조는 이슬람 방식이다. 이 능은 13세기 것이라고 하나 그 특징으로 보아 그 이전의 것이라고 알려졌다. 묘지 입구의 돌문은 그 무게가 1,400kg이나 된다고 한다. 그리고 지하로 내려가는 작은 문이 있는데 그것은 이 묘실에 들어가기 위해서는 앉은 자세로 허리를 굽혀 에스더와 모르드개 앞에 고개를 숙이게 함이라고 한다.

관이 안치된 묘실은 3.5×3.5m이며 이곳에 두 개의 관이 나란히 있는데 규모가 작은 관에 에스더(ESTHER)의 이름이 있고 좀 큰 관에 모르드개(MORDEKHAY)의 이름이 있다. 그 관은 352년전에 "에너야톨라 투이싸르커니"라는 소경이 만들었다고 한다. 놀라운 것은 이 관에 새겨진 조각은 참으로 아름답고 정교한데 이 두 사람의 관을 완성하고 그 관의 아래쪽에 자기 이름을 새겼을 때 눈이 떠져 시력을 회복했다는 기적적인 뒷이야기가 있다.

이곳에 양가죽에 히브리어로 쓰여 있는 유대경전인 모세 오경 필사본(창세기, 출애굽기, 레위기, 민수기, 신명기)이 원통 모양의 용기에 넣어 보관되어 있는데 지금까지 발견된 것 중에서 가장 오래된 것이라고 관리인은 설명하고 있지만, 가장 오래된 것은 그 능역의 다른 방에 별도로 보관되어 있어 관리인에게 특별한 부탁을 하여야 볼 수 있다고 하다.

에스더의 능을 순례한 뒤에 귀로에 알리 사드르 동굴(Ali-Sadr Cave)을 들려 그곳 동굴에서 하나님께서 빚어놓은 오묘한 조화를 감상하면서 피로를 풀어 보는 것도 좋을 것으로 생각해서 이를 권한다.

◇ 다대오 순교기념교회

이란 북부 아제르바이잔에 카르비(Azarbaayejan-e-gharbi) 주 우루미에공항(Ormiyeh Airport)에서 약 250Km 북쪽에 있는 마쿠(Maku)라는 도시에서 남쪽으로 약 7Km 내려오면 다대오(Thaddaeus)의 묘가 있다. 다대오는 예수의 열두제자 중 한 사람이며 유다(Judas)라고도 한다. 그의 묘지 위에 다대오 순교기념교회가 세워졌다. 이 교회 내부를 검은 돌로 했기 때문에 검은교회(Black Church, 이란어로 카레 킬리사)로 불리기도 한다. 외부 벽면의 윗부분에는 12명의 제자가, 아랫부분에는 아르메니아 사람들을 상징하는 모습이 새겨져 있다.

예수님께서 아르메니아 왕 업커르의 병을 고치도록 다대오를 보냈는데 다대오는 예수님의 이름으로 기도하여 왕의 병을 고쳤고 이로 말미암아 왕뿐 아니라 아르메니아의 수도 알씨어의 모든 사람이 예수를 믿게 되어 다대오는 그들에게 세례를 베풀었다. 왕 업커르를 계승한 써너다룩 왕도 세례를 받고 기독교인이 되었다. 그러나 그는 얼마 되지 않아서 배교하고 다대오에게 전도하지 말도록 명령하였다.

그러나 다대오는 그의 명령에 불복하였고 명령에 불복했다는 이유로 왕명에 따라 처형을 당했다. 처형 당시 그 시신을 안장한 그 자리에 교회를 세웠다고 한다. 지금도 아르메니아인들은 최초로 복음을 전해 준 다대오에게 감사하는 마음으로 이곳에 모여 참배한다고 한다.

그 이외에 해발 1,274m 고지 우루미에 지역에 우루미에 성 마리아교회가 있다. 이 교회는 헤롯 왕 때 예수의 탄생을 경배하기 위해 베들레헴을 방문하여(마 2:1, 2) 아기 예수에게 황금과 유향과 몰약을 예물로 드린(마 2:11) 동방박사(조로아스터교 사제임)를 기리기 위한 교회라고 한다. 일명 동방박사 개종기념교회라고도 한다. 그 이유는 동방박사 3인이 예수 탄생을 경배하고 돌아와서 자기들이 믿었던 조로아스터교를 버리고 예수를 믿었기 때문에 붙어진 이름이라고 한다. 1700~1800년대 유대인, 네스토리안, 아르메니아인 등이 기독교를 신봉해 그 당시 우루미에에는 교회가 많이 세워지기도 했다고 한다.

◇ 반크교회

반크교회(Vank Church)는 이스파한(Esfahan) 주 이스파한 시의 자얀데흐(Zayandeh) 강둑 남쪽에 있는 기독교 지역인 졸파(Jolfa)에 자리 잡고 있다. 우리 부부는 테헤란한인교회 교우들과 함께 이 반크교회를 순례한 적이 있다. 이 교회를 아르메니아 교회(Armenian Church)라고도 하는데 그것은 아르메니아인들이 이 교회를 세우고 신앙생활을 해서 붙어진 이름이라고 한다. 이스파한 시는 사파비 왕조(Safavid dynasty) 시대까지 페르시아의 수도였으며, '세계의 중심'으로 불릴 만큼 크게 번영을 누렸으므로 역사적 유물이 많은 도시이다.

이 반크교회는 서기 1655년에 착공하여 1664년에 완공된 것으로 착공한 지 9년 만에 완공하였다. 건축 양식은 이슬람식 건물로 아름답게 장식되어 있다. 한때 이스파한에는 28개 교회가 있었으나 지금은 14개밖에 없으며 그중에서 반크교회가 가장 유명하다. 이 교회의 중요한 특징은 천장은 이슬람식으로 되어 있으나 내벽은 유럽식으로 최후의 만찬, 예수가 잡혀가는 모습 등 예수의 생애에 대한 여러 가지 아름다운 성화가 정교하게 그려져 있다. 반크(VANK)란 말은 '모든 질병을 고친다.'는 뜻으로 이곳은 예배 공간이 아닌 치유의 장소로 여겨지기도 한다.

이 반크교회 단지 안에 아르메니아인 순교 탑이 있다. 이 탑은 터키 군대에 의하여 아르메니아 기독교 150만 명이 순교 당한 것을 잊지 않기 위하여 건립한 탑이다. 이 탑 앞에 섰을 때 숙연함을 느꼈고 이러한 순교가 무슬림(Muslim) 땅에 기독교가 생존해 있는 힘이 된 것으로 생각하였다.

이 반크교회에 부속된 기독교박물관에는 그림, 벽걸이 융단, 옛 아르메니아인들의 필사본 성경과 사파비드(Safavid) 차드, 렘브란트 스케치 등의 유물이 전시되어 있다. 특히 방문객의 관심을 끄는 것으로는 머리카락보다 20배나 얇은 다이아몬드 펜으로 머리카락 위에 성경 구절을 적어 놓은 것과 세계에서 가장 작은 성경 등을 보는 것이다. 이 머리카락에 적어 놓은 성경 구절을 현미경을 통해서 보면서 아르메니아인의 섬세한 기술에 놀라움을 금할 수 없었다.

위에서 이미 설명했지만, 이스파한 시에는 역사적 유적지가 많이 있다. 그 주요한 것으로는 세이크 로트폴 이슬람사원(Sheykh Lotfollah Mosque), 알리 카푸궁(Ali Qapu Palace), 폴에 카주교량(Pol-e-Khaju bridge), 이스파한 카펫(carpet) 등이 유명하다.

위와 같이 이슬람 공화국 이란에 있는 기독교 성지를 일별했다. 자료의 부족으로 또는 필자의 식견 부족으로 설명을 제대로 했는지 모르겠다. 구약성서의 성지가 이스라엘이나 이집트만 있는 것은 아니다. 그 이외 이란, 이라크, 요르단, 시리아, 레바논 등에도 기독교의 성지가 있다. 이란을 포함하여 이들 나라의 국민은 대부분 이슬람(이란 98.8%, 이라크 95%, 요르단 90%, 시리아 83%, 레바논 59.7%)를 믿는다. 이들 나라의 선대에 기독교를 신봉했지만, 현재 이슬람을 신봉하는 나라이기 때문에 기독교 성지의 관리가 일반적으로 소홀한 편이다. 그러나 이란은 대체로 그 관리가 양호하다.

위에서 이미 말한 이란의 파사르가대에 있는 고레스 왕의 능은 오랫동안 방치된 상태로 있었으나 최근에 정비되었다. 그리고 수산 궁터는 최근에도 발굴하여 복원된 주거지 흔적들이 바둑판처럼 보였으며 궁궐이 있었던 곳으로 보이는 곳에는 큰 주춧돌 등의 석재가 널려있다. 그 밖의 지역은 잡초가 나 있는 곳도 있고 나대지로 있는 곳도 있다. 완전 복원은 못 한다더라도 현재의 모습이라도 더는 훼손되지 않도록 관리가 시급하다고 생각했다. 다니엘 묘에는 시아파 이슬람교도들이 많이 모여 참배하기 때문에 크리스천들은 그 광경에 이질감을 느끼나 관리가 잘 되어있다. 그리고 에스더 능은 유대인이 관리하고 있기 때문에 관리가 매우 잘 되어 있다.

위와 같은 기독교 성지를 이교도가 관리하고 있지만, 누구나 다 자기가 신봉하는 종교의 성지로 생각하고 그 보존을 위한 관리에 철저히 하여야 한다. 국가 간에 전쟁하더라도 국제법상 상대국의 보존 가치가 높은 문화재나 유적지 등은 공격의 대상에서 제외한다. 이것은 성지 등 문화재나 유적지를 보존하기 위한 국가 간의 약속이다.

끝으로 필자가 이슬람 공화국 이란의 기독교 성지를 설명할 수 있도록 도와주신 하나님께 감사드리면서 독자들로 하여금 이란의 기독교 성지를 이해하는 데 다소나마 도움이 되었으면 큰 기쁨으로 생각하겠다. (2009.02.14).

제2부
음악은 만국 공통의 선교도구

음악은 만국 공통의 선교도구
외국인 근로자와 교선와의 함수관계
육적인 갈급보다 영적인 목마름
한 알의 밀알
'러브 과산' 행사를 마치고

오직 성령이 너희에게 임하시면 너희가 권능을 받고 예루살렘과 온 유대와 사마리아와 땅 끝까지 이르러 내 증인이 되리라 하시니라(행 1:8)

음악은 만국 공통의 선교 도구

해외선교에서 가장 큰 애로는 바로 의사소통이다. 이를 극복하기 위하여 현지 말을 배우는 데는 많은 시간이 소요되고 어려움이 수반한다.

그래서 선교에 보탬이 될 수 있는 기술, 예컨대 수지침술, 전자제품 수리 등의 기술을 배우고 선교지로 떠나기도 한다. 병고에 시달리는 현지인들을 치료해 주고 고장 난 가전제품을 수리해 주었을 때 그들은 진정으로 고마움을 느꼈으며 그러한 분위기 속에 복음을 전하면 선교의 효과가 좋았다고 한다.

"선교지에서 언어가 통하지 않아 애로가 많았지만, 찬송을 불렀을 때 현지인들이 큰 은혜를 받아 선교에 많은 도움이 됐다."는 최근 중국을 선교지로 삼아 맹활약하시는 어느 장로님의 말씀이다.

또한, 필자도 해외에서 직접 경험한 바로는 선교의 시너지 효과(synergy effect)를 높이는 방법이 바로 교회 음악을 통한 선교라고 생각한다. 일반적으로 가사를 기록한 말은 다르더라도 곡은 같으므로 이를 '만국 공통어'라 해도 과언은 아닐 것이다.

우리나라에서도 이웃 나라인 중국, 일본, 러시아는 물론 미국,

영국, 프랑스, 이탈리아의 노래가 전래되어 불리고 있다. 특히 요즘 중국은 '한류(韓流) 열풍'으로 불리는 우리나라의 음악과 춤으로 뜨겁게 달구어지고 있다. 이것은 언어가 통해서가 아니다. 음악이 사람들의 마음을 감동시켜 하나로 모으는 데 큰 역할을 하기 때문이다.

찬송은 음악을 통하여 우리의 신앙을 하나님께 드리는 찬미의 제사이며 이 찬송 속에 하나님께서 거신다. 그러므로 찬송이 주는 위력은 크며 특히 성령 충만한 찬송을 들었을 때 사람들은 감동하여 하나님을 영접하게 된다.

19세기 중반에 영혼구원 사업에 큰 족적(足跡)을 남긴 미국 마사츄세츠 출신 선교사 무디(D. L. Moody, 1837~1899)의 선교활동은 영감 어린 찬송으로 큰 시너지 효과를 얻었다고 한다. 그들은 미국 내는 물론 영국, 아일랜드, 스코틀랜드 캐나다 멕시코 등을 순회하면서 찬송과 함께 복음을 전했다.

해외에 선교사를 제일 많이 파송한 국가가 미국이며 그다음이 우리나라이다. 선교사(1만 7천여 명) 파송은 양적인 것보다는 질적인 것이 더 중요하다. 복음 전도와 찬송을 겸비한 선교사들을 양성하여, 말씀과 찬양으로 무장한 선교사들을 파송하는 데 관심을 돌리면 선교의 효과를 배가할 수 있다고 생각한다.

선교지 언어를 파송하기 전에 익힌다는 것은 매우 좋으나 외국어의 습득이 어렵고 현지에서 익히는 것이 바람직하다.

그런데 상대적으로 찬송은 언어를 넘어설 수 있는 이점이 있다. 우리는 신앙생활을 하면서 말씀으로 은혜를 받을 때도 있고 찬송으로 은혜를 받을 때도 있다. 다만 찬송은 영이 담긴 찬송, 주님을 위해 부르는 찬송이어야 한다. 입으로가 아니라 마음을 다하고 뜻을 다하여 부르는 찬송, 나를 위한 찬송이 아니라 주님을 위한 찬송을 부를 때 청중이 감동하여 마음의 문을 연다고 생각한다.

그리고 너와 내가 어우러져 찬송할 때에 하나가 된다. 이런 분위기 속에서 영혼구원 사업은 우리에게 더 많은 결실을 가져다줄 것이라고 믿는다. (2002.01.26)

외국인 근로자와 선교와의 함수관계

세계 각국에 파송된 우리나라의 많은 선교사는 지금도 열심히 선교활동을 하고 있다. 이들의 활동을 지면을 통하여, 선교보고를 통하여 가끔 접한다. 현지 언어를 익혀서 성경을 번역하고 많은 교회를 건축했으며 많은 현지인에게 복음을 전하는 등의 활동상이 눈부시다. 이러한 선교활동을 가능케 하는 여건을 다음과 같이 분석할 수 있다.

첫째로 우리나라 사람들은 어려운 역경 속에 살아왔으므로 선교지 여건이 조악하더라도 이를 극복하고 선교할 수 있는 저력이 있었고 둘째로 우리나라가 외국을 침략하는 등 외국인에게 박해를 가한 적이 없으므로 우리 선교사들이 세계 어디를 가든지 거부감 없이 받아졌다고 한다. 그뿐만 아니라 셋째로 한국전쟁 때문에 초토화된 국토에서 경제개발에 성공했고 넷째로 아시안게임과 올림픽 등의 국제경기를 유치 · 개최했으며 최근 년에 월드컵경기를 일본과 공동개최하여 우리 선수들이 4강의 자리에 오른 것도 하나의 힘이 됐다고 생각한다.

90년대 초부터 산업연수생제도가 생겨서 외국인들이 우리나라에 돈을 벌기 위하여 찾아왔으며 그 수가 수십만 명에 이르고 불법 체류자도 많다. 이때를 놓칠세라 각 교회에서는 이들에게 취업도 알선해 주었고 거처를 마련해 주었으며 체불 임금을 대신 받아주는 등의 노력을 하면서 전도에 힘써서 많은 외국인 근로자들이 구원의 확신을 품고 귀국해 그들의 동족들에게 전도하기도 했다고 한다.

그 반면에 자기 이익만 챙기는 고용주에게 고용되어 여권을 빼앗기고 혹사를 당하고 병이나 안전사고가 발생한 때 치료를 제대로 못 받는 등 고초를 당한 근로자들도 있었다고 한다. 이 경우 이들은 한국에 한을 품고 귀국했을 것이며 이들은 우리 선교사가 파송되어 선교할 때 역기능의 역할을 할 것으로 생각한다.

우리나라에 취업한 외국인 근로자들도 인권을 보장받을 권리가 있고 정당한 노동의 대가를 받을 권리도 있다. 이들이 한국과 한국인들에 대하여 호감을 느끼고 돌아가도록 해야 한다. 한 예로 1983년에 중공민항기가 춘천 북방 비행장에 불시착한 사건이 있었고 이때 우리나라 실상을 보고 또 후한 대접을 받고 간 중국 승객과 관리들의 입을 통하여 우리나라의 발전상이 중국에 널리 알려졌고 이를 계기로 1992년에 한중 국교정상화의 길을 텄다고 한다. 이처럼 조그마한 일이 계기가 되어 큰일을 이룰 수 있었음을 명심하여야 한다.

지난달 말일에 외국인 고용허가제에 관한 법률이 국회 본회의를 통과했다. 그리고 산업연수생제도 그대로 존속하고 있으므로 앞으로 외국인 근로자들이 우리나라에 더 많이 취업할 것으로 예상한다. 이들이 취업해 있을 때 전도할 수 있는 절호의 찬스라고 생각한다. 선교사를 해외에 파송한 때에는 현지 언어 습득의 어려움이 있고 선교 비용도 많이 소요된다. 그러나 국내에 취업한 외국인 근로자들에게 선교할 때에는 이러한 어려움이 다 해결되며 선교 활동의 자유도 보장된다는 큰 이점이 있다. 특히 이들을 우리 근로자와 같게 처우해 줌으로써 앞으로 우리 선교사들이 해외에서 선교 활동할 때 순기능의 역할을 해서 큰 도움이 될 것으로 생각한다. (2003.08.11)

육적인 갈급보다 영적 목마름

유엔은 올해를 '세계 산의 해'로 정하여 산이 가진 경제·환경·문화적 가치를 증진하고 이를 잘 보전하여 후손들에게 물려주자는 운동을 전개하고 있다. 우리나라 곳곳에는 개발 열풍을 타고 훼손된 산림이 있고 최근에는 개발제한구역까지 부분적으로 해제하여 산림훼손을 부채질하는 느낌마저 든다.

산이 보유하고 있는 물은 육지에서 보유하고 있는 물중의 50%를 차지하고 있다고 하며 이러한 물과 산림에서 뿜어내는 산소는 우리 육신을 위하여 절대 필요한 물질이다.

우리나라 지하에서 솟아오르는 물은 수질이 좋아서 우리 조상은 자연 그대로의 생수를 먹고 살아왔다. 반면에 유럽이나 중동의 물은 석회가 함유되어 있어 필터링(filtering)하지 않으면 인체에 유해롭다. 그래서 유럽에서는 일찍부터 맥주나 포도주를 생산하여 물 대용으로 먹었다는 말이 있고 또 광천수(mineral water)를 개발하여 식수로 사용하고 수출까지 하는 나라들도 있다.

1970년대 오일 달러에 의한 중동 개발붐이 일어났을 때 우리나라 건설업자들은 그곳에서 많은 업적을 남겼는데 그중에 해수를 담수로 만드는 공장을 건설하여 부족한 식수를 보충해 준 일도 있었다. 그리고 언젠가부터 우리나라에서도 몸에 좋다는 광천수를 주문 배달해 먹는 가정이 늘어났고 현재도 계속 늘어나는 추세이다.

그러나 영이 갈(渴)하여 지는 것에 대하여는 감각이 둔한 것 같다. 다만 일부 기독교인들이 영성 회복을 위하여 캠페인을 벌이고 있는 것에 대하여 퍽 다행스럽게 생각하고 적극적으로 찬동한다. 이 캠페인은 구태의연하고 습관적인 우리의 신앙생활을 청산하고 보다 진실하고 보다 개혁적이며 예수그리스도를 본받는 신앙생활로 돌아가자는 것이다.

그런데 이 운동은 기독교인들을 대상으로 하고 있으며 하나님을 영접하지 못한 사람들은 소외되는 느낌이다. 그렇지만, 우리 성도들에게는 '만민에게 복음을 전파하라'는 전도의 사명이 부여되어 있다. 그러므로 주님의 뜻을 이루어가는 이 사역을 위해 영원히 죽을 수밖에 없는 영혼에 활력을 불어넣는 생수를 먹여야 한다.

신약성경을 보면 예수님께서 사마리아 '수가'라는 동네 우물가에서 사마리아 여인을 만나 '물을 좀 달라'고 하신 뒤 주고받은 말씀 가운데 "예수께서 대답하여 이르시되 네가 만일 하나님의 선물과 또 네게 물 좀 달라 하는 이가 누구인 줄 알았더라면 네가 그에게 구하였을 것이요 그가 생수를 네게 주었으리라"(요 4:10)라는 말씀이 있다. 여기에서 생수의 근원은 예수그리스도이다. 우리 성도들은 죽어 가는 영혼들이 생수를 먹을 수 있도록 인도하여 영원히 목마르지 않게 하여야 한다. 생수를 먹지 못하고 죽어간 영혼들은 부지기수(不知其數)이며 그들이 고통의 늪에서 영원히 벗어나지 못하는 것은 성도들의 책임이기도 하다. (2006.05.04)

한 알의 밀알

지난 7월에 분당 샘물교회 12명의 성도가 아프가니스탄(Afghanistan)에서 의료봉사 활동을 하다가 반정부단체인 탈레반(Taliban)에 의하여 피랍되었다. 두 사람은 희생되고 21명이 최근 무사히 석방돼서 귀환했다. 이들이 석방되기까지 온 국민은 마음을 죄면서 불안해했고 무사귀환을 기원했다. 반면에 이들을 심하게 질책한 사람들도 있었다. 왜 정부에서 위험하다고 가지 말라고 한 곳에 가서 국민에게 심려를 끼쳐 드렸는가? 그런 식으로 해외선교를 꼭 해야 하는가? 하면서 기독교 자체를 싸잡아서 비난한 사람들도 있었다.

그러나 그들은 그렇게 질책을 받을 만큼 현행법을 위반한 죄인이 아닌 것만은 사실이다. 그들을 비난하는 사람들은 기독교를 이해하지 못해서 그렇게 비난했을 것으로 생각한다. 그렇다고 그 비난에 대하여 반박하고 싶은 뜻은 추호도 없다. 기독교의 근본사상은 사랑이며 기독교인들은 이를 널리 펴기 위하여 복음을 땅끝까지 전해야 할 의무가 있다.

일부 기독교인들의 일그러진 행태를 보고 기독교를 부정적으로 본 사람들은 이번 사건에 비난의 화살을 보냈을 것으로 생각한다. 그런 행태를 보고 그것을 기독교 전체인 양 보아서는 아니 된다는 말을 꼭 하고 싶다. 위에서도 말했지만, 아프가니스탄에 간 성도들은 그 나라 사람들에게 기독교의 복음을 전하기 위하여 간 것이다. 그 방법이 의료봉사로 나타났을 뿐이다.

그들은 인천국제공항으로 입국하면서 물의를 일으킨 데 대하여 "국민에게 죄송하다."고 말했다. 그들이 더는 할 말이 없다고 생각한다.

탈레반에 의하여 먼저 희생된 배형규 목사님의 부모님은 죽어서 돌아온 아들의 시신을 인수하면서 "감사하다"는 말을 했다고 한다. 여수 애양원교회 손양원 목사님은 두 아들이 순교한 뒤에 감사 헌금을 드렸고 가해자를 아들로 삼은 것, 바로 그것이 그리스도교의 사랑이다. 이번 21명이 아프가니스탄에 피랍돼 겪은 고난은 결코 헛되지 않을 것이며 2명이 흘린 피는 언제가 아프가니스탄을 복음화 하는데 한 알의 밀알이 될 것으로 믿는다.

이번 사건을 통하여 기독교의 해외선교에 대해 새로운 패러다임(paradigm)이 시급히 필요하다는 여론이 비등하고 있다. 우리나라는 해외에 많은 선교사를 파송하고 있다. 그러나 선교 활동의 질적인 면에서 적절한지를 먼저 검토해 보고 부적절한 부분이 있으면 과감히 시정하여야 하며 일부에서 해외선교를 국내선교로 선교의 방향을 전환해야 한다고 하는데 그렇다고 하여 해외선교의 문을 닫으라는 말은 결코 아닐 것이다. 해외선교는 선교지 선정이 중요하므로 이를 전문가들과 깊이 있게 상의해서 정하고 그 대상지의 정치적, 종교적, 문화적, 인문적 환경 등을 숙지하게 하

여 선교자의 신변안전에 만전을 기하는 방향으로 검토하여야 할 것으로 생각한다. (2007.09.05)

'러브 괴산' 행사를 마치고

지난달 초복을 지나 중복을 향하여 달음질치고 있을 때 전도하려고 충북 괴산군 청도면 도원리를 향하여 새벽에 이곳 안양에서 출발했다. 우리 부부와 전도에 열정인 김 집사님과 같이 우리 교회 최 집사님 승용차에 편승하여 두 시간 반을 달려서 전도 목적지 현지 교회에 도착했다. 그래서 이틀 전에 선착해 열심히 복음을 전한 젊은 성도님들과 합류했다. 우리의 현지 교회에 도착 시각은 오전 9시가 가까웠다. 이곳에 내려온 우리 교구의 전도대는 전도팀, 의료팀 그리고 미용팀으로 구성되었다.

간밤에는 천둥 번개와 태풍을 동반한 폭우가 내리었다. 우리도 걱정했는데 이곳에도 차일이 날아갈 것 같은 강풍이 불고 폭우가 내려서 걱정을 많이 했는데 하나님께서 강풍과 폭우도 걷어 가시고 복음 전하는데 알맞은 날씨를 허락해주셔서 감사했다. 그곳은 산골 마을인데 집들이 옹기종기 모여 있으며 산은 검푸른 나무로 가득 실려 있고 공기와 냇물은 맑았다. 그리고 그곳의 여름 특산물로 대학 찰옥수수가 유명하다. 주민들은 대부분 노인인데 순박하고 일에 찌들어서 허리가 꾸부정하다.

우리 교구에서 이곳에 3년째 복음을 전하고 있으므로 이곳 실정을 대부분 파악하고 있다. 원래 이곳을 전도 대상지로 선정한 것은 우리 교회와는 특별한 관련이 있어서가 아니라 이 지역의 성도 수가 전국에서 아주 낮은 곳(5%)이라고 해서 우리 교회 담임 목사님께서 이곳을 전도 대상지로 선정하셨다. 우리 전도대원은 몇 개월 전부터 기도하면서 계획을 세웠으며 작년에 전도한 결과를 분석해서 올해 계획에 반영하기도 했다.

이러한 사항을 사전에 파악하고 한 팀이 3인으로 각자 담당한 가정으로 선물을 들고 전도에 나섰다. 내가 처음 방문한 집은 노인네 부부가 살고 있었는데 우리 교회 자매님은 듣는 사람이 감동할 수 있도록 복음을 잘 전했다. 80세 된 할아버지가 "나는 천국이 무엇인지 모르겠다."고 시큰둥하게 말하기에 바로 그 천국을 알기 위하여 말씀을 들으셔야 하며 그렇게 하기 위해서는 교회에 출석하여야 한다고 말하면서 복음을 전했다.

교회에서 지금 유명한 한의사가 오셔서 진맥도 하고 침 시술도 하며 약도 드린다고 하면서 몸이 불편하신 분들은 오시라고 전하고 또 미용사도 왔으니 오셔서 머리를 예쁘게 하시라는 말을 전해주고 왔다. 그리고 저녁에는 교회에서 마을잔치와 노래자랑이 있으니 오시라고 전했다. 이렇게 오전과 같이 이어서 오후에도 복음을 전했다.

요즘 대도시에서는 축호전도가 어려워서 노방전도와 관계전도로 전도방법을 바꿨는데 이곳은 인심이 좋아서 문이 다 열려있어서 방문하여 직접 복음을 전하기가 어렵지 않았다. "믿음은 들음에서 난다"는 말씀처럼 열심히 설득력 있게 복음을 전하였다. 그런데 이곳에서도 과거부터 내려온 빈부의 격차라든지, 배움의 격차와 같은 것들이 은근히 주민 간의 보이지 않는 틈새를 만들었다. 그것 이외에 무속적인 불교신앙을 가지 분들도 있다. 이러한 세상적인 틈새가 어디에나 있게 마련이며 하나 됨을 거부하여 복음 전하는 데 걸림돌이 된다는 것은 느꼈다. 이런 세상적인 것을 타파하기 위해서는 "네 부모를 공경하라, 네 이웃을 네 자신과 같이 사랑하라"등의 말씀과 같이 거부감이 없는 말씀부터 전해야 한다.

우리나라 속담에도 "좋은 일에 마가 낀다."는 호사다마(好事多魔)란 말이 있다. 선발대로 2일 전에 이곳에 온 장 집사님은 저녁에 산책하다가 2m 높이의 다리에서 떨어져서 병원 응급실의 신세를 졌는데 담당 의사는 엄지발톱이 젖혀진 것 이외는 별 이상이 없다는 진단을 내렸다고 한다. 나는 그 집사님에게 "만약 전도하지 않고 등산했더라면 크게 다칠 뻔했다"고 말하면서 위로했다. 성도들이 좋은 일을 하려면 마귀의 방해가 있음을 미리 알고 열심히 기도하여야 한다. 그러므로 전도를 계획할 때부터 기도하여야 하고 복음을 전하면서 기도하며 전도가 끝난 뒤에도 뿌린 씨앗의 싹이 잘 트고 열매를 잘 맺도록 쉬지 말고 기도하여야 한다.

저녁에는 지역 주민과 같이 삼계탕으로 마을잔치가 벌어졌다. 식후에 김 집사님의 능숙한 사회로 먼저 가야금 연주가 있었고 흥겹게 한 마당의 노래자랑이 있었다. 오늘의 일정을 밤 9시경에 다 마쳤다.

우리는 갈 때와 같이 올 때도 우리 내외와 김 집사님은 우리 교회 최 집사님의 승용차를 타고 돌아왔다. 집에 돌아오니 자정이 다 되었다. 오늘의 전도는 기분 좋게 했으며 하나님께서 우리의 피로를 덜어주셔서 그런지 별로 피로하지 않았다.

전도는 내가 하는 것이 아니다. 하나님께서 역사하셔서 하나님의 도구인 우리는 복음을 전하고 듣는 사람도 하나님의 역사하심에 따라서 그 복음에 감동하고 하나님께서 전도의 열매를 거두실 것으로 믿는다.

우리가 복음을 전한 과정을 살펴보았다. 그중에서 제일 미흡했던 것은 말씀의 깊이가 낮았다는 것이다. 제대로 정곡을 찔러 말씀을 전하지 못했다는 아쉬움이 남아 있으며 앞으로 기도하면서 평소에 말씀을 더 열심히 상고하고 전도훈련을 받아야 하겠다고 생각했다.

앞으로 우리가 뿌리고 온 씨앗이 견실한 열매를 맺을 수 있도록 계속 열심히 기도해야 하겠다. (2014. 08. 01)

제3부
개신교는 왜 마이너스 성장했는가?

바람아! 불어라.
예수 믿고 구원 받으세요.
우리가 하는 것 아니다.
개신교는 왜 마이너스 성장했는가?
이슬람교도은 이미 우리 곁에서 활동하고 있다.

너희는 유혹의 욕심을 따라 썩어져 가는 구습을 따르는 옛 사람을 벗어 버리고 오직 너희의 심령이 새롭게 되어 하나님을 따라 의와 진리의 거룩함으로 지으심을 받은 새 사람을 입으라(엡 4:22~24)

바람아! 불어라

지난주에 이어 오늘도 노방전도가 시작되었다. 날씨는 음산하고 추웠다. 노방전도에 11명의 성도가 참여했다. 특기할 만한 것은 정 집사님 가족 전원이 참여했다는 것이다. 정 집사님 내외분과 지팡이를 짚으신 78세 노모님께서 복음을 전해 주셨다. 주님의 사랑받는 귀한 가족이라는 생각이 들었다. 그 노모님께서 주시는 전도지를 거부하지 못하고 받아가는 것을 보고 눈시울이 적셔질 정도로 감사했다.

정 모 정치인은 "60대 이상 70대 되시는 분들은 투표 안 해도 괜찮아요. 꼭 그분들이 미래를 결정해 놓을 필요는 없단 말이에요. 그분들은 어쩌면 이제 무대에서 퇴장하실 분들이니까… 그분들은 집에서 쉬셔도 되고"라고 말해서 물의를 빚고 있는 그 말이 무색할 정도로 78세 된 노모님께서 같이 천국행 열차를 타자고 전도지를 젊은이들에게 나눠주시는 것을 보고 참으로 감사했다. 천국행 열차를 나 혼자가 아니라 이웃과 함께 타자는 것이 바로 참 이웃사랑이라고 생각했다.

나는 한 중년 부인에게 "예수 믿고 천국 가세요."라는 말과 함께 전도지를 전했더니 "저는 이곳에 살지 않아요."라고 하면서 전도지를 받으려 하지 않기에 "받아 가지고 가서 읽어보시고 가까운 교회에 꼭 나가시면 됩니다."라고 말했더니 그 부인은 알았다는 듯이 미소를 지으면서 전도지를 받아갔다. 그녀의 맘에 하나님을 사모하는 싹이 트기 바랐다.

매주 빠짐없이 노방전도에 참여하신 한 성도님은 버려진 전도지를 주어 왔다고 하면서 안타까운 표정을 지었다. '버리려거든 받아가지나 말지...'라고 생각하면서 "그런 사람들이 가끔 있더라고요."라고 말하며 그 성도님의 안타까워하는 마음을 위로했다.

꽃샘바람이 불어와도 꽃이 피는 것처럼 어떠한 어려움이 있더라도 전도는 계속하여야 한다. 2년 전만 해도 안양시 동안구 비산동 언덕에는 낡은 슬레이트 지붕을 얹은 집들이 즐비하게 있었는데 '개발 바람'을 타고 낡은 집들은 사라지고 새 아파트 숲이 형성되었다.

예나 지금이나 바람의 위력은 대단하다. 언젠가 '핫바지 바람'으로 국회의원을 다수 당선(50명)시킨 정당이 있었는가 하면, 1년여 전에는 '황색 바람'으로 대성을 이루더니 올해는 '탄핵 바람'이 불었다. 새로운 것을 낳기 위한 바람은 강력하고 위대하다. 비산동 아파트 숲으로부터 '전도 바람'이 불길 기대하면서 기도드렸다.

지난주에 전도부원에게 편지를 띄웠지요. 전도는 간절한 기도와 함께 어우러져야 뜻을 이룰 수 있음을 전하고 늦은 감은 있으나 4월 초부터 전도를 위한 새벽 '기도 바람'을 일으켜보자는 권면의 편지를 보내며 부득이한 부원님들은 집에서나 직장에서 잊지 말고 기도에 힘쓰자고 했다. 복음을 전한 자의 가정을 축복해 주시고 복음을 전해 받은 자는 구원의 확신을 하도록 기도해 달라고 말이다. 이러한 가운데 분명히 우리 마음속에 불길 같은 '성령의 바람'이 일어날 것이며 복음을 전해 받은 사람들에게는 '구원의 바람'이 일어날 것으로 믿는다. 그러므로 기도의 바람과 전도의 바람은 세차게 불어야 한다고 생각했다. (2004.04.03)

예수 믿고 구원 받으세요

예수 믿고 구원받으세요!

이 말은 그리스도교 성도들이 믿음 없는 분들에게 복음을 전할 때 자주 쓰는 말이다. 간편하고 명료하게 핵심을 짚어서 만들어진 말이라서 일반적으로 그렇게 쓰고 있다. 그런데 전도지를 건네면서 "예수 믿고 구원받으세요."라고 말했을 때 "이것 무엇하라는 거요?"라고 묻는 사람이 가끔 있다. 부정확하나 "교회에 나오시라는 겁니다."라고 알아듣기 쉽게 답변하면 "나 그런 곳에 안 갑니다."라고 하면서 전도지를 되돌려주고 가는 분들이 있다.

그러니까 "예수 믿고 구원받으세요."라는 말의 뜻을 모른다. 신약성경을 보면 간수가 사도 바울에게 "…선생들아 내가 어떻게 하여야 구원을 얻으리이까 하거늘 가로되 주 예수를 믿으라 그리하면 너와 네 집이 구원을 얻으리라…(행 16:30, 31)라는 말씀이 있다. 이 말씀의 뜻과 같은 말이다.

"교회에 나오시라"는 말에 예수쟁이가 되라는 뜻인 줄 겨우 알아듣는다. 하기는 믿음 없는 사람들이 "예수 믿고 구원받으세요." 라는 말의 뜻을 알기 바라는 것은 무리라고 생각한다. 구원의 뜻이 무엇인지? 구원받게 되면 자기 처지가 어떻게 바뀌는지? 를 모른다.

그러면 구원이란 무엇인가? 죄에서 자유로운 것을 말한다. 원래 하나님께서 지으신 아담과 하와가 에덴동산에서 자유롭게 살았으나 하나님이 따먹지 말라는 선악과를 따먹은 죄, 즉 하나님의 명령을 거역한 죄로 말미암아 에덴동산에서 추방당하고 남자는 땀 흘려 일해야 그 소산을 먹고 살 수 있고 여자는 산고라는 고통을 당하게 했다. 그런데 예수그리스도가 십자가에 못 박힘으로 말미암아 우리의 죄를 사하시었다. 이 죄 사함 받은 것을 구원이라고 한다.

비단 위에서 말한 예뿐만 아니라, 무표정하게 전도지를 받아간 사람 중에도 그런 사람이 많을 것으로 생각한다. 그래서 복음을 전할 때 "예수 믿고 구원받으세요."라고 하는 말보다 "예수 믿고 천국 가세요." 라고 하는 말이 더 좋을 듯하다.

지난해에 예수를 믿지 않는 친구들과의 모임에서 대화를 나누다가 다음과 같은 말을 들었다. 어떤 크리스천이 "예수 믿고 천국 가세요. 안 믿으면 지옥 갑니다."라고 하더라고 말하면서 그 친구 "안 믿으면 지옥 간다."는 그 말이 예수 믿으라는 협박으로 들리더라고 하면서 그 표현에 거부감을 나타냈다.

예수 믿는 사람마다 다 천국 가는 것은 아니지만, "안 믿으면 지옥 간다."는 말은 진리이다. 그러나 상대방이 들어서 기분 좋지 않은 말은 삼가는 것이 좋다고 생각한다. 특히 전도 현장에서 말이다.

그간 복음을 전하면서 말을 골라서 써야 하겠다는 생각을 여러 번 했다. 진리의 말이라도 이해할 수 없는 말, 거부감을 주는 말을 삼가고 호감을 주는 말을 골라서 사용하고 되도록이면 하나님 말씀으로 복음을 전하는 것이 좋다. 처음부터 거부감을 줘서 믿음의 문턱에 들어서지도 못하게 해서는 아니 되기 때문이다.

복음을 전해 받고 일단 그 문턱을 넘어선 사람들은 구원의 뜻을 곧 알게 될 것이다. 전도대원들은 너나 할 것 없이 복음을 전할 때는 상대방이 좋아하는 언어를 골라서 사용하여야 한다고 생각했다. (2004.05.29)

우리가 하는 것이 아니다.

길을 가다 힘들면 쉬어 간다. 그것은 재충전하기 위하여 그렇게 한다. 누가 시켜서가 아니라 스스로 그렇게 한다. 여정이 긴 경우에는 처음에 쉬는 시간을 안배하지만, 나중에는 쉬는 횟수가 잦아진다. 그것은 재충전이 더 필요하기 때문이다.

그러나 쉬어서는 아니 되는 일이 있다. 기도가 바로 그것이다. 성경에 "쉬지 말고 기도하라"(살전 5:17)고 했다. 복음을 전하는 전도도 마찬가지다. 추운 겨울에 얼음 밑으로 냇물이 흐르듯이 쉼 없는 기도와 전도는 하나님 보시기에 아름다울 것으로 생각한다.

우리나라에 종교의 자유가 있다. 특정한 종교를 믿는 신앙의 자유, 그 종교를 전도하는 선교의 자유 등이 보장되어 있다. 초대교회 때 박해받던 로마 지하 공동묘지인 카타콤(catacombs)에서의 신앙생활이나 터키 카파도키아 지방 데린쿠유(Derinkuyu) 지하교회에서 처참했던 신앙생활에서도 믿음의 선배들은 굴하지 않고 신앙을 지켰다.

자유롭게 복음을 전할 수 있는 것도 하나님의 은혜이다. 우리는 빚진 자이다. 주어진 기회에 빚을 갚아야 한다. 기회가 여러 번 있는 것도 아니다. 주님께서 주신 은혜에 보답하지 않고 받기만 하다가 주님의 부르심을 받을까 두렵다. 오늘 할 일을 내일로 미루지 말라고 했다.

거두는 것은 우리의 몫이 아니다. 복음을 바르게만 전하면 우리의 책무는 끝이 난다. 피조물인 우리 인간이 완전할 수 없듯이 전도도 그렇다. 그러므로 기도하면서 최선을 다하여야 한다. 분명히 하나님께서 풍성하게 거두실 것으로 믿는다. 전도는 우리가 하는 것이 아니다.

일반적으로 전도는 성도인 인간이 하는 것으로 알고 있다. 그러나 인간이 하는 것이 아니고 하나님께서 하신다. 성경을 하나님의 영감으로 기자가 썼듯이 우리 인간은 언제나 하나님의 도구에 불과하다. 우리는 하나님의 영광을 위해 사는 피조물이다.

흔히들 복음을 전함에 있어서 나는 말을 잘 못 해서 전도하기 어렵다. 또는 전도하는데 맨손으로 하기 어렵다. 그래도 권위 있는 지위에 있는 사람의 말이 먹혀들어간다는 식의 말을 가끔 듣는다. 그러나 말을 잘한다고, 물질을 제공한다고, 사회적인 지위가 높다고 … 전도를 잘하는 것은 결코 아니다. 복음을 전하는데 성령께서 함께하신다.

우리는 하나님의 도구로서 몸과 마음과 뜻을 다하여 복음을 전파하여야 한다. 복음을 전하게 하는 이도 하나님이시고 그 복음을 받아들이게 하는 이도 하나님이시다. 하나님께서 "너희는 온 천하에 다니며 만민에게 복음을 전파하라"(막 16:15)고 하셨는데 이에 순종하는 것은 우리 인간의 의지라고 생각한다. 물론 하나님의 명령을 거역하여 선악과를 따 먹은 의지도 있다. 어느 것이 좋은 것인지는 성경이 말해 주고 있다.

"순종이 제사보다 낫다"고 한다.(삼상 15:22) 말씀에 순종하는 것은 종교적인 어떤 의식을 지키는 것보다 중요하다고 강조한 말이다. 여기의 순종에는 사랑과 진실이 내포되어 있어야 한다. 그러므로 우리는 말씀에 순종하여 복음을 올바르게 전해야 할 의무가 있고 또 이 주어진 의무를 다하여야 한다. 분명히 성령의 역사하심이 있을 것으로 믿는다.

"그러므로 믿음은 들음에서 나며 들음은 그리스도의 말씀으로 말미암았느니라"(롬 10:17)고 한 말씀이 있다. 복음을 전해 줄 사람이 없으면 들을 사람도 없다. 먼저 잠자고 있는 영혼들부터 깨워야 한다. 혹은 길거리에, 혹은 시장에, 혹은 어린이 놀이터에 다니면서 복음을 전해야 한다. 그리고 집집마다 방문하여 복음을 전하는 데 적극적으로 참여하여야 한다.

우리나라 속담에 '열 번 찍어 안 넘어가는 나무가 없다'는 말이 있다. 이 속담의 사전적 의미는 "아무리 뜻이 굳은 사람이라도 여러 번 권하거나 꾀고 달래면 결국은 마음이 변한다는 말"인데 일반적으로 사랑하는 여인을 쟁취하기 위한 남성의 결의를 다지는 말로 가능성을 의미한다.

그러나 열 번 찍어도 일백 번 찍어도 아니 넘어가는 나무가 많다. 그렇지만 전도는 우리가 하는 것이 아니므로 올바르게 복음을 전하기만 하면 하나님께서 직접 참여하실 것으로 믿는다. 그러므로 열 번 찍지 않아도 넘어갈 수 있는 나무는 수도 없이 많

다. 우리는 기도하면서 믿지 않는 영혼에 말씀을 바르게 전해야 할 의무가 있다. (2004.06.05)

개신교는 왜 마이너스 성장했는가?

2005년도 정부 인구 주택 총 조사 결과 중에서 종교를 보면 불교가 3.9% 성장했고 가톨릭은 74.4%로 급성장했으나 개신교는 1.6% 마이너스 성장했다. 이것은 개신교계로서는 큰 충격이 아닐 수 없으며 말씀을 땅 끝까지 전하라는 하나님의 지상명령을 지키지 못했으므로 송구스럽기 짝이 없다.

교계에서는 1945년 8·15 광복의 해에 개신교 교인 수를 30만 명으로 추정한다. 그 당시 신사참배를 강요했던 일본 제국주의자들이 물러가고 신앙의 자유를 누리게 됨에 따라서 교세가 점점 성장하다가 1992년을 정점(1,257만 명)으로 하여 그 성장세가 둔화하기 시작했다. 그러므로 위에서 말한 개신교의 마이너스 성장이 새로운 것이 아니며 교계에서는 이미 성장세가 둔화하고 있다는 것을 알고 있었다. 다만 정부기관에서 불교, 가톨릭 그리고 개신교의 성장내용을 공식적으로 발표했으며 이를 접한 개신교 성도들이 충격을 크게 받았고 종교계의 관심이 집중하게 되었다.

이에 그 당시 한국기독교백주년기념관에서 목회사회연구소와 사회학자들의 모임에서 가톨릭의 급성장과 개신교의 마이너스 성장에 대한 공동포럼이 있었다. 여기에서 분석한 내용을 요약 정리해 보면 다음과 같다.

가톨릭의 성장요인은 민주화와 인권증진 과정에서 가톨릭의 긍정적 역할, 사회봉사와 사회복지 분야에서의 헌신, 타 종교에 대한 개방적이고 관용적인 자세 등을 제시했으며(오경환 신부) 개신교의 마이너스 성장은 개신교로서의 성스러움을 잊어버리고 물질주의와 경제지상주의와 궤를 같이하고 있는 점 등을 지적하고 구체적인 예로 교인의 머리 숫자와 헌금액수, 교회건물의 크기에만 관심을 집중하는 물질주의를 들었다.(박영신 교수)

그리고 개신교에서 가톨릭으로 개종한 신자들에 대한 설문조사결과를 보면 가톨릭교회가 교인을 끌어드리는 요인으로는 성스러운 분위기, 자유로움, 제사, 술·담배에 대한 융통성 등을 들었다. 개신교가 교인을 밀어내는 요인으로는 외형치중, 헌금강조, 직분경쟁, 사생활 침해 등을 꼽았다.

위에서 열거한 가톨릭의 급성장과 개신교의 마이너스 성장은 외형적으로 보기에 좋고 듣기에 좋은 말로 표현한 느낌이 든다. 여기에서 개신교의 진정한 마이너스 성장 요인은 무엇이며 앞으로 어떻게 대처해야 하는가를 살펴보자 한다.

개신교는 위에서 말한 것처럼 8·15 광복 이후 1992년까지 계속 성장했다. 그 성장 과정을 밟으면서 목회자의 권위주의, 목회의 세습화, 목회자의 비도덕성, 목회자의 수준 미달, 교회건물의 대형화, 교회 안의 무형의 벽, 성도의 이중성 등을 개신교 성장의 마이너스 요인으로 볼 수 있다.

첫째로 목회자의 권위주의 의식이다.

성도가 신앙생활을 하면서 상대하는 교회의 직분자는 목사, 장로, 집사 등이다. 목사는 양을 기르고 하나님의 말씀을 가르치며 기도하여야 하고 장로는 목회자를 도와 교회의 행정과 권징을 담당하며 양을 돌보고 집사는 장로를 도와 양을 돌본다. 성경에는 교회의 직분자로 "그가 혹은 사도로, 혹은 선지자로, 혹은 복음 전하는 자로, 혹은 목사와 교사로 주셨으니 이는 성도를 온전케 하며 봉사의 일을 하게하며 그리스도의 몸을 세우려 하심이라"고 하였다.(엡 4:11, 12) 이러한 교회의 직분은 사회적인 계급이 아니다. 직분자들은 교회를 위하여 열심히 기도하고 가르치며 봉사도 구제도 섬김도 더 많이 하라는 것이다.

다 그런 것은 아니겠지만, 담임 목사가 섬김을 받아야 할 성도 위에 군림하고 권위주의로 성도를 대하는 경우가 있다. 이 때문에 성도는 가슴에 상처를 받는다. 평신도한테서 받은 상처는 소통을 통하여 풀 수도 있으나 목회자한테서 받은 상처는 소통의 길이 없어서 풀 수가 없고 그 상처를 풀기 위하여 이곳저곳의 교회를 전전하게 되는 경우가 있는가 하면 가슴앓이 하다가 교회와 담을 쌓는 경우도 있다.

그래서 담임 목사의 심방이 필요하다. 이 심방을 통하여 성도의 애로사항을 청취하고 상처를 치유할 수도 있으나 성도 수가 많다는 이유로 심방하지 않는 담임 목사가 너무도 많다. 성도가 많아서 심방할 수 없다는 것은 이유가 되지 않는다. 교구장이나 구역장을 통하여 믿음이 흔들이고 있는 성도나 가슴에 상처받은 성도를 찾아서 심방하면 된다.

권위는 내가 세우려 한다고 되는 것이 아니다. 그것은 주변 사람들이 세워 주는 것이다. 이러한 권위주의는 대형 교회일수록, 교인 수가 많을수록 팽배하다. 교회의 주인은 하나님이며 목회자 자신은 늘 하나님의 종이란 인식을 잊어서는 아니 된다. 내가 부목사보다 설교를 잘한다. 내가 부목사보다 지위가 높다. 내가 수많은 성도를 거느리고 있다는 우위적 인식을 버리고 권위를 진정한 섬김의 자세로 바꿔어야 한다. 목회는 권위로 하는 것이 아니라 성령의 인도하심에 따라 하나님의 말씀과 사랑으로 하는 것이다.

둘째로 목회의 세습화이다.

목회자가 성도로부터 존경받고 사례비를 풍부하게 받게 되니 고관대작이나 재벌 총수가 부러울 것이 없다. 이러한 자리를 내 자식에게 물려주어야 하겠다는 욕심이 생길 수도 있다. 그래서 다음에 이어지는 후임 담임 목자 선임에 담임 목사가 개입하는 사례가 있다. 후임 담임 목사 선정 절차는 당회에서 결의하고 제직회와 공동의회에서 가결하면 되는데 그것은 형식적인 절차에 불과하다. 담임 목회자가 직간접으로 자기 자식을 후임 담임 목사로 선정하겠다는데 반대할 당회원이 몇 명 있겠으며 당회에서 결의한 사항을 제직회와 공동의회에서 부결하기가 그리 싶지 않다.

목회자의 지위나 교회 재산은 목회자의 사유가 아니며 하나님의 것임을 망각해서는 아니 된다. 교회와 가정, 목회와 왕정을 구분하지 못하고 나만, 내 자식만 생각하는 편협한 사고에서 빚어진 욕심에서 목회의 세습화가 등장하게 되었다.

그동안 목회의 세습화가 사회적으로 회자되지 않고 순조롭게 이루어진 것이 거의 없는 것으로 미루어 보아 성도들의 그리고 사회의 질시와 비난을 얼마나 많이 받고 있었는지를 알 수 있다. 그것은 목회자가 신실하게 하나님의 말씀을 대언해야 하겠다는 생각보다 물질에 대한 욕심이 앞섰기 때문이다. 목회자는 성도의 모범이 되어야 하며 설교는 목회자의 삶과 일치하여야 한다. 교회 안에서 하는 말씀과 교회 밖에서 하는 말이 괴리해서는 아니 된다.

셋째로 목회자의 비도덕성이다.

가끔 신문 사회면에 보도되는 목회자의 비도덕성은 성도뿐만 아니라 일반 사회의 강력한 비난 대상이 된다. 목회자가 도덕성 문제로 성도의 비난 대상이 될 때 그 교회의 질서가 흔들리며 그런 목회자가 아무리 설교를 잘한다 하더라도 성도들이 은혜 받을 수 없으며 마음에 상처를 안게 된다. 목회자가 여자와 돈을 밝히면 그 목회는 성공할 수 없다는 것이 만고불역의 진리이다.

더군다나 모범이 되어야 할 목회자가 자기 출신 학교 후배를 부목사나 전도사로 영입하는 사례가 많다. 그렇지 않아도 일반사회에서 지역주의이니 학벌주의이니 해서 신물이 나는데 거기다가 교회의 담임 목사가 자기출신 학교 후배를 찾는 모습에 식상하지 않을 수 없다. 그렇다고 자기 출신 학교 후배를 전면적으로 배제하라는 뜻은 아니다. 좀 더 혁신적인 모습을 보여주어야 한다. 그렇게 하지 않으면 개신교의 성장을 기대할 수 없다.

그밖에 일부이긴 하지만, 신선하고 깨끗하고 민주적이어야 할 장로 선정과정에 당회장이 입김이 작용하고 장립된 장로는 일정 금액을 헌금하라 하니 이런 장로를 어떻게 하나님께서 선정하셨다고 볼 수 있으며 성도들이 이해할 수 있겠는가? 장로로 장립된 것에 감사해서 감사 헌금을 스스로 드리는 것은 막자는 의미는 아니다.

넷째로 목회자의 수준 미달이다.

1970년도 중반만 해도 380만 정도에 불과했던 성도 수가 20여 년을 지나오면서 점점 증가해서 1992년에 1천만 명을 넘었다. 그것은 위에서도 이미 말했지만, 일본 제국주의자들의 교회탄압 사슬이 풀렸다는 외적인 요인도 있으나 주린 배를 부여잡고 추위에 떨면서 성도를 내 몸같이 섬기고 복음을 전해서 교회를 부흥시킨 선배 목회자들의 헌신을 잊어서는 안 된다.

그 결과 성도의 수적 증가는 목회자의 수요보다 공급이 턱없이 부족했었다. 그래서 목회 직종이 인기였으며 너도나도 신학교에 등록해서 목회자의 양산체제에 들어갔으며 미인가 신학대학에서 신학대학생을 양산하는 사례도 있었다. 따라서 목회자의 수준이 미달한다는 말이 거기에서 연유하였다.

그렇게 목회자를 양산해오다가 2000년을 전후해서 목회자의 공급과잉으로 목회자의 청빙 심사에 학력을 중시하는 경향이었다. 따라서 박사 학위 없이는 목회할 수 없을 정도로 자연적으로 목회자의 질적 향상을 추구하게 되었다. 그래서 기존 목회자들도 위기의식을 느끼게 되었고 결국, 여기에서도 대학원 진학의 붐이 일어났으며 이번에는 수준 미달인 박사를 양산하는 결과를 가져왔다.

다섯째로 교회건물의 대형화이다.

공공기관은 권위의 상징으로 대형청사를 짓고 재벌은 부의 상징으로 대형사옥을 짓는데 교회는 무엇을 상징하려고 대형 교회건물을 짓는지 이해할 수 없다. 여의도 등 서울시 안에서도 여러 개의 대형 교회건물이 세워졌고 세워지고 있으며 그 바람은 지방으로 번져가고 있다. 대형 교회건물을 건축하기 위하여 재정을 확보하느라고 성도들에게 얼마나 열심히 기도하라고 했을까? 하는 생각을 하니 성도들의 생활이 심히 고달팠을 것으로 생각한다. 이것은 개신교가 교인을 끌어드리는 요인이 못되고 교인을 밀어내는 요인이 된다.

외국은 수십 년, 백여 년에 걸쳐서 대형 교회건물을 건축했으며(성 베드로 대성당은 120년, 노트르담 대성당은 182년 만에 완공했음) 건축하고 있다. 우리나라 목회자는 왜 자기 재임(시무)할 때 교회건물을 건축하려고 목을 매는지 이해할 수 없다. 마치 선거직 공직자들이 자기가 재임할 때 업적을 남기고 그 업적을 내세워 재선의 기회를 포착하려고 무리한 계획을 시행하는 것과 다를 것이 없다. 교회건물이 작다고 성령이 거하지 않는 것도 아니다. 성남시 분당 어느 교회를 비롯하여 학교강당 등을 빌려서 목회하고 있는 곳도 있다. 교회가 꼭 자체건물을 소유해야 할 필요는 없다. 교회건물의 자체소유나 규모의 대소와는 상관없이 교회는 하나님의 말씀과 사랑으로 채워져야 한다.

여섯째로 교회 안의 무형의 벽이다.

일반적으로 교회에 등록한 새 신자는 새 신자 교육을 시작으로 각종 교육을 받으나 차츰 교회 안에 벽이 있는 것을 알 수 있다. 그것은 오랫동안 형성된 무형의 벽이며 이 벽은 직분의 벽, 신앙경력의 벽, 빈부의 벽 등이다. 목회자나 장로 그리고 집사나 권사는 양을 잘 섬기며 헌신봉사를 더 하라는 직분이다. 그러나 그 직분이 사회적인 지위로 생각하기 때문에 하나의 벽이 되어서 섬김이라는 성스러움이 빛을 발할 수 없게 된다.

교회에 좀 먼저 등록한 것, 성경 몇 줄을 더 안는 것이나 봉사를 좀 더 한 것은 믿음의 크기와 비례 되는 것은 결코 아니다. 성경에 “나중 된 자로서 먼저 되고 먼저 된 자로서 나중 되리라"(마 20:16)는 말씀을 명심하여야 한다. 그리고 빈부의 벽 때문에 가난한 성도들의 신앙생활에 괴로움을 주기도 한다. 풍족한 자의 풍요로움 중에 헌금하는 것과 가난한 자의 가난 중에 생활비를 쪼개서 헌금하는 것은 차원이 다르다(눅 21:1∽4). 하나님께서는 중심을 보신다.

교회에서 '하나가 되자'고 강조하나 다른 교회에서 부득이 수평이동한 성도는 생소해서 힘 드는데 텃세라는 벽이 가로막혀 있어 하나 됨을 방해한다. 이러한 성도들은 보듬어 주어야 공동체의 일원으로 속히 귀속할 수 있다. 교회는 하나님의 말씀과 사랑을 중심으로 하는 신앙공동체이다. 교회의 문은 늘 열려 있어야 하며 흉악한 범죄인도 받아들이는 흡입력이 있는 곳이 바로 교회이다. 이러한 무형의 벽이 존재하는 한 개신교의 플러스 성장을 기대할 수 없다.

일반사회에서 받은 상처를 치유하고자 교회를 찾은 사람들에게 교회에서는 그 상처를 치유해 주어야 한다. 그런데 교회에서 상처를 입은 성도들은 그 상처를 치유 받지 못할 때 이곳저곳 교회를 떠돌다가 교회를 떠난다. 이때 그 책임을 누가 질 것인가? 위와 같은 벽 때문에 성도는 상처를 입고 교회를 등지게 된다.

일곱째로 성도의 이중성을 들 수 있다.

교회를 찾는 사람들은 하나님의 말씀을 듣고 하나님의 은혜로 구원을 받기 위하여 찾는다. 세상의 무엇보다 값있는 영혼 구원은 교회에 등록하고 주일마다 교회에 출석하여 찬양하며 예배를 드린다고 다 이루어지는 것이 아니다. 물론 성령의 역사하심이 있어야 하겠지만, 죄 사함 받기 위한 회개기도, 교우 간의 친교, 생명의 말씀을 늘 상고하고 말씀으로 무장하여야 하며 예수그리스도의 몸인 교회를 바르게 섬겨야 한다.

그런데 문제는 성도들의 이중성이다. 성도의 이중성을 간단히 표현한 말로 '교회 안에서는 주여! 주여! 하고 교회 밖에서는 나여! 나여! 한다.'는 말이 있다. 이 말은 교회 안에서는 거룩한 척하나 교회 밖에서는 하나님을 믿지 않는 사람들보다 더 세상적이란 말이다. 그래서 교회가 비난을 받는다. 그러한 성도의 이중성을 보고 물들까 봐서 누가 교회에 등록하겠는가? 목자나 성도는 안팎이 같아야 한다. 어찌 피조물이 그럴 수 있느냐? 고 물을 수 있다. 피조물이므로 안팎이 똑같을 수 없다. 그렇지만 안팎이 같도록 기도하면서 하나님을 닮아가려고 최선의 노력을 다하여야 한다.

위와 같이 개신교의 마이너스 성장 요인을 살펴보았다. 다 그런 것은 아니겠지만, 한마디로 말해서 교회가 세속화되었다. 즉 인본주의 속에 파묻혀 있다. 그래서 목회자의 권위주의, 목회의 세습화, 목회자의 비도덕성, 교회건물의 대형화, 성도의 이중성이란 말이 나오고 사회적 비난의 화살을 받았으며 결국, 개신교의 마이너스 성장이라는 불명예를 안게 되었다.

그러므로 개신교가 마이너스 성장의 늪에서 벗어나기 위해서는 뼈를 깎는 회개를 하고 기도하며 세상적인 욕심을 버리고 교회를 신본주의에 따라서 운영하여야 한다. 성도들은 교회 안에서만 몸담고 사는 것이 아니다. 그러므로 교회 안에서의 거룩함이 교회 밖에서도 풍겨야 한다. 과연 신앙인은 무언가 다르구나! 하는 말을 듣고 살아야 한다. 개신교 성도들이 신앙 생활하는 모습을 보고 믿지 않는 영혼들이 나도 저 성도처럼 되기 위하여 교회에 등록하고 신앙생활을 열심히 하여야 하겠다는 결심을 스스로 하도록 몸과 마음과 뜻을 다하여 하나님을 섬겨야 한다.

그것이 내가 섬기고 있는 교회를 성장시키는 밑거름이 될 것이다. 그렇게 해서 운동력 있는 말씀이 살아나고 사랑으로 교회를 채우면 성령께서 자연스럽게 거할 것이며 그렇게 되면 교회는 자연스럽게 성장할 것으로 믿는다. (2006.12.19)

이슬람교도는 이미 우리 곁에서 활동하고 있다.

◇ 이슬람은 메시아관에서 기독교와 근본적인 차이가 있다.

나는 기독교인으로서 1989년부터 1990년 중반까지 중동의 중심부에 있는 이슬람 공화국 이란이라는 나라에서 5년 유수 개월을 산 적이 있다. 이란 말을 좀 할 수 있는 정도로 이란과 친해졌다. 이란 사람들은 98.8%가 무슬림(muslim. 이슬람교도)이다. 그러니 간 곳마다 무슬림과 상대하며 생활하지 않을 수 없었다. 아침에 무슬림 운전사가 운전하는 차를 타고 출근해서 대사관에서 업무를 집행하는데 무슬림들의 도움을 가끔 받았고 그 당시 섬기던 테헤란한인교회에서 무슬림들과도 가끔 상대했으며 시장에서 쇼핑할 때 영어와 이란어를 섞어 써 가면서 쇼핑하기도 했다. 그리고 무슬림인 집주인과는 수시로 대화를 나누면서 살았다.

일상적으로 무슬림과 같이 생활한다고 해서 불편한 점이 전혀 없었다. 어디를 가다가 길을 물으면 자기가 하던 일을 제쳐놓고 길을 안내해 주는 친절함도 있다. 놀 때는 유명한 페르시안 댄스를 추면서 흥을 돋우어 주었다. 내가 상대한 무슬림들은 다 지성인들이어서 그런지 철저하게 일부일처이다. 가끔 일부다처인 사람을 발견하기도 했다. 그리고 그들은 아랍어인 "인샬라"(inshallah)라는 말을 자주 사용한다. 이 말은 "알라신의 뜻이라면"이라는 의미이다(꾸란 18:23, 24). 일이 잘되든 아니 되든 다 알라신의 뜻이라고 한다. 그들은 꾸란을 암송하고 메카를 향하여 하루에 다섯 번 기도하는 것을 철저하게 지킨다.

종교적인 면에서 그곳 이슬람 공화국 이란에서 기독교인 우리는 무슬림에게 복음을 전하기가 심히 어렵다. 복음 전도자를 종교성에서 알면 망설임 없이 추방한다. 이란에 종교의 자유가 있다고 하지만, 개종함으로써 심한 불이익을 받으며 무슬림으로서 보호 받는 법적 지위가 박탈된다. 그리고 동료인 무슬림의 따돌림은 견뎌내기가 심히 어렵다고 한다. 무슬림 세계에서 이슬람으로 개종하지 않고 사는 사람들에게는 부당하게 과중한 세금을 강요당한다.

그뿐만 아니라 어떠한 무슬림의 나라든지 다른 종교의 전도가 심히 어렵다는 것을 명심하여야 한다.

그러나 우리나라는 국가의 기본법인 대한민국 헌법 제20조의 규정에 따라서 종교의 자유가 허용된다. 즉 "제1항에 모든 국민은 종교의 자유를 가진다. 제2항에 국교는 인정되지 아니하며, 종교와 정치는 분리된다."라고 명시하고 있다. 그러므로 우리나라에서는 불교, 기독교, 이슬람 등 모든 종교를 신봉할 수 있고 선교할 수 있으며 자기가 믿는 종교 때문에 어떠한 불이익도 받지 않는다.

언제라고 꼬집어 말하기는 어렵지만, 우리나라에 불교, 기독교, 이슬람 등 다종교가 함께 살고 있다. 이들은 교리가 다르므로 같은 나라, 같은 지역에서 같이 살고 있다 하더라도 이들은 결코 융합의 대상이 아니다. 그렇다고 현재 종교 간에 갈등이 있는 것도 아니다.

한반도에 불교가 전래한 것은 문헌에 따르면 고구려와 백제는 4세기경에, 신라는 그보다는 늦은 6세기경에 전래하였다고 한다. 근세조선에서는 숭유사상이 삶의 중심사상이었다. 이러한 나라에 18세기 후반에 가톨릭이, 19세기 후반에 개신교가 전래하여 뿌리를 내리기 시작했다. 그 교세가 전 인구의 30%에 다가서고 있다.

그러면 이슬람은 언제 한반도에 상륙했는가? 통일신라시대에 이미 전래하였다고 하는 설이 있고 고려사를 보면 회회인(回回人, 위구르인)이 원대(元代) 치하에 한반도에 진출했을 때 회회교(回回敎)를 전래하였다고 보는 설이 있다. 고려에 진출한 위구르 인들은 대부분 이슬람교도들로서 고려사나 조선왕조실록 등에 회회인(回回人)으로 명명되어 있다. 이처럼 일찍 한반도에 이슬람이 전래하였으나 15세기 중반부터 그 존재가 미미한 상태였다고 한다.

이러한 이슬람은 서기 610년 아라비아의 예언자 무함마드(Muhammad, 570~632)가 제창한 종교이며 기독교, 불교와 함께 세계 3대 종교 중의 하나이다. 전지전능한 알라(Allah)의 가르침이 천사 가브리엘(Gabriel)을 통하여 무함마드에게 계시되었으며 유대교, 기독교 등 유대계의 여러 종교를 완성시킨 유일신 종교라고 한다. 이슬람을 유럽에서는 창시자의 이름을 따서 무함마드교라고 하며 중국에서는 회회인(위구르인)을 통하여 전래하였다고 하여 회회교(回回教)라고 하고 한국에서는 이슬람 또는 회교(回教)로 불린다.

이슬람의 색깔을 밝히기 위하여 간단하게 기독교와 비교해 보면 같은 유일신 하나님을 섬기며 중동에 뿌리를 두고 '아브라함'(Abraham)이라는 같은 조상으로부터 출발한다. 이 두 종교는 같은 하나님을 섬기나 이슬람은 알라(Allah), 기독교는 여호와(Jehovah)라고 부르며 구약성서(모세 5경)라는 거의 같은 경전을 사용하고 있다.

기독교는 예수를 하나님과 사람 사이의 관계를 회복시킬 수 있는 유일한 메시아(Messiah) 즉 하나님의 택함을 받은 그리스도로 받아들이고 예수의 죽음과 부활 및 재림을 믿으며 새로운 언약인 신약성서를 경전으로 채택하고 있다.

그러나 이슬람은 하나님과 사람 사이에 중보자는 필요치 않으며 예수는 메시아가 아니라 아브라함, 모세, 다윗, 그리고 무함마드와 같은 선지자에 불과하며 마지막 예언자인 무함마드가 계시로 받은 꾸란(Quran. 코란)을 경전으로 채택하고 있다. 기독교의 핵심 교리인 삼위일체를 부정하며 예수의 신성을 인정하지 않는다. 성서와 다르게 꾸란은 아라비아어로만 되어있고 번역을 금하고 있다.

결국, 이처럼 이 두 종교는 같은 하나님을 섬기면서도 하나님이 약속하신 메시아가 누구인가? 라는 메시아관에서 근본적인 차이가 있다.

이러한 이슬람은 한국전쟁 당시 참전한 터키 군인에 의하여 1955년에 전해져 한국에서 이슬람의 새로운 불씨가 타기 시작했으며 그 뒤 30여 년이 지난 1988년 서울올림픽 때 아랍의 모 일간지는 "한국인의 종교성에 비추어 볼 때 이 시대에서 가장 적합한 이슬람 선교 대상지는 한국"이라고 보도했다. 그 당시 '한국 이슬람화'는 '아시아 이슬람화'로 이어질 것으로 예상한 보도라고 한다.

이러한 이슬람의 선교전략을 보면서 11세기 말에서 13세기 말까지 계속된 십자군 전쟁을 생각하였다. 이슬람교도에 빼앗긴 성지 예루살렘을 탈환하기 위한 치열한 전쟁이었으며 여러 가지 문제점을 남겨놓고 실패로 끝나고 만 전쟁이다. 일부에서는 제3차 세계대전은 종교전쟁(기독교와 이슬람)이라고 말하는 사람도 있으며 1991년 걸프전쟁(Gulf War), 2003년 미영 연합군과 이라크간 전쟁을 그 예로 들기도 한다.

◇ 무슬림의 이슬람화를 위한 단계별 세계 전략

무슬림의 이슬람화를 위한 단계별 세계 전략을 살펴보자. 2007년도에 미 CIA 발간한 'The World Fact Book' 보고서에 따르면 무슬림의 이슬람화를 위한 단계별 세계 전략을 요약 정리하면 다음과 같다.

즉, 1단계는 한 국가 중 무슬림 인구가 1% 내외일 때 "평화를 사랑하는 소수그룹을 지향하는 수면 밑에 잠복한 단계"이며 예) 미국(1.0%), 호주(1.5%), 캐나다(1.9%), 중국(1.2%), 이탈리아(1.5%), 노르웨이(1.9%). 2단계는 그 인구가 2~3%로 소폭 증가할 때 "감옥에 수감된 재소자들을 집중적으로 이슬람화시켜 무슬림으로 개종을 시도하는 단계"이고 예) 덴마크(2%), 독일(3.7%), 영국(2.7%), 스페인(4%), 태국(4.6%). 3단계는 그 인구가 5%를 넘어설 때 "무슬림 인구의 비율을 더욱 높이기 위한 본격적인 전략이 시작되는 단계"이며 예) 프랑스(8%), 필리핀(5%), 스웨덴(5%), 네덜란드(5.5%), 트리니다드 토바고(5.8%). 4단계는 그 인구가 20%를 넘어섰을 때 "폭동과 소요사태가 시작되고 이슬람의 성전(Jihad)을 일으킬 테러단을 조직하며 산발적인 살해사건이 발생하고 교회에 대한 공격과 유대교회에 대한 방화와 파괴가 시작하는 단계"이고 예) 에티오피아(32.8%). 5단계는 그 인구가 40%를 돌파한 때 "광범위한 학살이 자행되고 상습적인 테러가 발생한다. 조직화된 세력에 의한 전시체제로 이행하는 단계"이며 예) 보스니아(40%), 차드(53.1%), 레바논(59.7%). 6단계는 그 인구가 60%를 넘어서면 "전혀 구속받지 않고 기독교와 다른 종교를 박해하고 탄압한다. 인종청소가 시도되며 이슬람 율법 샤리아(Shari'ah)를 근간으로 이슬람을 강요하고 이슬람에서 개종한 배교자(Infidel)에 대한 세금 폭탄 등의 압박이 시행하는 단계"이고 예) 알바니아(70%), 말레이시아(60.4%), 카타르(77.5%), 수단(70%). 7단계는 그 인구가 80%를 넘어서면 "국가 주도로 대규모 인종청소와 대학살이 자행하는 단계"이며 예) 방글라데시(80.3%), 이집트(90%), 인도네시아(86.1%), 이란(98%), 이라크(97%), 요르단(92%), 모로코(98.7%), 파키스탄(97%), 시리아(90%), 타지키스탄(90%), 터키(99.8%), U.A.E(96%). 마지막으로 그 인구가 100%가 되면 "무슬림만의 평화의 집(Dar_es_salam)이 국가 헌법에 우선하는 신정일치체제를 구현한다. 그러나 테러와 전쟁, 폭동과 소요가 끊임없이 계속되는 단계라고 한다. 예) 아프가니스탄(100%), 사우디아라비아(100%), 소말리아(100%), 예멘(99.9%).

그러면 한국은 위의 보고서에 비춰보면 이슬람화를 위한 단계별 세계 전략의 몇 단계에 속하는가? 미국, 중국, 이탈리아 등과 같이 한국 내 무슬림 인구가 1% 내외이므로 "평화를 사랑하는 소수그룹을 지향하는 수면 밑에 잠복한 단계"에 속한다고 보아진다. 그래서 별 관심이 없는 것 같다. 그러나 방심은 금물이다. 큰 방죽도 개미구멍으로부터 붕괴가 시작된다는 진리를 미리 알아야 한다.

◇ 이슬람의 선교방법

일반적으로 이슬람의 선교방법은 다음과 같다. 과거 30년 동안 이슬람 선교현장에서 활동한 선교학자 윌리엄 와그너(William Wagner) 박사는 2007년 말 방한한 때 "무슬림들은 2080년까지

전 세계를 이슬람화하기 위하여 '다와'(Da'wah), '지하드'(Jihād), '마스지드'(Masjid) 등의 전략을 사용하고 있다"고 밝힌 바 있다. 이를 근간으로 하여 이슬람의 선교전략을 검토해 보기로 한다.

첫째로 다와(Da'wah)의 사전적 의미는 이슬람의 선교를 의미한다. 다와를 행하는 무슬림은 다이(dā'ī)라고 한다. 다이는 대화의 과정을 거쳐서 이슬람을 사람들에게 이해시켜서 초대하며 그 목적은 무슬림들과 무슬림이 아닌 이들이 모두 꾸란에 나타난 알라의 숭배를 이해하게 하려고 초대한다고 한다. 기독교의 선교와 비슷한 뜻이다. 이 다와는 이슬람 공동체(Ummah)를 강화하게 하는 이슬람교도를 만들어낸다.

이러한 의미에서 그 공동체가 근로자 형태의 모임이든, 문화센터이든, 동호인 모임이든 그 이름은 문제가 되지 않는다. 이것은 이슬람화를 위한 수단에 불과하다. 과거 네덜란드에 중동 근로자들이 다수 진출해서 일했으며 현재 전 인구의 5.8%인 94만여 명이 이슬람교도라고 하며 영국은 160만여 명이 진출해 있고 프랑스는 500여만 명이 거주하고 있다고 한다.

한국은 우리 근로자들이 싫어하는 3D 노동 분야에 다수 무슬림이 진출하여 선교활동을 벌이고 있다. 또 실제로 무슬림들은 유학생, 교수의 신분으로 캠퍼스에서 선교 활동하고 있다. 2007년 5월 서울대 중동지역 유학생들은 '서울대 이슬람선교회'를 결성하고 한국의 이슬람화를 위해 서울대를 근거지로 삼겠다고 밝혔다. 파키스탄과 터키에서 온 이슬람 선교사들은 한 청년선교단체 간사에게 한국교회와 토론회를 하고 싶다고 요청하고, 사우디아라비아는 한국 대학생들에게 장학금을 지원하며 이슬람 선교에 적극적으로 나서고 있다. 현재 우리나라에 거주하고 있는 무슬림 근로자를 10여만 명으로 추산하고 있다.

그리고 가족단위 이민정책, 결혼과 출산정책 등으로 이슬람교도의 거주 영역을 확장하고 있다. 실제로 영국은 급속도로 이슬람화해 가고 있다. 런던 인구(830만 명)의 십분의 일이 이슬람교도라고 한다. 프랑스는 중동에서 유입된 이슬람교도와 아프리카와 인접해 있는 마르세유에는 아프리카에서 유입된 이슬람교도가 많다.

이러한 다와(Da'wah)는 이슬람의 선교정책의 핵심을 이루고 있다. 그것은 가족이나 친구 간에 이루어지는 소그룹의 형태에서도 이루어지고 큰 집단을 상대로 한 대그룹의 형태로도 이루어진다. 그 중심에는 꾸란의 메시지가 있다.

둘째로 지하드(Jihad)는 이슬람교도에게 전쟁으로 이슬람을 전파하도록 하는 종교적 의무이며 성전(聖戰)이라고 번역한다.

이슬람은 지하드의 의무수행을 마음, 혀, 손, 칼에 의한 4가지 방법으로 구분하고 있다. 먼저 악마와 싸워 악으로 이끄는 그의 유혹을 이겨내어 자신의 마음을 정신적으로 정화하는 데 있고 그다음에 혀와 손을 통한 이슬람의 전파는 옳은 것을 지지하고 잘못된 것을 바로잡는 것으로 대부분 달성된다. 의무를 수행하는 마지막 방법(칼)은 이슬람 신앙을 믿지 않는 적들에 대항하여 몸소 전쟁을 치르는 것이다. 신의 계시에 대한 믿음을 고백한 사람(특히 그리스도교도와 유대교도)들은 특별한 고려의 대상이 된다. 그들은 이슬람으로 개종하거나 적어도 이슬람 통치에 순종하여 인두세와 토지세를 납부할 수 있다. 만약 두 선택이 모두 거부된다면 지하드를 선언한다. 이슬람의 테러행위나 폭동은 이슬람화를 위한 당연한 조치로 본다.

꾸란 다음 가는 권위 있는 하디스(Hadith)에 따르면 무슬림이 천국에 갈 수 있는 가장 확실한 길은 지하드에서 순교하는 길이라고 한다. 이렇게 천국에 가서 72명의 처녀와 같이 즐기며 영생할 수 있다고 한다. 여기서 72명의 처녀 중 70명은 천국의 처녀이며 2명은 지상에서 데리고 간 처녀라고 한다. 사실 이 처녀에 대한 말은 꾸란에서 쓰여 있지 않다. 위에서 말한 하디스는 이슬람 예언자 무함마드의 교훈(teachings), 행위(deeds) 그리고 말씀(sayings)에 관한 언행록(corpus)이다.

그런데 분쟁이 있는 곳을 살펴보면 대부분 이슬람교도들이 개입되어있다. 팔레스티나(Palestina) 지방분쟁(기독교와 이슬람), 카슈미르(Kashmir) 분쟁(힌두교와 이슬람), 아제르바이잔(Azerbaidzhan) 분쟁(기독교와 이슬람), 나이지리아(Nigeria) 종족분쟁(기독교와 이슬람), 수단(Sudan) 분쟁(기독교와 이슬람) 등이 그것이다.

그뿐만 아니라 2001년 9월 11일 미국 워싱턴의 국방부 청사(펜타곤), 의사당을 비롯한 주요 관청 건물과 뉴욕의 세계무역센터(WTC)빌딩 등이 항공기와 폭탄을 동원한 테러공격을 동시다발적으로 받은 이른바 미국 9.11 테러사건은 이슬람교도 오사마 빈

라덴과 그가 이끄는 테러조직 '알 카에다'의 소행으로 밝혀졌다.

최근 이라크 북부와 시리아 동북부를 영토로 삼고 활동하고 있는 IS(Islamic Stats)는 무차별적으로 이교도를 참수하는 '탁피리즘'(Takfirism)을 앞세워 칼리파(khalifa)국가 건설을 기도하고 있으며 오일 머니와 곡물 밀매 자금으로 중동과 유럽의 소외된 무슬림 청년층 끌어들여 만행을 저지르고 있어 전 세계가 전율을 느끼고 있다.

이와 같이 무슬림의 행태를 볼 때 이들은 국가전복 내지는 사회혼란과 무질서를 조장하는 세력이 될 가능성이 잠재되어 있다는 데 문제가 있다. 왜냐하면, 이슬람권에서 대거 이민을 받아들였던 유럽의 경험에 비추어 볼 때 이들 중 10% 정도는 이슬람 문화와 종교를 위해 전략적으로 입국하고 있기 때문이다. 지금 유럽은 이슬람 테러에 전전긍긍하고 있다.

위에서도 이미 말했지만, 이슬람교도 중에서도 카리파국가 건설을 기도하고 있는 일부 수니파 극단주의자들의 테러행위는 시아파 국가는 물론 비이슬람권 국가를 상대로 하여 이루어지고 있다. 이것은 나의 이익을 위하여 남에게 불이익을 준다는 극단적인 이기주의에서 나온 것이다. 이것도 그들의 세계에선 종교적인 지하드로 정당화하고 있다.

셋째로 마스지드(Masjid) 건립은 이슬람 선교전략이다.

마스지드는 '몸을 엎드리는 곳' 이집트의 방언 masgid에서 프랑스어 mosquee를 거쳐 영어 mosque가 나왔으며 이는 이슬람 사원을 말한다. 무슬림은 이슬람 국가 이외에 세계 각처에 막대한 자본을 투자해 모스크를 건립하고 있다. 모스크를 직접 건설하는 것 이외에 서구에서 교회건물을 매입하여 모스크로 사용하는 예를 신문기사를 통하여 접하기도 했다. 기독교 신앙심의 연약함과 오일 머니(oil money)의 합작품으로 교회가 모스크로 바뀐 것이다.

영국 런던은 1962년도에 겨우 모스크가 한 개가 있었다고 한다. 무슬림은 런던을 유럽 선교의 전진기지로 삼고 선교한 결과 최근 통계에 따르면 6백4십여 개로 모스크가 놀랄 만큼 늘어났다고 한다. 이것은 40여 년 동안의 선교실적이다.

한국에는 지난 1970년 서울시 용산구 한남동 이태원에 한국 이슬람중앙사원이 건립되었다. 그 사원은 한국 최초이자 최대의 이슬람사원이다. 이 사원은 박정희 전 대통령 재임 시 1969년 6월에 한국 정부가 한남동의 시유지 4,958㎡(1,500평)을 희사했고 세계 이슬람 국가의 지원금으로 건축되었다.

그뿐만 아니라, 1980년 5월 최규하 전 대통령이 사우디아라비아를 공식 방문했을 때 한국에 이슬람대학을 건립하는 데 적극적으로 지원해 주겠다고 약속하고 2개월 뒤 한국 정부의 이름으로 용인에 있는 국유지 43,000㎡(13,000평)를 이슬람 대학 부지로 희사했다. 이와 같이 한국은 원유확보와 산유국의 막강한 외교력 때문에 국유지를 희사한 것 같다.

이러한 지원에 힘입어 서울 이태원 이슬람중앙사원을 포함하여 부산, 전주, 광주(경기), 인천(부평), 안양사원이 있고 전국에 임시 예배소가 80여 개소가 운영 중이며 점차 이곳도 사원 또는 이슬람 센터로 건립하는 사업을 추진 중이라고 한다.

지난 2005년 11월 이슬람 한국 전래 50주년 기념식이 한남동에 있는 한국이슬람중앙사원에서 있었는데 그때 한국에 온 무슬림 지도자들은 한국을 2020년까지 이슬람화하겠다고 공언한 바 있다. 그들의 뜻대로 이루어지는 것은 아니겠지만, 우리는 이슬람에 대한 경계를 늦춰서는 아니 된다.

한국이슬람중앙사원은 이슬람 홍보 책자를 발간하며 이슬람의 대외 이미지를 개선하는 한편 중동 유학 지원, 모스크 건립, 대형 문화행사 등 다양한 방법으로 이슬람 선교에 나서고 있다.

◇ 무슬림의 폭발적인 인구증가와 교세확장

리비아 국가 원수였던 고 무아마르 알 카다피(Muammar al-Qaddafi. 1942~2011)의 예언이 생각난다. 그는 "유럽에서 무력 없이, 정복 없이 이슬람의 승리를 허용하는 알라신의 징조가 있다고 말하고 5천여 유럽 무슬림은 수십 년 안에 유럽을 이슬람 대륙으로 바꿀 것이다."라고 말한 바 있다. 이것은 유럽의 인구감소와 무슬림의 폭발적인 인구증가를 전제로 한 말이며 이슬람의 세계화를 위한 새로운 전략으로 부상하게 되었다.

세계통계자료에 관한 보고서(The report on world's changing demographics)를 보면 현재 유럽에서 합계 출산율이 제일 높은 나라인 프랑스가 1.8명이고 영국이 1.6명, 그리스와 독일이 1.3명,

이탈리아가 1.2명 스페인이 1.1명에 불과하다. 반면에 산아제한이 없는 무슬림의 출산율은 8.1명이다. 한국은 유럽의 인구 감소보다 더 심각한 편이다. 한 여성이 자녀를 1, 2명을 출산하거나 아예 출산하지 않는 경우가 있다. 한국의 합계출산율은 1.19명(2008년 현재)이다.

2008년도 통계로는 2천5백 명의 한국 여성이 불법 체류자인 이슬람 남성과 결혼했다. 한국 정부는 아내가 한국인이고 남편이 외국인이면 남편에게 체류허가증을 발급해준다. 이것은 불법체류의 합법화 의미도 있지만, 이슬람 인구증가에 따른 교세확장 전략을 지원하는 결과이기도 하다.

이슬람의 인구증가 전략으로 무슬림 여자가 출산한 자녀는 다 무슬림이 되며 무슬림과 결혼한 이교도의 여자가 출산한 자녀도 다 무슬림이 된다. 그리고 결혼할 때 이슬람의 종교적 제한이 있다. 무슬림 남자는 일부다처제(4명까지)가 허용되며 이교도 여자 중 기독교도, 유대교도와 결혼이 허용되나 무슬림 여자는 이교도의 남자와 결혼을 불허한다. 그러므로 이슬람교도의 숫자가 자연스럽게 증가하지 않을 수 없다.

무슬림 사회에서도 여권이 신장하여 유럽 여자와 한국 여자들과 같이 사회활동을 위하여 또는 자아실현을 위하여 출산하지 않거나 자녀 1, 2명을 출산하지 않는 한, 카다피(Qaddafi)의 예언이 적중할 수도 있다.

유럽의 필요합계출산율(required fertility rate)이 2.11명이라고 한다. 위에서도 이미 말했지만, 프랑스의 경우 1990년부터 합계출산율이 1.8명인데 무슬림은 8.1이다. 20세 이하 30%가 무슬림이며 지난 2007년에는 5명 중 1명이 무슬림이었다. 그래서 교회보다 이슬람 사원이 더 많아지고 있다고 한다. 이러한 추세라면 앞으로 39년 안에 프랑스는 이슬람 공화국이 될 것으로 예측하고 있다.

영국의 경우 지난 30년 전에 8만 2천 명이던 무슬림은 30배가 증가한 2백5십만여 명이 되었다. 앞으로 신생아 50%가 무슬림이 될 것이며 15년 안에 인구 50%가 무슬림이 될 것으로 예상한다.

독일의 경우 이미 출산율이 끝을 모르고 떨어지고 있으며 회복의 기미를 보이지 않는다. 독일연방통계청(Germany Federal Statistics Office)에 따르면 독일은 2050년 안에 무슬림 국가가 될 것으로 예측하고 있다.

미국의 경우 1970년에 10만 명이던 무슬림이 38년이 지난 2008년에 9백만 명으로 증가했다고 한다. 이러한 무슬림 인구증가 추세를 보고 시카고이슬람전략학회(Islamic Strategy Conference In Chicago)는 "앞으로 30년 안에 무슬림 5천 명이 미국에 거주할 것에 대비하여야 한다."고 말했다고 한다.

한국의 경우 무슬림 수가 4만여 명이며 무슬림 외국인 근로자까지 합하면 모두 15만여 명에 이른다고 한다. 이들 중 이슬람 선교사가 1만 3천여 명이라고 하며 한국인 무슬림 수가 증가하는 추세라고 하니 놀라운 일이다.

더군다나 한국은 위에서 이미 말한 바와 같이 종교의 자유를 헌법으로 보장하고 있고(헌법 제20조) 이슬람사원 대지와 이슬람

대학 건설 대지를 희사하는 등 파격적인 한국정부 지원이 있었으며 개신교는 복음 전파의 적극성을 결여하였고(마이너스 성장) 일부 국민의 새로운 종교에 대한 욕구 등이 이슬람 교세 확장에 빌미를 제공한 것으로 생각한다.

미국 외교전문지 '포린 폴리시(Foreign Policy)'에 따르면 이슬람교도 수는 2000~2005년에 1.8% 증가해서 세계 중요 종교 중 가장 빠른 증가율을 보였다고 하며 UN은 이슬람이 2200년에는 기독교 전체를 제치고 명실상부한 최대 종교가 될 것이라고 예상한 바 있다.

참고로 세계 종교 분포를 보면 전 세계 인구 중 기독교 22억 명, 무슬림 16억 명, 힌두교 10억 명, 불교 5억 명, 민족종교 4억 명, 기타 종교 8천만 명이라고 하며 16%는 무종교라고 한다.(2010년 뉴욕 타임즈, 퓨 리서치센터 '세계종교환경' 조사보도 참조)

◇ 기독교 선교활동을 적극적으로 강화하여야 한다.

위에서 이미 말한 이슬람의 선교활동에 대응하여 기독교의 선교(전도)활동을 적극적으로 강화하여 실시하여야 한다. 우리나라에 이슬람교도의 숫자가 공식적으로 15만여 명이라고 하는데 그 중에 학생, 교수의 신분으로 대학을 통하여, 근로자의 신분으로 노동계를 통하여 이미 한국에 들어와서 선교 활동하고 있는 무슬림 선교사 수가 위에서 이미 말한 바와 같이 1만 3천 명이 된다고 한다. 그들의 교세 확장은 상상을 초월하고 있다. 산아제한이 없는 높은 출산율과 풍부한 석유자원 그리고 오일 머니(oil money)를 앞세우고 소리 없이 우리 곁을 파고들고 있다.

그러므로 기독교인들은 먼저 선교(전도)를 위한 기도를 뜨겁게 하고 몸과 마음을 다하여 전도에 열정을 바쳐야 한다. 무슬림이 이미 우리 곁에서 강력하게 활동하고 있는 것을 미루어 보아서 안방을 통째로 내놓으라고 할지도 모른다. 예배당 안에 들어앉아서 안일하게 난알을 줍듯이 전도하여서는 아니 되며 사도행전 1장 8절의 말씀을 가슴에 깊이 새기고 전도에 열정을 쏟아야 한다. 믿음이 없는 자에게 복음을 적극적으로 전해야 하며 이슬람권 무슬림에 대한 선교도 열심히 하여야 한다. 이것은 치열한 영적 전쟁이다. 즉 수성(守成)과 공성(攻城)의 양면 전략을 강력하게 펼 때 성령의 역사하심이 있을 것으로 믿는다. (2014. 09. 20)

제4부
사랑의 징검다리

사랑의 징검다리
기도하는 집 문부터 열어야
하나가 된 느낌
여름 행사, 그 중요성을 잊지 말자.
하나님 말씀으로 마음을 치유하자.

예수께서 가라사대 나는 길이요 진리요 생명이니 나로 말미암지 않고는 아버지께로 올 자가 없느니라(요 14:6)

사랑의 징검다리

옛날 시내(溪)보다는 폭이 좀 넓고 강(江)보다는 작은 내(川)에 징검돌을 놓아 만든 징검다리를 오고 간 생각이 난다. 장마철에는 홍수가 범람해서 징검다리가 있다 하더라도 건널 수 없었다. 반면에 가뭄이 계속되면 냇물이 말라서 징검다리가 없이도 건널 수 있지만, 냇물이 흐르면 짚신과 버선을 벗고 바짓가랑이를 걷어 올린 뒤에 내를 건너야 하는데 고맙게도 징검다리가 있으면 신발을 벗지 않고도 안전하게 건너서 목적지에 갈 수 있었다.

요즘은 교통 문화가 발달하여 시골의 조그마한 내까지도 시멘트 구조물로 크고 작은 다리를 곳곳에 놓아 안전하게 오갈 수 있게 했다. 그래서 길 가는 데 별 불편을 느끼지 않는다. 내가 어렸을 적에 건넜던 그 징검다리는 없어지고 시멘트로 예쁘게 만들어 놓은 다리가 있다. 그러나 옛날과 같은 정취를 찾을 길이 없다. 징검다리는 물이라는 장애물을 쉽게 건널 수 있는 역할을 하나 그 다리를 건널 때 늘 좋은 결과만 있는 것은 아니다.

일반적으로 다리는 물이 있든 없든 한쪽의 언덕부터 시작하여 대안으로 연결하게 마련인데 징검다리는 그럴 필요가 없다. 징검돌을 보폭(步幅)만큼 간격을 두고 흐르는 물 위로 일부가 올라오게만 놓으면 된다. 또 그것은 꼭 일정한 모양을 갖춘 돌을 고집할 필요도 없다. 한 사람의 하중을 받을 수 있는 넓적한 자연석으로 흔들리지 않도록 고정만 시켜 놓으면 된다. 자연석을 사용하는 것이 요즘 세인들의 입질에 자주 오르는 환경 친화적일지도 모른다. 이렇게 만들어진 징검다리는 건너기에 좀 불편하기는 하나 몸의 중심만 제대로 잡으면 안전하게 건널 수 있다. 가끔 노인네들은 흐르는 물을 보고 어지럼증이 생겨 젊은이들의 부축을 받는 경우가 있기도 하다.

위에서 이미 말한 시멘트 다리나 징검다리는 유형의 다리이나 그것 이상으로 중요한 무형의 다리가 있다. 사춘기에 소인(消印) 없는 편지를 전해 준 동생이나 이웃집 아이들, 처녀 총각 집을 드나들면서 혼사를 성사시키는 중신아비, 상거래를 성사시키는 거간(居間)꾼, 국가 간의 불편한 관계를 해소하는 데 큰 역할을 담당하는 중재자(仲裁者) 등이 바로 무형의 다리 구실을 한다. 이런 것들은 꼭 성공을 기약한다고 볼 수는 없다. 물론 수완에 따라 다르겠지만, 성공할 확률은 50%조차도 안 될 때가 있다.

그런데 이것보다도 더 중요한 무형의 징검다리가 있다. 우리를 죄 가운데서 구원해 주신 하나님의 독생자 예수가 계시다. 이분은 하나님께서 우리의 죄를 사해 주시기 위하여 십자가에서 대속(代贖)의 제물로 희생되셨고 우리는 그분의 희생으로 말미암아 죄 사함을 받았다. 예수께서는 우리가 하나님의 그 큰사랑을 믿었을 때 우리를 하나님께로 인도하는 징검다리 역할을 하셨다.

신약성경을 보면 "예수께서 가라사대 나는 길이요 진리요 생명이니 나로 말미암지 않고는 아버지께로 올 자가 없느니라"(요 14:6)라고 하신 말씀이 있다. 이 말씀은 예수 자신이 하늘과 땅을 연결하는 다리라는 뜻이다. 그러므로 예수그리스도의 가르침과 그리스도의 십자가 사역이 없이는 아무도 하나님께로 갈 수 없다. 하늘과 땅을 연결하는 이 다리는 도강세를 내고 이용하는 유형의 다리가 아니라 하나님께서 은혜로 우리에게 주신 사랑의 징검다리이다. 우리는 이 다리를 건너서 하늘나라로 가기 위하여 추호도 주저해서는 아니 된다.

눈에 보이는 허상만 찾지 말고 눈에 보이지 않는 실상을 찾아 나서야 한다. 하나님을 믿지 않는 모든 영혼은 물론이고 특히 하나님을 영접하지 못하고 살아가는 노인들에게 재촉의 메시지를 보내고 싶다. 물 좋은 세상에서 놀다만 갈 것이 아니라, 믿는 이들의 부축을 받아 세상 것들을 제거하고 마음의 중심을 바로 잡고 하루속히 하나님을 영접하여 여생을 의미 있게 사시고 길이요 진리요 생명이신 예수그리스도의 인도를 받아 사랑의 징검다리를 건너 영생의 길을 찾아야 할 것이다. (2002.03.25)

기도하는 집 문부터 열어야

지난 1월 중순부터 한 달 반 동안 교회음악을 가르치는 학교의 학생모집 포스터를 붙이는 일에 참여했다. '교회음악과 선교를 연계시킴으로써 선교의 시너지 효과(synergy effect)를 높일 수 있다.'는 나의 굳은 신념이 무보수로 일하게 했다. 주변 사람들은 "성령의 역사하심이 있어서 나이 드신 분이 그렇게 고생하면서 힘든 일을 자청해서 하신다."며 칭찬 비슷한 말을 하곤 했다. 그러나 이러한 말에는 아랑곳없이 거의 매일 오전 10시부터 오후 5시까지 묵묵히 일만 했다. 서울 근교 몇 곳과 안양, 의왕, 군포, 수원, 광명, 인천, 일산 등지를 주로 전철이나 버스를 타고 목적지까지 가서 도보로 각 교회를 찾아다니면서 포스터를 붙였다.

내가 돌아본 교회는 미자립교회, 자립교회, 자립을 넘어서 부흥된 대형교회로 구분할 수 있다. 그리고 특히 아파트촌의 교회는 상가의 3층이나 4층에 전세로 들어있거나 대단위 아파트단지를 조성할 때 종교 부지를 분양받아 한 지역에 밀집된 교회들이었다. 자립교회는 그래도 성도들을 5~6백 명 수용할 수 있는 건물을 보유하고 있었고 대형교회는 수천~수만 명을 수용할 수 있는 교회들이다. 이렇게 걸어 다니면서 붙인 포스터의 효과로 내가 돕고 있는 모 교회음악원에 입학하려는 학생들과 그 부모들의 전화 문의가 많았다는 말을 들었을 때 큰 보람을 느끼기도 했다.

방문한 교회가 8백여 개 되는데 대낮에 거의 97%가 문이 굳게 닫혀 있다는 놀라운 사실을 발견했다. 물론 내가 방문한 교회들을 중심으로 집계한 통계이며 또 내가 방문한 교회가 때마침 쉬는 날이었는지는 모르겠다. 신약성경을 보면 예수께서 예루살렘에 입성하여 마지막 주일 동안 성전에서 매매행위를 하는 자들, 돈 바꾸는 자들 그리고 비둘기파는 자들을 힐난하시고 "이에 가르쳐 이르시되 기록된바 내 집은 만민이 기도하는 집이라 칭함을 받으리라고 하지 아니하였느냐 너희는 강도의 소굴을 만들었도다"(막 11:17)라고 하셨다. 이 말씀 때문에 대제사장들과 서기관들의 예수에 대한 적개심이 극에 달하게 하였으며 마침내 예수가 위기를 당하셨다. 그런데 여기에서 예수께서 강조하신 것은 "교회는 만민이 기도하는 집"이라는 것이다. 그러므로 교회는 누구나 언제든지 들어가서 하나님과 대화할 수 있는 곳이어야 한다.

이슬람에서는 곳곳에 기도실을 마련해 놓고 인종이나 빈부의 차 없이 언제나 열려 있어 하루에 다섯 번씩 기도하는 율법을 지킬 수 있도록 배려하고 있다. 주일만 문을 열어 놓는 교회는 '기도하는 집'이라고 말할 수 없다. 교회의 문을 계속 열어 놓고 관리인이 없으면 교회 기물이 도난당할 수 있고 성전이 더럽혀진다는 것도 알고 있다.

그렇다 하더라도 우리 교회들은 이에 대한 대안을 마련하고 늘 문을 열어 놓아 자기 교회 성도들뿐 아니라 길가는 나그네들도 들려서 기도할 수 있도록 해야 한다. 진정 이 시대의 교회들은 현대 속에 불안을 안고 살아가는 우리 이웃들과 문제의 연속 속에 가슴 조이며 사는 내 형제들이 마음 놓고 하소연할 수 있는 만민의 기도처가 되어야 한다. (2003.03.23)

하나가 된 느낌

심기가 불편해서 며칠 쉬었다가 새벽기도 모임에 다시 참석했다. 평소대로 다 같이 준비 찬양을 드리고 담임 목사님의 설교를 경청한 다음에 합심 통성기도에 들어갔다. 성전 안의 전깃불이 꺼짐과 동시에 경음악으로 찬송이 흘러나오고 약속이나 한 듯이 모인 성도들은 기도를 시작했다.

아직도 나는 마음이 평안하지 않아서 기도의 문이 닫혀있는 상태이었다. 그리고 중언부언 기도할 바에야 차라리 기도를 드리지 않는 것이 낫다고 생각하기도 했다. 그래서 두 눈을 감고 엎드렸다. 성도들의 기도 소리가 점점 더 커졌고 무엇으로부터 압박을 받는 느낌이 들기도 했다.

그런 가운데 나의 앞 바로 옆자리에서 기도하는 여성도의 기도에 마음이 움직이었다. 누굴 위해서인지, 한을 토해내는 것인지, 회개하는 것인지 흐느껴 울면서 기도하는 그 모습이 안타깝기도 했다. 그 내용은 모르겠으나 기도하는 모습이 너무도 간절했다.

그 성도의 그 간절한 기도에 굳게 닫혔던 나의 기도의 문이 열이었다. 그 성도의 기도에 응답을 주십사 하고 기도를 드리기 시작했다.

긴 시간 기도드린 것은 아니지만, 그 성도는 계속 흐느껴 울면서 기도드렸다. 그 성도의 눈물 어린 기도에 나도 눈시울이 적셔지기 시작했다. 내가 새벽기도 모임에 여러 해 참석하여 기도를 드렸지만, 눈물을 흘리면서 기도드리는 성도를 위하여 직접 기도드린 것은 이번이 처음이다. 그 여성도의 기도내용은 모르겠지만, 그녀의 기도가 하나님께 상달 되어 응답의 역사가 일어나게 해달라는 간곡한 기도를 반복해서 드리었다.

연세가 지긋하신 은퇴 권사님께서 기도를 마치고 나가시다 그 성도를 꼭 안아주셨다. 내가 네 우는 마음을 다 안다는 듯, 나도 널 위하여 기도하겠다는 듯 사랑의 포옹을 해 주셨다. 그때 나의 눈에서 주체할 수 없는 눈물이 흘러내렸다.

간절히 기도드리는 그 성도의 마음이나 포옹해 주신 그 권사님의 마음이나 눈물을 흘린 나의 마음이 합해서 하나가 된 느낌이 들었다. 나는 흐르는 눈물을 손등으로 닦으면서 그 성도의 울먹이는 소리와 성도들의 기도 소리를 뒤로하고 성전을 떠나왔다. (2006.05.22)

여름 행사, 그 중요성을 잊지 말자.

매년 7월 하반기가 되면 각 교회에서는 여름성경학교가 문을 열고 수련회가 시작된다. 그것은 학생들의 여름방학과 직장인들의 여름휴가가 시작되는 계절이라서 그런가 보다. 그뿐만 아니라 같은 교회에서 같은 교역자들이 하는 일이지만, 뭔가 분위기를 바꿔보자는 의미도 있다고 생각한다.

그렇다고 해서 여름 수련회가 여름휴가나, 농촌의 일손을 돕는 농활(農活)이나 일반 사회조직에서 구성원의 친목 도모와 화합을 위한 엠티(M.T)로 생각해서는 절대로 안 되며 연례행사로 치러져서도 안 된다고 생각한다.

우리나라 기독교는 백 년 이상의 역사를 말하고 있으나 최근 들어 마이너스 성장했다는 것을 부끄럽게 생각하고 빚진 자의 마음으로 머리 숙여 기도드리며 땅 끝까지 말씀을 전하기 위하여 몸과 마음을 다해야 할 것이다.

며칠 전에 1870년대 조선에 복음의 문을 열어 주신 존 로스(John Ross) 선교사의 고향인 스코틀랜드 인버네스(Scotland Inverness)지방에 다녀온 분이 그 선교사가 어릴 적에 섬기고 자랐던 스코틀랜드 연합장로교회 일부가 카페로 변했고 교회에는 대부분 노인 성도들만 예배에 참여하더라고 전해 주었다. 미국은 한술 더 떠서 극히 일부이기는 하지만, 교회가 이슬람 사원(mosque)으로 바뀌는가 하면 일부 교회는 스코틀랜드 연합장로 교회와 같이 노인들이 지키는 실정이라고 한다.

이처럼 안팎의 현실을 고려할 때 여름성경학교나 수련회에서는 사회와 교계의 시대성을 반영하여 계획하고 시행하여야 한다. 유아들로부터 중고등부 학생들에게는 영성을 전하는 데 힘써야 할 것이며 청년들은 영성 회복에 심혈을 기울여야 한다고 생각한다. 수련회도 교회 내 신앙생활의 연장선상에서 이루어지는 것이라서 더욱더 그러하다.

어렸을 때 복음을 잘 받아들인 학생들은 계속해서 믿음 생활을 잘하며 설사 실족했다 하더라도 말씀에 운동력이 있기 때문에 어젠가 다시 돌아온다고 한다. 위와 같이 현재 스코틀랜드나 미국의 젊은이들이 교회를 섬기지 않아서 교회 예배에 참여하는 성도가 노인들이 대부분이라고 하나 실망해서는 아니 된다. 그러한 의미에서 장차 교회를 섬겨야 할 주일학교 학생이나 청년들을 위한 여름성경학교나 수련회가 중요한 의미를 가진다고 생각한다.

아무튼, 올해 수련회는 시대성을 반영한 프로그램을 가지고 영성 회복과 화합 그리고 신앙인으로서 타의 모범이 되는 그러한 수련회가 되기 바란다. 그러기 위해서는 장소의 선택도 중요한 몫을 차지한다고 생각한다. (2007.07.04)

하나님 말씀으로 마음을 치유하자.

요즘 감기는 좀처럼 치료되지 않는다. 옛날에는 몸살 사흘, 고뿔(감기) 사흘이란 말이 있었다. 몸살이나 고뿔은 사흘 정도 앓고 스스로 치료된다는 말이다. 그 당시에는 지금처럼 자연이 오염되지 않은 때였으므로 공기가 깨끗해서 감기가 쉽게 치료되었는지도 모른다.

내가 감기를 앓은 지도 3주일이 넘었다. 목이 컬컬하고 기침도 가래도 가끔 나온다. 그래서 낮에도 계속 누워있다. 유치원에 다니는 네 살 된 손자 녀석에게 제 엄마가 할아버지 아파서 눠 계시다는 말을 한 모양이다. 그것은 할아버지가 몸이 불편하시니 조용히 하라는 뜻이었을 것이다.

그 녀석 유치원에 갈 때에는 "다녀오겠습니다."하고 갔다가 와서는 "할아버지! 다녀왔습니다."라고 배꼽 인사하는 것을 잊지 않는다. 그 녀석은 오늘 인사 대신 상처에 붙이는 밴드(자가접착식 밴드)를 가지고 다가와서 "할아버지 아픈데 이것을 붙어 드릴게요."하고 말했다. 그 마음이 순수하고 고마웠다. 제 엄마가 제 손등에 상처 난 곳이 있을 때 그 밴드를 붙어 준 것을 기억하고 아픈데 붙이면 그 아픔이 고쳐지는 것으로 알고 할아버지가 아프다니까 고쳐야 하겠다는 맘에서 밴드를 가지고 온 것이다. 어디가 아픈가를 모른다 하더라도 그 마음이 얼마나 아름다운가? 어린 맘에 남을 배려하는 마음이 싹 트고 있으니 참으로 기특하고 고맙기도 했다.

그래서 평소 부모의 언행이 자녀 양육에 매우 중요하다. 자녀는 부모의 일거수일투족을 보고 그대로 배워서 닮는다. 말이 그렇고 생각이 그렇고 행동이 그렇다. 세상에 태어날 때 부모로부터 받은 유전자 본체를 선천적 디엔에이(DNA)라고 하는데 태어난 뒤에 교육을 받아 형성된 인격을 나는 후천적 디엔에이(DNA)라고 부르고 싶다.

그래서 인간은 어느 부모에게서 태어났느냐? 는 것도 중요하지만, 그것 못 지않게 어떠한 환경에서 교육을 받고 자랐느냐? 도 중요다. 교육환경의 중요성을 강조한 예가 바로 맹모의 삼천지교(三遷之敎)이다. 그래서 옛날에 "말은 나면 제주도로 보내고 사람은 나면 서울로 보내라"라는 속담이 있고 지금도 교육하면 서울 강남지역을 그리고 미국의 경우는 매사추세츠 주와 메릴랜드 주 등을 손꼽는다.

누구나 다 좋은 부모한테서 태어나고 싶었고 다 좋은 환경에서 교육을 받고 싶었을 것이다. 그러나 그것은 자기의 의지대로 되는 것이 아니다. 흔히들 말하는 문제의 부모 밑에 문제아가 있다는 체념적인 말이 있다. '이것이다!'라고 확실히 검증된 것은 아니지만, 조악한 환경에서 교육을 받은 사람은 건전한 사회에서 건전한 사람들과 교류하면서 건전하게 생활하기가 심히 어렵고 심한 말로 사회의 문제아로 전락할 가능성도 있다는 것이다.

이미 그렇게 굳어진 사람들은 전문기관에서나 교도소에서 교육을 실시한다. 조직폭력배에 대한 교도, 알코올중독자에 대한 병원 치료, 집단 따돌림을 방지하기 위한 각종 프로그램 등으로 교육을 시행하나 치유되기 심히 어려운 경우가 허다하다. 특히 성범죄인은 복역한 뒤에 전자 발찌를 착용하고도 다시 성범죄의 늪에 빠진다는 보도가 신문 사회면에 가끔 게재된다. 이처럼 건전한 사회에서 건전한 사회인과 교류하면서 건전한 삶을 유지할 수 없는 사람들은 위에서 말한 바와 같이 전문기관이나 교도소에서도 교육의 성과를 거두기 어렵다.

성경에 "모든 성경은 하나님의 감동으로 된 것으로 교훈과 책망과 바르게 함과 의로 교육하기에 유익하니"(딤후 3:16)라는 말씀이 있다. 하나님 말씀을 바르게 들을 때 마음의 변화를 일으켜 병든 영혼을 치유하는 성령의 역사가 일어난다. 즉 하나님 말씀을 듣고 눈물로 회개하는 가운데 기쁨을 느끼고 기도하면서 하나님의 은혜로 거듭나는 역사가 일어난다. 그것은 이 세상을 주관하시는 하나님의 말씀은 생명의 말씀이며 능력의 말씀이기 때문이다.(롬 1:16 참조) 이 말씀을 바르게 받아들이면 선천적인 것이든 후천적인 것이든 가릴 것 없이 그릇된 것이 바르게 잡아지는 역사가 일어날 것으로 믿는다. (2013.01.12)

제5부
자녀에 대한 신앙교육의 중요성

은밀한 도움이 더 아름답다.
성경에서 진리를 캐나자.
종소리에 담긴 평안
또 하나의 열매를 바라며
자녀에 대한 신앙교육의 중요성

모든 성경은 하나님의 감동으로 된 것으로 교훈과 책망과 바르게 함과 의로 교육하기에 유익하니 이는 하나님의 사람으로 온전하게 하며 모든 선한 일을 행할 능력을 갖추게 하려 함이라"(딤후 3:16, 17)

은밀한 도움이 더 아름답다.

십시일반(十匙一飯)이란 말이 있다. 이 말은 밥 열 술이 한 그릇이 된다는 뜻으로, 여러 사람이 조금씩 힘을 합하면 한 사람을 돕기 쉽다는 뜻이다. 어려운 사람들을 돕는 방법에는 여러 가지가 있을 수 있다. 재벌이 수십억 원짜리 수표 한 장으로 돕는 방법도 있고 위에서 말한 십시일반 식으로 여럿이 정성을 모아 돕는 방법도 있으며 물질을 제공하지 않고 노력 봉사해서 돕는 방법도 있다. 물량적으로는 재벌의 도움을 따라가지 못하겠지만, 여러 사람의 정성이 담긴 도움이 더 값어치가 있다고 생각한다.

최근 년에 거의 매년 8월에 태풍이 비를 동반해 오는 때가 잦았다. 먼저 제주도를 강타하고 영남, 호남과 충북 그리고 영동지방을 무참하게 할퀴고 지나갔다. 이 때문에 인명 피해도 컸으며 재산 피해는 필설로 다 할 수 없을 정도로 많았다. 이에 따른 수재민들의 고통은 말할 수도 없다. 다른 나라에서는 지진이나 허리케인과 같은 태풍의 피해가 있지만, 우리나라에서는 주로 비를 동반한 태풍으로 손해를 많이 입었다.

그럴 때마다 우리 국민의 가슴속에 안겨있는 인정의 샘이 마르지 않아서 태풍이 쓸고 간 폐허의 땅 위에 인정의 샘물이 흘렀다. 수많은 사람은 의연금을 모아 수재민들을 도왔고 몸소 아픔을 나누면서 자원봉사로 구슬땀을 흘리며 일했다. 매스 미디어(mass media)를 통하여 수재의연금 출연자들의 인적 사항과 금액이 일일이 활자화되어 지상에 공개되고 또 전파를 통하여 밝혀졌다.

우리나라의 기부금이나 의연금 등의 성금 문화는 외부에 드러내는 것을 좋아하는 것 같다. 옛날 초등학교 운동회 날에 본부석 앞에 기부자들의 인적 사항과 기부금액을 긴 백지에 써서 걸어놓아 바람에 휘날리는 것을 본 기억이 아직도 살아 있다. 그런데 지금은 미디어 문화가 발전해서 수재의연금은 이를 신문지상이나 TV 화면에 밝혀진다.

남들을 돕는다는 것은 좋은 일이므로 의연금을 낸 사람들의 인적 사항과 금액을 밝히는 것은 어느 면에서는 좋은 일로 생각한다. 그리고 이처럼 밝히는 것은 어느 정도 의연금을 내도록 하는 유인책(誘引策)이 되기도 한다.

그런데 의연금을 신문사나 방송국에 맡길 때 그곳의 접수대장에 출연자의 인적 사항과 금액이 기록되며 접수증을 발급해 준다.

성경을 보면 "사람에게 보이려고 그들 앞에서 너희 의를 행하지 않도록 주의하라 그리하지 아니하면 하늘에 계신 너희 아버지께 상을 받지 못하느니라"(마 6:1)라는 말씀이 있다. 이 말씀은 남을 도울 때 나를 드러내지 말라는 의미를 암시하고 있다. 그러므로 구제하면서 자기가 칭찬과 감사를 받고자 외부에 드러낸 자는 이미 하나님으로부터 상급을 받을 자격을 상실한 것이다. 그것은 드린 것에 대한 대가를 이미 받았기 때문이다.

따라서 앞으로 의연금은 신문지상이나 TV 화면에 접수 금액의 일일 접수계와 누계만 밝히는 것이 좋다고 생각한다. 그 이유는 사실상 의연금을 받은 사람들은 이를 보낸 사람들의 이름과 금액을 알고자 해도 누가 누구에게 얼마를 보냈는지를 알 수 없고 또 알 필요도 없다고 생각한다. 다만 그 정성만을 알고 진심으로 감사한 마음을 가지면 된다.

그리고 의연금을 낸 사람들도 그 돈이 어디 누구에게 보내졌는지 알고자 하지도 않을 것이며 알 필요도 없다고 생각한다. 다만 내가 어려움에 처한 사람들을 도왔다는 생각을 마음속에 간직하면 그만이다. 받는 기쁨만 있는 것이 아니라 주는 기쁨도 있으니 말이다.

이와 같이 할 때 신문사에서는 더 많은 지면을 독자에게 할애할 수 있고 TV 방송국에서는 더 많은 시간을 시청자들을 위해 서비스할 수 있다고 생각한다. 그보다도 더 중요한 것은 그렇게 할 때 위에 이미 말한 바와 같이 하나님으로부터 상급을 받을 수 있기 때문이다. (2002.09.30)

성경에서 진리를 캐내자.

"책 속에 진리가 있다"는 말이 있다. 아마 이 말은 성경을 두고 한 말임에 틀림이 없다고 생각한다. 성경은 책 중의 책이요, 하나님께서 주신 영감에 따라 기자가 기록한 책이다. 하나님의 영감에는 부정확한 것과 잘못된 것이 있을 수 없다. 즉 최고의 진리이신 하나님 자신은 진리가 아닌 것은 말씀하실 수 없다. 따라서 성경은 진리이다. 그러나 성경을 읽지 않으면 그 진리의 보고인 성경은 아무런 의미가 없다. 예배시간에 몇 절만 읽는 것으로는 별 의미가 없다. 요즘 신앙인들은 성경을 시(詩)를 읽듯이 읽는다. 성경은 처음부터 끝까지 통독해야 한다. 그것이 힘들 것 같으면 구약성경과 신약성경을 분리해서라도 따로따로 통독하는 것도 좋다. 그렇게 읽어야 진리를 캐낼 수 있다고 생각한다.

정보기술 산업의 발달과 발을 맞춰 첨단을 걷는 것처럼 교회마다 제단 위에 스크린(screen)을 걸어놓고 예배시간에 찬송가 가사도, 교독문도, 사도신경도 그리고 성경 요절도 그 스크린에 올린다. 눈으로 보고 찬양하고 읽기만 하면 된다. 그러므로 예배에 참석할 때 거추장스럽게 성경을 가지고 다닐 필요가 없다. 또 교회 주관 아래서 구역예배를 드릴 때 한 주간 읽은 성경의 양을 체크하거나 성경을 암송토록 하는 성경암송대회를 거의 개최하지 않는다. 그리고 목회자들은 성경을 근거로 설교하면서 성도들에게 성경 읽기를 철저히 권면하지 않는다. 이러한 것들은 성도들이 성경과 친해지는 데 도움을 주지 못한다. 교회가 세상적으로 너무 변해가는 느낌이 들어서 심히 걱정스럽다.

요즘 젊은이들이 성경을 읽는 데 걸림돌이 되는 것은 영화, 비디오테이프 등 영상물과 인터넷 문화에 너무 몰입해 있다는 것이다. 초등학생들로부터 대학생들까지 게임이나 채팅이나 음란물에 깊이 빠져있다. 젊었을 때 일반 독서는 물론 성경 읽기를 생활화하여야 한다. 종교개혁자 마르틴 루터(Martin Luther, 1483~1546)는 "구원은 그리스도 안에 있는 믿음을 통하여 하나님께 직접적으로 나아가는 것과 그분의 말씀을 순종하는 것에 의해서 얻어질 수 있다"고 말했다. 그러므로 성경을 읽지 않고 즉 성경을 모르고 말씀에 순종할 수 없다.

전동차 안에서 성경을 읽는 학생들이나 아줌마 아저씨들을 가끔 볼 때가 있다. 더군다나 영어 성경을 들고 읽는 학생들도 있다. 시간이 없어서 성경을 읽지 못한다는 것은 하나의 구실에 불과하다. 성경을 읽는 시간을 스스로 만들어야 한다. 성경은 서가의 구색을 갖추기 위해서 사서는 아니 되며 성경 위에 먼지가 앉게 해서도 아니 된다. 성경(말씀)을 주신 하나님께 감사기도를 드리고 진리를 캐내기에 늘 힘써야 한다. 바로 이 길이 영적 성장으로 가는 지름길이다.

그러므로 기성인들은 젊은이들이 성경을 읽을 수 있는 환경을 조성해 주어야 하고 어느 교회에서나 설교하기 전에 말씀을 봉독하는데 제단 위에 걸려있는 스크린의 영상문자를 보며 봉독하는 것도 좋지만, 설교하시는 분이 성도들로 하여금 성경의 요절을 직접 찾아서 봉독하게 하는 것이 좋다.

또 성경 봉독을 수시로 독려하고 성경을 봉독하게 하는 이벤트(성경암송대회 개최 등)를 마련해 주어야 한다. 이렇게 함으로써 성경과 친해질 수 있다고 생각한다. 그런데 가장 중요한 것은 성도들이 성경을 읽어야 하겠다는 의지이다. 성경을 읽지 않고는 진리를 찾아낼 수 없고 말씀을 통하지 않고는 은혜를 받을 수 없다고 생각한다. (2003.12.06)

종소리에 담긴 평안

10수 년 전 중동에 있는 주이란한국대사관에 근무했던 때의 일이다. 주재국 민간인의 초대를 받아 기대와 호기심을 가지고 모처럼 현지인 가정을 방문하게 되었다. 우리 부부는 만찬 전에 차 한 잔을 대접 받으면서 담소를 나누고 있었는데 마침 그 집의 벽에 걸린 괘종시계의 종 치는 소리가 청아하고 아름답게 들렸다. 집사람이 '시계 치는 소리가 환상적'이라고 말하니 그 주인은 "그 시계는 독일제인데 치는 소리가 아름다울 뿐만 아니라 제작된 지 70년이 넘었는데도 시간이 아주 잘 맞는다."고 말했다.

나도 이 시계의 종 치는 소리에 마음의 평안함을 얻어 기분이 좋았는데 집사람은 나보다 더 그 소리에 매료된 모양이었다. 만찬이 시작되기 전에 집사람은 "값을 후하게 드릴 터이니 그 시계를 살 수 있겠느냐?"고 제의했다. 주인은 그 시계는 팔 수 없고 대신 종소리가 유사하게 나는 것을 골동품상에 가서 사다 드리겠노라고 약속했다.

몇 주일이 지난 뒤에 우리 부부를 초대했던 현지인은 약속대로 괘종시계를 사 가지고 우리 집을 방문했다. 그런데 그 생김새나 종 치는 소리나 우리가 가지고 싶었던 그 시계와 같지 않았다. 그래서 이 시계와 귀댁의 벽에 걸려있는 괘종시계와 바꾸자는 염치없는 제의를 했다. 그 제의가 쾌히 수락되어서 우리는 좋아하는 시계를 거실에 걸어 놓을 수 있었고, 귀국 길에 보물 다루듯 가지고 왔다.

이 괘종시계의 생김새는 과거 우리나라에서 볼 수 있었던 일본제 괘종시계와 비슷하며 시계의 문자판 부분과 추(錘)가 움직이는 부분이 외관상 구분되어 있다. 우리나라에 있었던 일본제 괘종시계와 이 시계와 구별되는 점은 전자는 태엽을 감는 곳이 두 곳인 데 반하여 후자는 그것이 세 곳이나 있으며 전자는 종치는 소리가 맑지 못하고 둔탁했으나 후자는 그 소리가 청아하고 아름다웠다. 그리고 전자는 시보 때만 치는데 후자는 시보 때 치기도 하지만, 15분마다 치며 그 음정이 각각 달라서 소리만 듣고도 몇 분인지 금방 알 수 있다.

15분마다 치는 소리는 옛날 우리나라 도시교회에서 예배시간을 알리는 벨 소리와 같아서 마음의 평안함을 주었고 시보는 한적한 시골교회에서 은은하게 들려오는 종소리와 같아서 마음속 깊이까지 평안함이 스며들곤 했다.

그런데 지금은 도시교회에서는 물론 시골교회에서도 그 마음의 평안을 안겨주는 벨 소리나 은은한 종소리를 들을 수 없다. 다행히 우리 집 안에서는 그 아름다운 소리를 듣고 순간이나마 마음의 평안을 느끼면서 살고 있다. 그것은 아름다운 음악에 심취된 그러한 느낌이다. 그러나 그것은 진정한 참 평안이라고 할 수가 없었고 일시적인 기분에 불과하다는 생각이 들었다. 위에서 말한 시계의 종 치는 소리나 아름다운 음악의 선율에서 느끼는 평안함을 마음속 깊은 곳에 간직할 수 없다. 어떠한 의미에서는 허상에 불과하다고 생각하였다.

성경에 보면 “평안을 너희에게 끼치노니 곧 나의 평안을 너희에게 주노라 내가 너희에게 주는 것은 세상이 주는 것과 같지 아니하니라 너희는 마음에 근심하지도 말고 두려워하지도 말라”(요 14:27)'라는 말씀이 있다. 여기에서 평안은 영적 안정 상태를 말하며 이 영적 안정 상태는 구원의 확신과 믿음에서 생긴다고 생각한다. 세상은 외적인 평안, 육적인 안정을 줄지 모르지만, 그러한 평안은 이를 가져다준 조건과 같이 사라지게 마련이다. 그리고 “내가 평안히 눕고 자기도 하리니 나를 안전히 살게 하시는 이는 오직 여호와이시니이다”(시 4:8) 라고 하여 평안은 여호와로부터 비롯됨을 말하고 있다. 그리고 '평안히 눕고 자기도 한다.'는 말씀은 주안에서 믿음을 전제로 한 말이다. 우리는 하나님의 자녀가 되어 그의 사랑과 은혜 가운데 있을 때만 참 평안을 누릴 수 있음을 알아야 한다. (2006.03.02)

또 하나의 열매를 바라며

오늘은 우리 교회에서 복음 전도를 위해서 '이웃초청의 날' 행사가 있었다. 담임 목사님은 가정을 중심으로 "하나님을 사랑하는 가정의 행복"(행 10:1~8)이라는 제목으로 설교하셨다. 먼저 가정의 중요성을 강조하는 의미에서 예화로 "어느 화가가 세상에서 가장 고귀한 것을 그리려고 소재를 찾아가다가 목사님을 만나 그에게 무엇이 세상에서 가장 고귀한 것이냐? 고 물었더니 '믿음'이라고 말했으며 같은 질문을 군인에게 했더니 '평화'라 했고 또 같은 질문을 신혼 여행하는 부부에게 했더니 '사랑'이라고 답을 했다"고 한다.

그 화가는 믿음과 평화와 사랑을 한 번에 그릴 수 있는 소재는 없을까 하고 찾아 온종일 헤맸으나 찾지 못하고 지친 몸으로 자기 집으로 돌아오니 "자녀가 아빠! 하고 부르면서 뛰어 나오는 그들의 눈망울에서 믿음을, 따뜻하게 맞아주는 아내에게서 사랑을, 그리고 그 순간 모든 시름이 다 사라졌으며 그래서 그 화가는 자기 가정에서 평화를 찾았다"고 한다.

이처럼 가정이 중요하다는 것을 강조하면서 설교를 마칠 무렵에 “가장인 남편, 아버지를 축복하고 싶다”고 말씀하시며 이들을 일으켜 세우고 미리 준비한 빨간 장미꽃 한 송이를 나눠 주면서 “또 하나의 열매를 바라시며”라는 제목의 찬양을 합창했다.

이 찬양이 성전 안에 낮게 깔리어 흐르는 사이에 담임 목사님은 우리 가장들이 가정을 지키기 위하여 그동안 말할 수 없는 스트레스를 받았으며 하루에도 몇 번씩 사표를 내던지고 싶었던 그 시절을 살아오셨다고 말씀하시면서 일어선 가장들에 대하여 위로의 말씀을 전할 때 성전 안은 숙연해졌다.

그때 한 사람, 두 사람 손등으로 눈물을 훔치기 시작하여 일어서신 가장인 남편과 아버지들뿐만 아니라 앉아있는 아내와 어머니들도 눈물을 훔치기 시작했다. 아들이 처음 교회에 모시고 나와 내 옆자리에 서 있는 백발의 아버지는 부자간에 서로 껴안고 부끄러움도 잊은 채 어깨를 들썩거리며 우셨다. 지나온 세월이 얼마나 힘들었으면 저렇게 우실까 하는 생각을 해 보았다. 일어선 수백 명의 가장은 목사님의 위로 말씀에 가슴 속 깊이 숨겨졌던 지난날의 괴롬과 고통이 수면 위로 떠올라와 그 감정의 찌꺼기를 토해 내듯이 눈물을 훔치었다.

그리고 목사님은 가장의 옆에 앉아 있는 아내와 자녀들도 일으켜 세워서 가장과 손을 잡거나 포옹하게 하고 진심 어린 위로를 해 드리자고 제의하면서 함께 기도한 뒤에 축복기도를 하실 때 가장들의 눈에서 주체할 수 없는 눈물을 흘렸다. 그 눈물은 지난날의 삶이 얼마나 고달프고 힘들었던가를 입증해 주는 것 같았다.

현재 직장생활을 하는 젊은이들도 어려움이 많겠지만, 특히 60, 70년대에 직장생활을 했던 가장들은 참으로 어려운 시대를 살았다. 그분들은 이미 정년퇴직해서 무거운 짐을 벗어놓고 외롭게 무료한 삶을 살아가고 있다.

그들이 일하던 무대는 지금 사전에서나 찾아볼 수 있는 '보릿고개'가 있었던 시절이었다. 60년대까지는 임신하는 대로 아이를 낳아 어렵게 길렀으나 70년대는 "아들딸 구별 말고 둘만 낳아 잘 기르자!"라는 슬로건 밑에서 산아제한을 했던 때이었다. 입이 여러 개이면 가난에서 헤어나기 어렵다는 뜻에서 그러한 운동을 정책적으로 벌이었다. 입에 풀칠하기 힘들었던 그 시절에는 가난한 가계를 꾸려가기 위해 직장생활은 불가피했다. 찬 도시락으로 점심을 때우고 스트레스를 많이 받은 날은 빈대떡이나 김치를 안주 삼아 막걸리나 소주로 마음을 달래기도 했다. 그러나 "우리도 한번 잘 살아보자"는 희망의 끈을 놓지 않고 열심히 일했다. 그때 유행했던 말로 "쥐꼬리만 한 봉급"이란 말이 있었다. 그렇게 적은 봉급도 감사했다. 그것은 오천년의 한 맺힌 '보릿고개'를 벗어나는 데 큰 도움이 되었기 때문이다.

거기다가 정권이 바뀔 때마다 구조조정이라는 인사 바람이 불었으며 그 물결이 심한 때에는 경제계 전반에 미치는 영향이 컸고 특히 1990년대 말에 차갑게 밀어닥친 IMF의 한파를 넘지 못하고 직장에서 퇴출당한 가장들이 많았다. 이렇게 퇴출당한 가장들은 집안 식구들에게 자기가 퇴직되었다는 말도 하지 못하고 매일 정장을 하고 가방을 들고 공원이나 산기슭으로 출근했던 가장들도 있었다. 그런 어려운 세월을 보내면서 그래도 다시 취업한 가장들은 호랑이 굴에서 벗어난 느낌이었겠지만, 끝내 취업하지 못한 가장들은 노숙자로 전락한 경우도 있었다.

이러한 가장들의 괴로움과 아픔을 무엇으로 형용할 수 있으랴? 목사님이 위로의 말씀에 마음속에 서려 있던 과거의 어렵고 괴로웠던 아픔이 되살아나서 너나 할 것 없이 눈물을 흘렸으며 동반했던 아내와 자녀들도 같이 눈시울을 적시었다.

젊었을 때 힘들게 벌어서 먹고살면서 자식들을 키우고 큰 일꾼 되게 가르치느라고 갈비뼈가 휠 정도로 어려움을 겪었다. 이제 머리 위에 서리가 내렸고 허리는 꾸부정하며 가진 것도 없고 힘도 없고 마음도 연약해졌다. 한 세월 고난을 같이 했던 아내에게 고마움을 느끼면서 손을 잡고 찾은 하나님의 성전에서 세상적인 것을 벗어버리고 하나님께서 주신 계명인 사랑을 품고 이웃을 내 몸같이 사랑하면서 또 하나의 열매를 바라며 살아야 하겠다는 다짐을 해 보았다. (2011.05.22)

자녀에 대한 신앙교육의 중요성

"아이의 모든 인생은 가정에서 시작된다."(It all starts at home)라는 책자를 저술한 미국 래리 C. 해리스(Larry C. Harris) 박사는 "개인적인 성공, 애정, 신을 섬기는 경건한 삶에 대해 우리가 아는 모든 것은 바로 부모님으로부터 배운 것이다."라고 천명하여 부모 역할의 중요성을 강조하고 있다.

자녀들이 신앙교육을 철저히 받으면 부모님의 말씀에 순종하고 선생님의 가르침에 잘 따르며 스승을 존경하고 어른들의 말씀에 귀를 기울일 것으로 생각한다. 그리고 동급생 따돌림, 학교폭력, 데이트 폭력, 병영 가혹행위들이 없어질 것으로 믿으며 이 글을 쓴다.

우리 집 작은아들은 정부시책에 따라서 올해 11월 중순에 본사가 울산광역시로 이전한다. 그래서 초등학교 다니는 손자 녀석이 전학한 학교에서 2학기에 자기 반 학생들과 함께 수업을 시작할 수 있도록 미리 이사할 계획이다.

작은며느리는 저희가 이사하면 자주 만나기 어려우니까 시부모를 1주일에 한 번씩 초대해서 손자 손녀가 커가는 모습을 보러

가곤 했다. 하루는 저녁을 같이 하는데 제 아비가 어린이집에 다니는 막내딸에게 식사 기도를 하라고 하니까 기도를 술술 잘했다. “하나님 아버지! 우리가 먹을 밥을 주셔서 감사합니다.”라고 운을 떼고 이어서 “할머니 할아버지, 엄마 아빠 그리고 오빠들을 건강하게 해달라는 등”의 내용으로 기도하고 아멘으로 마무리를 지었다. 기도를 참 잘했다.

우리 집 큰손녀는 어렸을 때 가정예배를 드리려 하면 각자에게 성경책을 가져다주었으며 찬송가 ‘이 눈에는 아무 증거 아니 뵈어도’(344장)를 그렇게 좋아했다. 그리고 둘째 손녀는 성가대 지휘자가 음성 테스트를 해 보고 성량이 풍부하고 음색이 좋다고 하며 찬양을 가르쳐 교회찬양경연대회에 출전시켜서 성도들의 박수와 칭찬을 많이 받았다. 그래서 나는 지금도 둘째 손녀는 음악에 달란트가 있으니 그 방면으로 키워달라는 기도를 드린다.

큰손자는 외우기 달인이다. 프랑스 국제초등학교에 입학한 뒤에 영시(英詩)를 외우는데 영시 외우기 숙제를 내주는 대로 다 외웠다고 하며 귀국해서 주일학교에서 성경 요절을 외워오라고 하면 한 장(章)을 통째로 다 암송했다고 한다. 그런가 하면 둘째 손자는 유치원 원아인데 제 형이 성경 요절을 외우는 데 따라서 곧잘 외우며 철부지여서 제 아비가 가끔 주의도 주고 바르게 교육도 한 모양이다. 그 녀석, 제 아비의 주의를 듣다가 하는 말이 “이제 그만해요.”라고 하더란다. 아비가 얼마나 무서운 존재인데 제 아비에게 거침없이 제 의견을 말하는 담대함이 있다.

내년에 고등학교에 진학할 큰손녀는 암으로 투병 중인 주일학교 선생님을 찾아가서 문병하고 기도하고 왔다고 하며 최근에는 전도를 열심히 해서 제집 승용차에 전도한 학생들을 다 태우고 예배를 드리러 가기가 벅차니까 아비와 둘째는 버스를 타고 가다가 전철로 갈아타고 주일예배를 드리러 간다고 한다. 그래서 요즘 9인승 왜건(wagon)을 사야 하지 않겠나 하는 말이 나온다. 하나님께서 그 뜻이 이루어지게 하실 것으로 믿는다.

내 생각에는 다른 것은 모르겠는데 우리 아들 며느리들은 자녀에게 신앙교육을 잘 시키는 것으로 알고 있다. 유대인들은 어렸을 때 자녀를 무릎 위에 앉히고 말씀공부(쉐마, 토라, 탈무드)를 철저하게 시키며 그 말씀을 암송하도록 한다고 한다. 신약성경에 "모든 성경은 하나님의 감동으로 된 것으로 교훈과 책망과 바르게 함과 의로 교육하기에 유익하니 이는 하나님의 사람으로 온전하게 하며 모든 선한 일을 행할 능력을 갖추게 하려 함이라"(딤후 3:16, 17)라는 말씀이 있다.

교회에 등록하면 주일학교에 유치부, 유년부, 초등부 등의 교육부서에서 성경을 가르친다. 그러나 그 기초가 되는 신앙교육은 어렸을 때 가정에서 철저하게 이루어져야 한다. 즉 하나님을 경외하게 하고 말씀을 들려주고 암송하게 하며 부모를 공경하게 하고 기도하는 방법도 알려주며 이웃을 사랑하는 방법 등도 알려주어야 한다. 그것을 주입식으로 가르치는 것보다 부모가 솔선하여 모범을 보여줌으로써 스스로 깨닫게 하는 방법이 좋다.

요즘 사회 이곳저곳에서 불미스러운 일이 자주 일어나고 있다. 그것은 교육의 부재에서 비롯되었다고 생각한다. 그러므로 특히 교회 안팎에 운동력 있는 말씀이 살아 움직일 수 있도록 각 가정에서 자녀에게 신앙교육을 철저히 시켜야 한다. (2014.08.09)

제6부
기독교 성지순례

출애굽 여정에 따른 성지순례
사도 바울의 전도여정에 따른 성지순례
우리나라 기독교 성지순례

밤에 환상이 바울에게 보이니 마게도냐 사람 하나가 서서 그에게 청하여 이르되 마게도냐로 건너와서 우리를 도우라 하거늘 바울이 그 환상을 보았을 때 우리가 곧 마게도냐로 떠나기를 힘쓰니 이는 하나님이 저 사람들에게 복음을 전하라고 우리를 부르신 줄로 인정함이러라(행 16:9, 10)

출애굽 여정에 따른 성지순례

◇ 출애굽의 진원지 이집트

순례 첫 번째 날인 2월 19일 오전 9시에 "출애굽 여정에 따른 성지순례" 팀과 합류하기 위하여 집을 나섰다. 김포국제공항에서 기독교TV방송국 다큐멘터리 제작을 위한 촬영팀(성서고고학자 김성 교수, 촬영기사 1명)과 함께 순례의 길을 떠나는 분들과 합류했다. 우리 일행 18명은 9박 10일 동안 이집트(Egypt)에서 이스라엘(Israel)로 이어지고 박해로 얼룩진 로마(Rome)까지 사랑과 구원의 발자취를 답사하는 순례의 여정에 올랐다. 우리 순례팀은 목회자, 전도사, 장로, 일반 성도로 구성되었다.

우리 일행은 오후 1시에 KLM기편으로 김포국제공항을 이륙하여 암스테르담국제공항을 경유하여 오후 11시 40분경에 카이로국제공항에 도착했다. 비행기를 탄 시간을 계산해 보니 15시간 동안 체공한 셈이 된다. 내일 순례일정은 콥틱교회(The Coptic Church), 아부사르가교회(Abu Sarga Church. 아기피난예수교회) 등을 순례하기로 했다.

숙소에 도착했을 때 우리 일행은 장시간 비행했기 때문에 모두가 피로한 기색이 완연했다. 저녁 식사하는 것도 귀찮을 정도였으며 그저 자리에 눕고 싶은 생각뿐인 것 같았다. 그런데 우리 일행의 숙소인 호텔은 우리나라의 여관 급에도 미치지 못하는 엉성한 숙박업소였으며 모두 밤새 떨면서 잠을 설쳤다.

◇ 콥틱교회와 아기예수피난교회

순례 두 번째 날 아침은 날씨가 음산하고 심술궂게 모래바람이 불었다. 우리 일행은 성지를 살펴보려고 알 무알라카 콥틱교회(El Muallaqa Coptic Church)와 아부사르가교회(Abu Sarga Church. 아기예수피난교회)를 찾아갔다. 알 무알아카 콥틱교회는 11~14세기에 대주교가 관장했고 오늘날도 콥틱교회의 중심 역할을 한다고 한다. 원래 이 콥틱교회는 이집트 원주민의 교회이다. 오늘날 이집트에는 많은 콥틱교회 교인들이 신앙생활을 하고 있다고 한다. 우리는 이번 순례 길에 올라서 처음으로 이곳 콥틱교회에서 예배를 드렸다.

아기예수피난교회는 "주의 사자가 요셉에게 현몽하여 이르되 헤롯이 아기를 찾아 죽이려 하니 일어나 아기와 그의 어머니를 데리고 애굽으로 피하여 내가 네게 이르기까지 거기 있으라 하시니"(마 2:13)라는 말씀에 따라 아기 예수를 데리고 애굽으로 피신하여 잠시 쉬었던 곳에 세워진 교회라고 한다. 이 교회는 4세기경에 세워졌으며 이집트에서 가장 유명한 콥트교회라고 한다. 이

교회 근처에 5~6세기경에 세워진 성 바바라(Saint Barbara) 교회가 있다. 이 교회는 기독교가 공인되지 않았던 로마시대에 아버지가 당국에 고발해서 순교한 수녀 성 바바라의 유해를 모신 곳이라고 한다.

동부사막 쪽에 서기 300년 초에 세워진 유명한 안토니 수도원이 있는데 그곳에 가고 싶었으나 일정 관계로 가지 못하고 카이로고고학박물관으로 발길을 옮겼다. 동행한 김 교수는 박물관 1층에 있는 로제타석(Rosetta Stone) 앞에서 이 돌은 나일 강 하구에 있는 로제타 마을에서 발견된 비석 조각이라고 말하고 프톨레마이오스 5세(Ptolemy V) 황제(BC 205~180 재위)를 칭송하는 내용이 새겨져 있는 그 비문의 내용을 설명해 주었다. 미라를 비롯하여 여러 개의 관 그리고 무덤에서 발굴해 낸 수많은 부장품을 보고 그 당시 장례문화가 극에 달했음을 알 수 있었다.

우리 일행은 관광버스를 타고 가다 노변에서 도시락으로 주린 배를 달래고 시내 산 (Mount Sinai) 등반을 위하여 먼 길을 달렸다. 수에즈운하를 가로지르는 터널을 지나서 시나이반도(Sinai Peninsula)에 이르렀다. 옛날 이스라엘 자손들은 젖과 꿀이 흐르는 가나안 땅으로 가기 위하여 홍해를 건너 이 광야를 걸으면서 만나와 메추라기로 주린 배를 달래고 반석에서 흘러나오는 물로 갈증을 식히었다.

안내자는 시나이반도 남부에 있는 시내 산까지는 카이로에서 392㎞나 된다는데 카이로에서 홍해까지는 132㎞이고 홍해에서 모세의 샘이라고 하는 마라(Marah)까지는 30㎞의 거리라고 한다.

우리 일행은 이 마라라는 곳에서 차를 멈추었다. 성경에 따르면 마라는 "모세가 홍해에서 이스라엘을 인도하매 그들이 나와서 수르 광야로 들어가서 거기서 사흘 길을 걸었으나 물을 얻지 못하고 마라에 이르렀더니 그곳 물이 써서 마시지 못하겠으므로 그 이름을 마라라 하였더라"(창 15:22, 23)라는 기록이 있다. 위에서 살펴본 바와 같이 그 당시 그 샘물은 써서 마시지 못하게 되었으므로 백성은 모세를 원망하여 모세가 하나님의 지시에 따라 나뭇잎파리를 따서 물에 던지니 물이 달아졌더라(창 15:24, 25)라는 기록이 있다. 그러나 지금은 그곳에서 한 모금의 물도 찾을 수 없었다. 주변에 엉성한 가게가 있고 남루한 옷을 입은 현지 아이들은 토산품을 사길 권했다.

우리는 어제 항공기로 공중에서 시달렸고 오늘은 관광버스로 지상에서 시달림을 당했다. 우리 일행은 지친 몸으로 저녁 늦게 시내 산기슭에 자리 잡은 시내산호텔(Sinai Rest Hotel)에 여장을 풀었다. 밤이라 하늘에는 별빛이 찬란하고 땅 위는 공기가 신선했으며 주변은 칠흑 같은 어둠이 깔렸다. 내일 새벽 2시 50분 모닝콜을 의식하면서 피로한 몸을 자리에 뉘었다.

◇ 십계명을 받은 시내 산 등반

순례 세 번째 날 새벽 2시 50분경 비몽사몽간에 모닝콜을 받았다. 우리는 각자 추위에 대비한 복장을 착용하고 여행사 측에서 미리 마련해 준 손전등을 들고 나섰다. 식당에서 따끈한 차 한 잔을 마신 뒤에 대기하고 있는 관광버스를 타고 시내 산 등반길에 올랐다. 우리가 버스에서 내린 곳은 상점도 있고 기타 건물이 있는 곳이었다. 날이 밝은 뒤에 알았지만, 바로 이곳이 유명한 성 카타린수도원(Saint Catherine Abbey)이 있는 곳이며 해발 1,530m 지점이다. 시내 산 정상은 해발 2,285m라고 하니 실제로 등반하는 거리는 750m 정도가 된다.

우리가 걷기 시작한 초입은 비교적 경사가 완만해서 걷는 데 별로 불편이 없었다. 날씨는 산기슭이라도 차가웠다. 그리고 맑고 드높은 하늘에는 수많은 별들이 마음껏 빛을 발하고 있다. 내 마음은 어린 시절의 기러기 울고 가던 밤하늘로 옮겨갔다. 어린아이의 마음과 같이 정결하여지는 것 같았다. 하기야 성스러운 산에 오르니 그러해야 한다.

손전등이 없이는 한 발자국도 움직일 수 없는 칠흑 같은 밤이다. 더군다나 우리 일행 이외도 다른 많은 순례자들이 등반하고 있어서 우리 일행을 찾을 수 없고 물결이 흐르듯 움직였다. 조금 오르니 베두인(Bedouin)들이 낙타를 준비하고 타길 권유했다. 어둡고 산이 험해서 실족할까 봐 조심조심해서 올랐다. 동쪽 하늘은 벌써 아침 해를 끌어올리기에 힘겨운 듯 불그스레해지고 있다. 정상 부분이 보이는 것 같기도 한 곳, 낙타가 더는 올라가지 못하는 지점에서 순례자들이 웅성거리고 있었다.

가장 오르기 험난한 3분의 1 정도는 계단으로 되어 있다. 그러므로 낙타를 타고 오른 순례자들도 이곳에서는 걸을 수밖에 없다. 이곳에서 정상까지는 1시간이 소요된다는데 마침내 우리는 이 험한 길로 올라서 모세가 여호와로부터 십계명을 쓴 돌 판을 받았다는 거룩한 시내 산 정상 부분에 올랐다.

멀리 동쪽 하늘에 붉은 태양이 어둠을 삼키고 밝은 빛을 발하고 있다. 일출의 장관이다. 너무도 장엄하고 아름다우며 신비스럽기까지 했다. 우리 일행은 정상에서 매서운 바람을 막아주는 큰 바위를 등지고 일행인 문 목사님의 인도로 예배를 드렸다. 성스러운 이 장소에서 하나님의 말씀 따라 신앙생활을 바르게 하자고 하는 다짐의 예배였다. 그 뒤에 아침 햇살을 받으며 뿌듯한 마음으로 하산했다. 우리 일행이 다 하산한 시각은 오전 8시경이었다.

호텔로 돌아가서 아침 식사를 한 뒤에 성 카타린수도원에 또 갔다. 이 수도원은 동로마제국 유스티니아누스(Justinianus I) 황제의 명에 따라서 서기 551년에 건립된 뒤 지금까지 1,400년 이상 이슬람 지역에 있으면서도 한 번도 파괴되거나 정복된 일이 없이 원형 그대로 보존되어 있다. 그것은 마호메트의 손도장이 찍힌 문서가 있기 때문이라고 한다.

이 수도원은 모세가 신발을 벗었다는 시내 산기슭에 세워져 있다. 희랍정교회(The Greek Orthodox Church)에 속하는 이 수도원은 기독교가 박해를 받던 로마제국시대에 순교한 어느 귀족의 딸 이름을 따서 이름을 지었다고 한다. 수도원 경내에는 모세가 본 것과 같은 종류의 떨기나무가 무성하게 자라고 있고 모세가 양을 칠 때 이곳에 와서 양들에게 물을 먹였다는 모세 우물이 아직도 있다.

이 수도원 안은 순례자들로 인산인해를 이루어 몸을 제대로 가눌 수 없을 정도이었다. 우리 일행은 안내자가 설명해 주는 성물과 성화만 살펴보았다. 이 수도원에 3천 권이나 되는 귀중한 성경사본과 5천 권이나 되는 희귀본 성경사본들이 소장되어 있다고 하며 특히 양피지에 쓰여 있는 시리아 신약사본 27권이 보존되어 있다고 하는데 이를 보지 못하고 떠나는 것이 아쉬웠다.

우리 일행은 카타린수도원을 뒤로하고 시나이 반도(Sinai Peninsula)와 사우디아라비아(Saudi Arabia) 사이에 있는 아카바 만(Gulf of Aqaba) 쪽을 향하여 우리가 탄 버스는 달리기 시작했다. 수에즈운하를 건너올 때도 그랬지만, 지금도 대지는 메마른 산악지대와 모래만 날리는 사막지대의 연속이었다. 가끔가다가 떨기나무를 볼 수가 있었다. 어느덧 버스는 아카바 만 해변 도로를 달리고 있다. 날씨가 청명하여 그 아카바 만 건너편의 사우디아라비아 영토를 볼 수 있었다. 도중에 한국인이 경영하는 식당에서 한식으로 점심을 먹었다. 시장기도 있었지만, 그런대로 음식은 맛깔나게 만들었다.

우리 일행은 아카바 만의 북단 쪽에 있는 국경 타바이민국(Taba immigration office)에서 입국절차를 밟았는데 특이한 것은 이민국에서 일하는 직원들이 대부분 젊은 여성들이라는 것이다. 이스라엘 인구가 6백만 명이라고 하니 일손도 부족하겠지만, 이민국에서 근무하는 사람들은 센스가 있어야 하므로 남성보다는 젊은 여성들이 세관 검사를 하게 했다고 김 교수가 귀띔해 주었다.

우리 일행은 이스라엘 국경을 넘어서 "젖과 꿀이 흐르는 땅"인

가나안 땅에 들어섰다. 여기에서 젖은 이스라엘 네게브(Negev)와 광야 지역에서의 목축(양, 염소 등)에서 얻어지는 밀크(milk)를 말하며 꿀은 서쪽 해안평야(보리, 밀, 포도, 무화과와 대추야자)에서 얻어지는 당분을 말한다고 한다. 우리는 안내자를 따라 버스를 갈아타고 아라드(Arad)에 도착하여 인바호텔(Hotel Inba)에 여장을 풀었다.

◇ 난공불락의 마사다 요새

순례 네 번째 날 아침 일찍 호텔을 떠나서 마사다(Masada) 국립공원을 찾아갔다. 그 공원에 난공불락(難攻不落)의 유명한 마사다 요새(要塞)가 있다. 그 요새에 걸어서 오르는 길이 있기는 하나 심히 가파르다. 경사가 45%가 넘으며 도보로 한 시간 반이 소요된다고 한다. 우리 일행은 그 정상에 오르기 전에 관리소 측의 배려로 동영상을 통하여 마사다 요새에 대한 설명을 보고 들었다. 그리고 관광객용 케이블카를 타고 정상에 올랐다. 이 요새는 이스라엘 사해 근방 에인 게디와 스돔 사이의 서쪽 해안 가까이 있는 주딘사막(Judean Desert) 동쪽 경사면의 산 정상에 있는 천연적인 요새이다. 이 요새의 높이는 사해 상에서 440m이며 사면이 골짜기로 둘러싸여 고립되어 있고 정상의 평평한 곳은 길이가 650m이고 폭이 300m의 타원형이다.

기원전 40~44년 로마제국 통치하의 유대 헤롯왕은 국내외의

가상적으로부터 피신처로 마사다를 선택했다고 한다. 그는 마사다 정상 북단 끄트머리 절벽에 3계단으로 요새궁전을 건축했고 그 궁전을 건축하고도 마음이 놓이지 안 했던지 정상 부분에 길이 1,300m의 성벽을 쌓고 여러 개의 창고도 지었으며 저수장도 만들었다. 이렇게 헤롯왕은 만반의 준비를 했는데 그 왕 때에는 아무런 일이 일어나지 않았다고 한다.

우리 일행은 관광객을 위하여 가설해 놓은 사다리의 가파른 계단을 타고 내려가서 깎아지른 듯한 절벽에 지어진 3단계 요새 궁전을 살펴보고 다시 정상에 올라서 성벽, 곡식 창고 터, 물품보관소, 대형우물을 비롯한 시설물을 살펴보았다. 그리고 로마군대가 마사다 요새를 공격하기 위하여 만들어 놓은 서쪽 건너편의 진지와 그 요새 위로 쏘아 올린 돌 대포알을 보기도 했다.

지금도 몇몇 인부들이 열심히 보수작업을 하고 있다. 특기할 만한 것은 무너진 성벽을 보수 복원하면서 애초의 잔존 성과 원래 모습으로 복원된 축성을 구분하기 위하여 검은색으로 표시한 것이 있다. 이것은 고고학적인 면에서 배려한 것이라고 한다.

헤롯왕이 죽은 뒤 서기 66년에 유대인들은 로마제국의 통치를 반대하는 반란을 일으켰다. 7년 동안이나 계속된 유대인 반란은 서기 72년 로마제국의 티투스(Titus) 군대들이 예루살렘을 점령한 뒤에도 열성 유대인들을 중심으로 마사다 요새에 모여 계속 저항했다. 플라비우스 실바(Flavius Silva) 장군 지휘 아래 로마 군대는 마사다 요새를 정복하기 위하여 진격했으며 처음에는 포위된 사람들에게 기갈(飢渴) 작전을 썼다. 로마군대도 여러 번 공격했으나 마사다의 지형 때문에 쉽게 함락할 수 없었다. 로마제국의 실바 장군 진지에는 1만 명에서 1만 5천 명의 군인이 있지만, 마사다에 포위된 유대인들은 남녀 어른과 아이들을 포함하여 960명이었다고 한다. 로마군대는 3년간 마사다의 정상 부분까지 토석으로 경사로를 만드는 데 성공했으며 드디어 서기 73년 5월에 그 경사로를 타고 올라간 로마군대는 마사다 성문에 불을 지르고 성벽은 무너지기 시작했다고 한다. 치열한 전투와 끈질긴 저항이 계속되는 가운데 날은 저물었고 로마군대는 일단 퇴각했다. 그다음 날 새벽에 로마군대가 다시 마사다 요새를 공격했을 때 전혀 저항은 없었고 요새 안으로 진격해 보니 고요한 정적만 감돌았다고 한다.

저항군 지도자인 엘리잘 벤-야일(Eleazar Ben-Yail)은 마사다 요새가 점령되기 전에 포위된 사람들에게 로마군대에 비굴하게 항복하지 말고 자유인으로서 죽음을 택할 것을 제안했다. 그리하여 그들은 소지품을 모아 불사르고 남자들에게 가족 즉, 여자 와 어린아이들의 목숨을 끊게 하고 남은 남자 중에서 10명을 뽑아 남자들을 죽이게 하고 남은 10명은 다시 제비를 뽑아 한 사람을 골랐다. 마지막 한 사람은 아홉 사람을 죽인 뒤 자결했다고 한다. 이러한 사실은 로마군대가 마사다를 점령했을 때 동굴에 숨어있던 여자 2명과 어린아이 5명에 의한 최후의 증언으로 밝혀졌다고 한다.

이 마사다 요새는 유네스코 세계문화유산으로 등록되어 있으며 이스라엘 사관학교 군인들은 군사훈련의 최종 코스로 이 마사다 요새를 오른다고 한다. 이곳에서 "다시는 마사다의 비극은 없다!(No more Masada!)"라는 구호를 외친다고 한다. 이것은 비극의 역사를 기억하면서 다시는 되풀이하지 않게 하기 위해서일 것이다.

◇ 쿰란 동굴의 최고 성경사본

우리 일행은 마사다 요새를 뒤로한 채 다시 버스를 타고 사해 북단 근방에 있는 쿰란(Qumran) 동굴을 찾아갔다. 이 동굴에서는 1947년에 최고의 구약 사본이 발견된 곳으로 유명하다. 이 사본은 히브리어로 양피지에 쓰인 두루마리 책이라고 하며 베두인들이 사해 부근 동굴에서 발견했다고 하여 사해사본(死海寫本)이라고 한다.

2000년 동안 질그릇 항아리 속에 보관되어 온 것을 쿰란 근처에 사는 베두인 소년 목동이 잃어버린 양을 찾다가 동굴이 보이자 그곳에 잃어버린 양이 있을지도 모른다는 생각에서 돌을 던졌을 때 질그릇 깨지는 소리가 들려서 무엇이 그곳에 있을지도 모른다는 생각에서 그 동굴에 기어 올라가 양피지에 쓴 두루마리 책을 발견했다고 한다. 현재 우리가 보고 있는 성경이 바로 이 사해사본을 통해 완성되었다고 한다.

그 뒤에 고고학자들은 쿰란 동굴 주변을 뒤져서 약 800개의 두루마리 책의 일부 또는 작은 조각을 찾아냈다고 한다. 김 교수는 유대교 분파인 에세네파(Essenes) 사람들이 이곳 사해 근방에 살고 있었는데 1세기경 유대인 반란을 진압하던 로마군대가 쳐들어오자 두루마리 구약성경 등을 질그릇 항아리에 넣어 근처 동굴에 숨겨 놓고 달아났으며 그랬던 것을 20세기 초에 발견한 것이라고 설명했다.

우리 일행은 쿰란 동굴을 배경으로 사진을 촬영하고 사해(死海)로 방향을 돌리었다. 그것은 여로에 고달픈 몸을 잠시나마 쉬어보고 싶고 말로만 듣던 사해를 보고 싶기도 해서였다. 일행 중 몇몇 분은 사해의 짠물에 몸을 띄워도 보고 발을 물에 담그고 물장난도 치는 낭만도 즐겼다. 소금물이라고는 하지만, 사해 북단쪽의 물은 맑았으며 바람을 안고 해변에 부딪치는 파도는 여느 바다의 것과 다름이 없다.

사해의 해저는 해면보다 398m나 낮다. 사해를 향해 내려갈 때 산에 해발 마이너스 몇 도란 표지판이 세워있으며 항공기가 착륙할 때와 같이 귓속의 아픔을 느끼었다. 사해는 요단 강(the Jordan) 등지로부터 매일 500만 톤 정도의 물이 흘러들어오지만, 흘러나가는 곳이 없다. 그러나 사해의 물은 흘러넘치는 법이 없다. 이는 흘러들어온 것만큼의 물이 증발했다는 것을 의미한다. 그런데 최근에는 그 물이 줄어든다고 걱정하고 있다.

사해의 크기는 길이가 75㎞, 폭이 18㎞, 둘레는 200㎞이며 면적은 950㎢라고 한다. 사해의 염도는 보통 바다보다 7~8배나 되어 물고기가 살 수 없다고 한다. 그래서 이 사해를 염해(鹽海)라고도 부르기도 한다.

사해의 소금은 각종 광물질을 함유하고 있어서 이스라엘 사람들은 사해 근처에 공장을 지어놓고 그 소금에서 각종 자원을 추출해서 상품들을 만들고 있다. 매입한 비눗갑의 기록에 따르면 그 자원으로는 마그네슘(Magnesium), 포타슘(Potassium), 나트륨(Sodium), 칼슘(Calcium), 브로마인(Bromide) 등의 광물질이라고 한다. 그러므로 사해는 죽은 바다가 아니라 무진장한 자원이 숨겨진 보고(寶庫)라고 함이 좋을 것이다.

우리 일행들도 사해 소금에서 추출된 물질로 만든 비누 몇 장을 사 가지고 왔다. 그리고 사해의 진흙은 옛날부터 표백제로 미용에 좋아 여성들의 호감을 사고 있다고 한다.

◇ 예수의 사랑, 구원의 행적과 기념교회

우리 일행은 요한이 예수에게 물로 세례를 주었다는 요단 강 세례 터를 찾아갔다(막 1: 9 참조). 언젠가 사진에서 한 번 보아서 실망은 안 했지만, 우리나라의 조그마한 강보다 작았다. 화학제품에 의하여 오염되지는 않았다고는 하나 강물이 맑은 편은 아니었다. 미국 침례교회 목사님이 이 세례 터에서 자기 교회 성도들(4명)에게 세례를 주는 모습은 인상적이었다.

그 목사님의 말에 따르면 그는 전에도 몇 번 와서 세례를 준 적이 있었다고 했다. 그 광경을 보고 있자 하니 1980년대 중반에 침례교회에 입교했던 그해 겨울에 대중목욕탕에서 침례를 받았던 생각이 났다. 세례를 어느 곳에서 받느냐? 가 문제가 아니라 구원의 확신을 하고 믿음 생활을 잘하는 참 신앙인이 되면 그뿐이다. 하지만 예수께서 세례를 받으신 곳이라서 그런지 그곳에서 다시 한 번 세례를 받고 싶은 충동이 일어나기도 했다.

그리고 우리 일행은 예수의 생애와 밀접한 관계가 있는 갈릴리 호숫가로 갔다. 이 호수는 남북의 길이가 21㎞이고 동서의 폭이 14㎞이며 해면보다 280m나 낮은 곳에 있고 그 동편 지역에는 해발 평균 1,000m나 되는 골란고원이 있다. 그리고 넓이는 약 170㎢이고 둘레의 길이는 50㎞나 된다고 한다. 이 호수는 이스라엘의 가장 좋은 수원지이며 이 물은 요르단 강으로 흘러간다. 여기에는 많은 물고기가 서식하고 있고 자연환경도 아름다워 사람 살기도 좋다고 한다. 또 호수 주변에는 비도 적당히 내리고 땅도 비옥하여 농사도 잘된다고 한다.

예수께서 갈릴리 호숫가를 걸으시다 고기를 낚는 베드로와 안드레 형제를 만나 그들에게 "나를 따라오라 내가 너희를 사람을 낚는 어부가 되게 하리라 하시니"(마 4:19)라는 유명한 말씀을 이곳에서 하셨으며 갈릴리에 두루 다니시며 천국 복음을 전하셨고 그곳에서 절뚝발이와 불구자, 소경과 벙어리 그리고 귀머거리 등 많은 병자를 고치는 이적을 보이셨다. 우리는 갈릴리 호수 북쪽편에 있는 가버나움 마을로 갔다. 예수께서는 한때 이곳에 사시면서 유대교 회당에서 유대인들을 가르치기도 하셨다. 또 이곳은 베드로가 모시고 사는 그의 장모가 열병을 앓을 때 예수께서 직접 베드로의 집에 가셔서 그의 장모 병을 고쳐 주신 일도 있다.

(마 8:14, 15 참조)

우리 일행은 서기 400년대에 건축되었으나 파괴되어 석벽과 석주만 남아있는 가버나움 유대교 회당을 살펴보았다. 그리고 갈릴리 호반 팔복 산 위에 세워진 팔복교회(The Church of the Beatitudes)를 찾아갔다. 이 팔복 산은 예수께서 "심령이 가난한 자는 복이 있나니 …" 이렇게 시작하는 여덟 가지 산상수훈(山上垂訓)을 가르친 곳이며 이를 기념하기 위하여 1938년에 이탈리아 건축가 바루치(Barluzzi)의 설계로 팔각형의 팔복교회를 세웠다고 한다. 우리 일행은 이 교회 앞에서 갈릴리 호수를 바라보았다. 보는 순례자마다 그 아름다움을 탄성으로 표현하였다.

우리 일행은 팔복교회를 나와서 갈릴리 호숫가에 세워진 교회에 이르렀다. 이 교회는 예수께서 떡 다섯 덩이와 물고기 두 마리로 여자와 아이들을 제외한 5천 명을 먹였다는 이적을 기념하기 위하여 건축한 오병이어(五餠二魚)교회이다. 1930년대 초에 독일 고고학자 발굴팀이 갈릴리 호수 북편에 있는 타브가(Tabgha)라는 곳에서 발굴한 모자이크 가운데 가장 선명한 것은 떡 다섯 덩이와 물고기 두 마리를 모자이크한 것이었다고 한다. 이 발굴팀이 서기 400년대에 건축한 교회의 유적을 찾아낸 것이다. 지금 서 있는 이 교회는 독일 가톨릭교회(Catholic Church)에서 오병이어 모자이크 위에 1936년에 건축한 것이라고 한다. 이 모자이크는 교회 제단 바로 앞에 있다.

오병이어교회를 나와서 갈릴리지역에서 생산되는 검은색 현무암으로 지은 베드로교회에 발길을 옮겼다. 부활하신 예수께서 갈릴리 호숫가에 나타나셔서 제자들과 떡과 생선으로 아침 식사를 하신 뒤에 베드로에게 물으셨다. “네가 이 사람들보다 나를 사랑하느냐?”하니 이르시되 베드로는 “주님 그러하나이다.”라고 대답하니 예수는 베드로에게 “내 어린양을 먹이라”라고 말씀하셨는데 예수께서는 같은 질문을 세 번이나 반복하셨다(요 21:15~17). 이렇게 말씀하신 곳이라고 전해지는 이곳에 베드로교회가 세워졌다. 교회 안으로 들어가면 정면에 큰 바위가 눈에 띈다. 바로 그 바위에서 예수께서 “내 어린양을 먹이라”라고 말씀하셨다고 한다.

우리 일행은 황혼이 짙어질 무렵 예수 당시의 목선(The Ancient Galilee Boat) 전시장에 갔다. 그 배를 발견했던 1986년은 심한 가뭄으로 호수의 물이 계속 줄어들어 호수 수면이 낮아지게 되었다. 그 결과로 물속에 잠겨있던 배의 한 부분이 펄 위로 드러나게 되었고 이곳을 지나던 기브츠 기노살(Gibbutz Ginosar) 형제가 발견했다고 한다. 연대를 측정한 결과 그 배는 서기 40년에서 100년 사이에 만들어진 것이라고 판정하여 바로 예수 당시의 목선이라고 보고 있다.

이 배의 크기는 두께가 3㎝, 길이가 8m, 폭이 2.3m 그리고 높이가 1.2m이다. 그 전시관에는 목선 이외에 그 목선 안에 있었던 토기와 못 등이 전시되어 있다. 이 갈릴리 목선을 관람하고 우리는 어둠 속에서 갈릴리 호수를 동력으로 운항하는 목선에 올랐다. 갈릴리 호수와 물은 변함이 없지만, 예수 당시의 사람들은 간데없고 예수께서 주신 말씀만 살아서 움직인다. 우리 일행은 좀 차가운 바람을 안고 예수께서 시몬의 배에 오르셔서 무리를 가르치시며 물고기를 잡는데 도와주신 이적을 생각하면서 건너편 선착장에 도착했다.

◇ 예수께서 처음 이적을 보이신 가나마을

순례 다섯 번째 날 우리는 아침 일찍 갈릴리에 있는 가나(Cana) 마을로 갔다. 신약성경에 따르면 예수께서 이곳 혼인 잔치에 제자들과 함께 청함을 받아서 포도주가 모자라는 것을 보고 여섯 개의 돌 항아리에 물을 채우게 하신 뒤에 연회장에 갖다 주라 하시매 갖다 주었더니 물이 포도주가 되었다.(요 2:1~11)는 이적을 나타내신 곳이 바로 이 가나마을이다. 이를 기념하기 위하여 세워진 가나혼인교회(The Cana Catholic Wedding of Church)를 둘러보았다.

그리고 나사렛의 마리아수태고지교회(Church of the Annunciation)에 도착했다. 하나님께서 보낸 천사 가브리엘(Gabriel)이 갈릴리 나사렛이란 동네에 가서 동정녀 마리아에게 예수를 수태한 사실을 고지해 주었다.(눅 1:31)는 장소, 즉 마리아가 살던 집터라고 전해지는 곳에 마리아수태고지교회가 세워져 있다. 처음 이 교회는 서기 326년경에 기독교를 공인한 로마제국의 콘스탄티누스 황제 때 세워졌다고 한다. 그 황제 어머니 성 헬레나는 독실한 기독교 신자이었고 그의 요청에 따라 마리아가 살던 집터에 이 마리아수태고지교회를 세웠다고 한다. 이 교회도 다른 교회와 마찬

가지로 파괴되는 불운을 여러 번 반복해 겪었다.

현재의 교회는 1955년에 착공하여 14년이 걸려서 완공한 것이라고 한다. 규모는 길이가 70m, 전면 폭이 30m, 높이는 60m나 되며 외모가 안온한 인상을 주는 베이지색의 아름다운 교회이다. 내부로 들어가면 넓은 벽면에 성화들이 가득 차 있다. 이 성화는 세계 각 교회에서 보내온 것이라고 한다. 특이한 것은 각국의 전통에 따라 마리아와 아기 예수를 주제로 그린 성화다. 우리나라 가톨릭 부산교구에서 보낸 성화는 한복을 입은 마리아가 색동옷을 입은 아기 예수를 안고 있는 모자이크로 된 성화이며 그 화폭 밑 부분에는 "평화의 모후여 하례하나이다" 라고 쓰여 있다.

◇ 이스르엘 평야 지킴이 메기도 요새와 지포리

우리 일행은 기원전 3500년 이상의 역사를 지닌 메기도(Megiddo. '므깃도'라고도 함) 요새라는 도성에 갔다. 이 요새는 이스르엘(Jezreel) 평야에 있으며 비옥한 이 평야를 지키기 위한 요새 도시로 교통의 요충지이기도 하다. 이곳에서 통상로 장악을 위하여 싸움이 자주 일어났다. 해안을 따라 이집트로, 남쪽으로는 사마리아와 세겜을 지나 예루살렘으로, 북쪽으로는 악고를 지나 두로와 시돈으로, 또 갈릴리를 거쳐 다메섹으로, 벳산을 거쳐 암만으로 연결되는 지정학적으로 아주 중요한 곳이다. 이 메기도는 출애굽 당시에 여호수아에 의해 가나안 땅과 함께 정복되었다.

이 도시는 20여 차례 이상을 같은 장소에서 파괴되고 복원되기도 했으나 지금은 폐허가 되어 고고학적으로 복원을 한 곳이다. 이 폐허의 땅은 다른 곳보다 200m 정도의 고원을 이루고 있다. 김 교수는 도시가 파괴되면 그 위에 단지를 조성하여 다시 건축했기 때문에 높아진 것이라고 설명하며 윗부분을 발굴하고 측면은 시루떡을 자르듯이 하여 발굴했다고 한다.

우리 일행은 솔로몬(Solomon. BC 965~926)왕 때 세웠다는 성문 입구를 지나서 솔로몬 왕의 자택이 있었던 곳을 살펴보았다. 김 교수는 솔로몬 왕이 이스르엘 평야를 지키기 위해서는 먼저 메기도를 요새화해야 한다고 주장하고 성벽을 튼튼히 쌓았다고 설명하면서 돌로 포장된 도로 위에 양쪽으로 파인 곳을 가리키면서 이곳이 마차 바퀴가 지나가서 생긴 것이고 도로 옆 돌에 뚫린 구멍은 그 당시 말의 고삐를 매었던 곳이라고 설명했다.

그리고 아합(Ahab. BC 918~897) 왕 시대에 용수 문제를 해결하기 위하여 단단한 바위를 뚫어서 만들었다는 수로인 지하터널을 걸어 보았다. 이 터널의 길이는 120m, 높이는 2m보다는 낮으며 성 밖의 샘까지 이어져 있다. 그러므로 유사시에 성안에서도 물을 먹을 수 있다. 그런데 이 메기도 요새는 신약성경에 따르면 전쟁의 장소로 표현되어 있다. 메기도를 희랍인들은 이를 아마겟돈(Armageddon)이라고 한다. 요한계시록에는 아마겟돈이 종말을 가져오는 최후의 전쟁 장소로 기록되어 있다(왕하 23: 29, 계 16:16).

우리 일행은 메기도를 뒤로하고 지포리(Zippori)라는 고적 발굴

현장으로 자리를 옮겼다. 이 지포리라는 단어가 귀에 익은 것 같다. 우리나라 어느 마을 이름 같다고 말했더니 우리 일행 중 한 분이 실제로 우리나라에 지포리라는 마을이 있다고 응답을 해 주었다. 마사다도 국립공원인데 이곳도 국립공원이다.

우리의 개념으로는 우선 국립공원은 나무가 우거지고 경관이 수려한 산으로만 생각하는데 이곳의 국립공원은 거칠고 험한 산악지대가 대부분이다. 하기야 국립공원 지정이 자연경관의 보호뿐만 아니라 고적 보존을 위하여서도 필요할 것이라는 생각이 들었다. 이 지포리 고적발굴 현장에서는 거실바닥에 만들어진 유명한 모자이크를 감상했다. 이에는 아름다운 지포리 모나리자, 로마시대 빌라의 디오니소스, 나일 강의 만수위를 기념하는 이집트 나일 축제, 유대교 회당 가을 등이 있으며 비잔틴시대의 주랑(柱廊)을 갖춘 거리를 걸어 본 뒤, 우리 일행은 4,500석 원형로마극장에 들어서서 흘러간 옛날의 음성과 선율을 되찾기나 하려는 듯 귀를 기울여보았다.

◇ 예언자 엘리야의 휘어진 칼날

우리 일행은 버스를 타고 갈멜 산(Mount Carmel, 554m)에 있는 예언자 엘리야(Elijah)의 석상을 찾아갔다. 기원전 860년경에 이스라엘 아합(Ahab) 왕 때 갈멜 산 위에서 선지자 엘리야는 바알의 선지자들과 대결했다. “엘리야가 백성에게 이르되 여호와의 선지자는 나만 홀로 남았으나 바알의 선지자는 사백오십 명이로다"(왕상 18:22)라고 하니 1명과 450명의 대결이었다. 문제는 당시 아합 왕의 왕비 이세벨(Jezebel)이 광신적인 바알(Baal)의 신봉자였다는데 있다. 이세벨은 왕권을 이용하여 바알을 이스라엘에 확산시켰다. 그때 예언자 엘리야가 나타나 바알 신자들과 싸우기로 하였고 아합 왕은 이스라엘 사람들을 결전장인 갈멜 산으로 모이게 하였다.

그리고 구약성경을 보면 엘리야가 모든 백성에게 가까이 나아가 이르되 너희가 어느 때까지 둘 사이에서 머뭇머뭇 하려느냐 여호와가 만일 하나님이면 그를 따르고 바알이 만일 하나님이면 그를 따를지니라 하니 백성이 말 한마디도 대답하지 아니하는지라 엘리야는 송아지 둘을 가져오게 하고 바알 추종자들이 송아지 한 마리를 택하여 각을 떠서 나무 위에 놓고 불은 붙이지 말게 하고 엘리야는 다른 송아지 한 마리를 잡아 그렇게 하였으며 엘리야가 너희는 너희 신의 이름을 부르라, 나는 여호와의 이름을 부르리니 이에 불로 응답하는 신이 그가 하나님이라고 말하고 엘리야는 숫자가 많은 바알 추종자들에게 먼저 바알의 이름을 불러 응답을 받도록 했으나 아무런 응답을 받지 못했다.(왕상 18:21~26 참조)

이어서 엘리야가 저녁 소제 드릴 때에 하나님께 기도하고 여호와여 내게 응답하옵소서 이 백성으로 주 여호와는 하나님이신 것을 알게 하옵소서 하매 이에 여호와께서 불을 내려서 번제물과 나무와 흙을 태우고 도랑의 물을 핥은지라 이스라엘 사람들은 누가 참 신인지를 알게 되었고 엘리야는 사백오십 명의 바알 추종자들을 산 밑의 기손 시내(the brook Kishon)로 내려다가 죽이었다(왕상 18:27~40 참조).

이를 기념하기 위하여 갈멜 산 무흐라카(불이 내려온 곳이란 뜻) 봉우리에 예언자 엘리야의 석상이 우뚝 서 있으며 그의 오른손에 쥐어진 칼날은 휘어져 있다. 이것은 바알 추종자를 죽이는데 힘들었음을 상징하는 것이라고 한다.

◇ 이방인에 대한 최초의 세례지 가이샤라

우리 일행은 텔아비브와 하이파 사이에 있는 가이샤라(Caesarea) 국립공원을 찾아갔다. 이곳은 헤롯(Herod) 왕 때 만들어진 이스라엘 서북부에 있는 고대의 항구 도시로 한때 세계적인 항구였으며 로마제국의 군대가 주둔해 있던 곳이다. 그런데 가이샤라에 주둔해 있는 로마제국 장교 고넬료(Cornelius)의 초청으로 베드로가 그곳에 갔고 그는 코넬료의 가족과 친구들에게 천국 복음을 전했다. 베드로가 말씀 전하는 것을 끝냈을 때 그들은 예수를 믿기로 해서 베드로는 그들에게 세례를 주었다. 그들은 유대인이 아닌 이방인들로서 처음으로 세례를 받고 기독교인이 되었다.(행 9:43~10:8 참조) 그리하여 기독교는 인종과 민족을 초월하는 범세계적인 종교가 되기 시작했다.

가이샤라에는 유적이 많다. 2000년여 전에 헤롯 왕이 건설한 야외원형극장이 있는데 현재 이곳은 예술가들의 공연장소로 사용되고 있다. 매년 여름철에 국제규모의 '이스라엘 음악제'가 열린다고 한다. 이곳 가이샤라에서 '유대 총독 빌라도'라는 글씨가 선명하게 새겨진 돌이 출토되었다. 이것으로 빌라도 총독이 이곳 가이샤라에서 근무한 적이 있었음이 증명된다. 진품 돌은 박물관에 보전·전시되어 있으며 현지에 있는 것은 모조품이라고 한다.

또 가이샤라 유적 가운데 유명한 것은 로마시대 수로이다. 당시 가이샤라에는 식수를 공급하는 샘이 없어 12㎞ 떨어진 갈멜산 줄기에서 물을 끌어오기 위하여 수로를 만들었다고 한다. 이것 이외에도 시장터, 앙고라와 경기장, 로마식 공중목욕탕 등이 있다. 우리 일행은 아직도 해변에 일부 남아있는 큰 제방과 같은 수로를 살펴보면서 지중해 해변을 거닐었다. 파도는 옛날과 같이 흰 거품을 안고 밀려왔다가 밀려가곤 했다.

◇ 예루살렘 입성과 비아 돌로로사

순례 여섯 번째 날은 예루살렘 쪽으로 발길의 방향을 잡았다. 우리 일행은 김 교수의 안내를 받아 올리브 묘지 산에 올랐다. 이 산 앞 골짜기가 기드론(Cedron) 골짜기이며 왼쪽 맞은편에 힌놈(Hinnom)의 골짜기가 있다. 이 두 골짜기를 통하여 내린 물은 합류하여 사해를 향해 흘러간다고 한다. 이 묘지 산에는 기드론 골짜기까지 시신을 안고 있는 많은 석곽 무덤이 즐비하게 있으며 그 아래쪽에는 기원전 2세기경의 성직자 헤져(Hezir)의 무덤, 자카리아의 무덤과 서기 1세기경의 압살롬(Absalom)의 무덤이 있다. 그리고 건너편 야산의 왼쪽 부분에는 아랍인 촌과 그 옆에 유대인 촌이 있으며 교회 등 많은 건물 사이로 "바위 돔 사원(Dome of the Rock)"의 황금빛 돔이 한눈에 들어왔다. 예루살렘 성전(솔로몬 성전) 터에 세워진 이 대사원은 이슬람 3대 사원 중의 하나라고 한다.

우리 일행은 비아 돌로로사(Via Dolorosa)를 따라 걸었다. 라틴어로 비아 돌로로사란 말은 '수난의 길, 슬픔의 길'이라고 한다. 이 '십자가의 길'은 예수그리스도가 본디오 빌라도에게 재판을 받은 곳으로부터 십자가를 지고 골고다 언덕(갈라비아 언덕)을 향해 걸었던 약 800m의 길과 골고다 언덕에서 십자가 처형에 이르기까지의 전 과정을 의미한다.

이 길은 복음서에 근거한 역사적인 길이라기보다는 순례자들의 신앙적인 길로써 14세기 프란치스코 수도사들에 의해 비로소 확정된 길이다. 이 길을 따라 십자가의 열네 개의 장소가 있다. 이 각각의 장소는 신성한 사건을 기념하기 위하여 교회와 수도원이 세워져 있다. 예수께서 십자가에 못 박혀 돌아가실 당시 슬픔의 길이 이제는 기독교 세계에서 가장 성스러운 길이 되었다. 우리 일행은 이 길을 따라 걸으면서 숙연한 마음으로 교회와 수도원들을 의미 있게 살펴보았다.

첫 번째 장소는 예수께서 로마 총독 빌라도에 의하여 십자가의 형을 선고받은 곳이다. 우리 일행은 예루살렘 동편의 스테반 성문을 통하여 성안으로 들어갔다. 잠시 걸으니 아랍인의 오마리 학교 앞마당이라는 곳에 이르렀다. 이곳이 로마 총독의 관저가 있었던 곳이며 예수께서 재판을 받으신 곳이라고 한다. 이곳에 선고교회(Church of Condemnation)가 세워져 있다.

두 번째 장소는 예수께서 십자가를 지신 곳이다. 예수께서 십자가를 지시고 걸으신 날이 금요일이어서 지금도 매주 금요일에는 '슬픔의 길' 행렬예식으로 붐빈다고 한다. 빌라도의 병정들이 예수를 채찍질하고 가시 면류관을 씌우고 온갖 조롱을 다 한 뒤 십자가를 지시게 하였다.(마 27:26~31 참조) 이곳에는 채찍질교회가 세워져 있다. 이 교회 전면에 십자가를 지신 예수의 성화, 천장에 가시 면류관 모양의 창문이 하늘을 향하고 있다.

세 번째 장소는 예수께서 십자가를 지고 가시다 힘에 겨워서 첫 번째 쓰러지신 곳이다. 이곳에 폴란드교회에서 지은 폴란드예배당이 있다.

네 번째 장소는 십자가를 지고 가시다 어머니 마리아를 만난 곳이다. 이곳에는 마리아의 슬픔을 기념하기 위하여 아르메니아 사람들이 세운 아르메니아교회가 있다.

다섯 번째 장소는 예수께서 지신 십자가를 구레네 사람 시몬에게 강제로 대신 지게 한 곳이다. 이 장소에는 1895년에 가톨릭 프란체스코회에 속하는 프란시스칸 교회가 세워져 있으며 이곳은 가파른 골고다 언덕으로 올라가는 지점이다.

여섯 번째 장소는 베로니카 여인이 예수께 손수건을 건네준 곳이다. 십자가를 지고 힘에 겨워서 땀 흘리는 예수께 베로니카 여인이 손수건을 건네 드린 곳이며 그 손수건을 건네준 그 지점에 그리스 정교회가 1882년에 기념교회를 세웠다.

일곱 번째 장소는 예수께서 두 번째 쓰러지신 곳이다. 이곳에 1875년에 두 개의 예배당이 세워졌다.

여덟 번째 장소는 예수께서 울며 따라오는 여인들을 위로하신 곳이다. 예수께서 그들을 향하여 가라사대 "예루살렘의 딸들아 나를 위하여 울지 말고 너와 너희 자녀를 위하여 울라"(눅 23:28)고 말씀하신 곳이다. 이곳에는 희랍정교회 속하는 수도원이 있다.

아홉 번째 장소는 예수께서 세 번째 쓰러지신 곳이며

열 번째 장소는 로마 병사들이 예수의 옷을 벗긴 곳이고

열한 번째 장소는 예수께서 십자가에 못 박힌 곳이며

열두 번째 장소는 예수께서 십자가에서 운명하신 곳이고

열세 번째 장소는 십자가에서 예수의 시체가 끌어내려 진 곳이며

열네 번째 장소는 예수의 시체가 묻힌 곳이

열 번째 장소에서 열네 번째 장소는 성묘교회 안에 있다. 그러므로 예수께서 십자가에 달였던 골고다 언덕과 묻힌 무덤 부분도 다 여기에 있다. 이 교회는 서기 313년 기독교를 공인한 로마 황제 콘스탄티누스의 명령에 따라 건축되었으며 많은 수난을 겪으면서 오늘에 이르고 있다.

우리 일행은 '수난의 길'을 걸은 다음에 주기도문교회에 들어갔다. 이 교회도 다른 교회와 마찬가지로 수난을 여러 번 당하였다. 서기 600년대에 파괴된 이 교회는 12세기 십자군 때 재건되었다

가 파괴되었고 지금 교회는 1870년대 프랑스 왕족과 결혼한 한 여인의 집념에 따라서 세워졌다고 한다. 이 교회가 세워진 위치가 예수께서 제자들에게 '주기도문'를 가르치셨던 곳이라고 해서 주기도문교회(The Church of Pater Noster)라고 불린다. 이 교회의 벽에 세계 80여 개국에서 자기 나라말로 써 보낸 주기도문이 벽면에 걸려있다. 우리나라 가톨릭 부산교구에서 한글로 써 보낸 주기도문을 볼 수 있었다.

주기도문교회에서 나와 감람 산(Mount of Olives)에서 좀 내려오면 예수의 눈물을 상징하는 예수눈물교회가 있다. 예수께서 예루살렘에 입성했을 때 우셨다는 장소에 서기 4세기경에 교회를 세웠는데 그 뒤 파괴되고 현재 교회는 1955년에 완성되었다. 이탈리아 설계사 바를루치는 예수께서 우실 때 흘린 눈물을 상징해서 교회건물을 눈물방울 형태로 설계했다고 한다.

이 교회에 우리 일행이 들였을 때 미국 순례자들이 예배를 드리고 있었다. 그들은 예배를 마치기 전에 Amazing Grace(놀라운 은혜)라는 찬송가를 불었다. 나도 모르게 그들과 함께 찬송했다. 그리고 우리 일행들도 예배를 드리고 '놀라운 은혜'라는 찬송가를 불었다. 이때 나는 주체할 수 없는 눈물을 흘리면서 찬양했다.

신약성경에 따르면 "예수께서 제자들과 예루살렘에 있는 다락방에서 마지막 만찬을 하시고 어둔 밤에 제자들을 이끌고 겟세마네라 하는 곳에 이르러 예수께서 제자들에게 기도하는 동안 너희는 여기서 앉아 있으라"하시고 엎드려 기도를 드리셨다. "아빠 아버지여 아버지께서는 모든 것이 가능하오니 이 잔을 나에게서 옮기시옵소서. 그러나 나의 원대로 하지 마옵시고 아버지의 원대로 하옵소서"(막 14:36)라고 예수께서는 핏방울과 같은 땀을 흘리며 기도드리셨다. 이 장소를 기념하기 위하여 1924년에 겟세마네 교회가 세워졌다. 이 교회를 예수께서 고뇌하면서 기도하신 곳이라서 "고뇌교회"라고도 하며 여러 나라의 많은 교회에서 모금하여 지었다고 하여 일명 "만국교회"라고도 불린다. 이 장소에는 전에도 교회가 있었으나 수차에 걸쳐 파괴되고 지금의 교회는 이탈리아 설계사 파를루치가 설계했는데 교회 제단 앞에 예수께서 기도하신 바위는 가시 면류관 형상의 철책으로 주위를 둘러싸고 있다.

우리는 감람 산 예수 승천기념교회로 발길을 옮기었다. 원래 이 승천교회는 8각형의 건물로 천장 없이 하늘을 향하여 뚫려 있었다. 지붕 없이 건축한 것은 예수의 승천을 상징한 것이라고 한다. 그런데 이슬람교도인 아랍인들이 점령하고 있을 때 그들이 천장 돔을 만들어 예수 승천의 상징을 없애버렸다고 한다. 그리고 살라딘(Saradin) 이후 현재 이슬람교도들이 장악하고 있으나 부활절부터 40일이 되는 날, 하루만 기독교인들이 이곳에서 예배를 드릴 수 있도록 허락한다고 한다.

◇ 통곡의 벽이 아닌 희망의 벽

그리고 '통곡의 벽'(Wailing Wall)를 찾아갔다. 구약성경에 따르면 솔로몬 왕이 아름답고 큰 하나님의 성전을 건축했는데 전쟁 때문에 파괴되었고 또 재건되고 파괴되는 일이 반복된 뒤에도 그 성전의 서쪽 벽은 오늘날까지 남아 있으며 그 벽이 바로 통곡의 벽이다. 오늘은 유대교의 안식일이라서 사진을 촬영하지 않는 게 좋다고 해서 우리 일행은 먼 곳에서 조심스럽게 몇 장의 사진을 촬영했다.

이곳은 제2차 세계대전 뒤 예루살렘이 이스라엘과 요르단으로 분할되면서 이 성벽은 요르단 측에 속하였으나 1967년 6월 '6일 전쟁' 때 이스라엘이 온 힘을 다하여 장악했다. 전쟁이 발발하자 이스라엘의 정예군은 아랍 강국들 즉, 이집트, 시리아, 요르단 등과 싸웠다. 그리하여 구 예루살렘 스데반 성문을 통과하여 마침내 통곡의 벽에 이르렀다.

이 통곡의 벽은 지난 2000년 동안 전 세계에 흩어져 살고 있던 유대인들에게 귀향의 꿈을 상징하는 성소였다. 나라 없는 백성으로서 수난과 박해를 받으면서 살아온 유대인들은 이곳을 찾아와서 고난과 한 많은 그들의 삶을 눈물로써 하나님께 호소한 곳이다. 그래서 '통곡의 벽'이라는 이름이 붙어지게 되었다고 한다.

이 벽은 폭이 60m 높이가 18m라고 하며 석회암으로 건축되었다. 이 벽 앞까지 가려면 모자를 쓰거나 유대인들이 쓰는 '키퍼(Kippah)'를 써야 하며 이 벽 앞에 기도하면서 소원을 쪽지에 써서 돌 틈에 끼우기도 한다. 그런데 지금은 이 통곡의 벽이 희망의 벽으로 변했다고 말하고 있다. 우리는 내일 새벽에 성묘교회에서 주일예배를 드리기로 약속하고 잠자리에 들었다.

◇ 성묘교회에서의 주일예배

순례 일곱 번째 날은 주일이다. 우리 성도가 주일을 지키는 것은 때와 장소가 있을 수 없다. 우리 일행은 일정을 고려하여 새벽에 택시를 타고 성묘교회(Church of the Holy Sepulcher)로 갔다. 가톨릭 성도들이 전등불을 켜놓고 미사를 드리고 있었다. 우리도 조용한 공간을 찾아서 경건한 마음으로 예배를 드렸다. 새벽 공기는 신선했으나 좀 차가운 느낌이 살갗에 스며들었다. 그러나 기분이 상쾌한 것은 예배를 드렸다는데서 오는 기쁨일 것으로 생각한다.

우리 일행은 오전에 성모방문교회와 세례요한기념교회를 둘러보았다. 성모방문교회(Church of the Visitation)는 5세기 전통에 따라 성모 마리아와 그녀의 친족 엘리사벳(Elisabeth)이 만났던 장소 가까운 동굴 위에 건축되었다. 이 교회는 프란체스코 수도승들이 지키고 있다. 신약성경에 따르면 예수를 잉태한 마리아가 천사를 통하여 친족 엘리사벳이 늙은 나이에도 아들을 잉태했다는 소식을 듣고 먼 길을 떠나 사가리아의 집에 있는 엘리사벳을 방문했다는 기록이 있다(눅 1:36~45).

이 교회 건물이 최초로 지어진 때는 십자군 시대이고 십자군은 이곳에 2층으로 된 기념 성전을 세웠으며 성전 주위에 거주

건물과 방어탑 등을 세웠다. 십자군이 떠난 뒤에 대부분 건물이 파괴되었으며 교회는 아르메니아 정교회의 소유로 넘어갔으나 파괴된 채 방치되었다고 한다.

1469년에서 1483년 사이에 무슬림이 이 지역을 점령한 뒤에 그나마 남아있던 건물들도 모두 철거되었다. 그러나 이슬람 제국의 영토임에도 여러 세기에 걸쳐 이곳을 찾아 성모방문 축일을 기념하던 프란체스코 수도회에서 1679년에 주위의 땅을 매입하기 시작했으며 1862년에 교회를 복원할 수 있는 허가를 받아 건축했다고 한다. 이 교회에 들어서면 입구 맞은편 벽에 “마리아의 찬송”(눅 1:46~55)을 45개 언어로 쓰여 있다.

마지막 코스로 세례요한기념교회(Church of St. John the Baptist)를 찾아갔다. 이 교회는 예루살렘에서 서쪽으로 8km 떨어진 엔 케렘(Ein Karem)에 있으며 이 교회는 세례요한의 탄생을 기념하는 의미에서 서기 800년경에 건립되었다고 한다.

십자군 시대에 재건되었다가 이슬람 세력에 의해 파괴되었으며 현재의 기념 성전은 17세기경에 프란체스코회에서 건립했고 1885년에 보수했다. 프란체스코회 소속 고고학자인 살레르 신부가 1945년에 교회 주위를 발굴하여 비잔틴 시대와 십자군 시대의 성전 터를 찾아냄으로써 구전으로 전해오던 전승을 확증했다고 한다. 중앙제단 왼쪽에 지하로 내려가는 계단 아래에는 조그만 자연 동굴이 있는데 이곳이 세례요한이 탄생한 동굴이라고 한다.

◇ 유대인 학살기념관

우리 일행은 지카론(Zikaron) 언덕 위에 유대인학살을 기념하기 위하여 세워진 "야드 바쉠(Yad Vashem=기념물과 이름) 홀로코스트 역사 기념관으로 갔다. 그 기념관 관리소 주변에는 이스라엘 남녀군인들이 휴식을 취하고 있었다. 휴식을 취하고 있는 군인들의 눈에서 살아있는 기운을 읽을 수 있었다. 그 군인들은 격식에 매여 있지 않고 자유로우면서도 정신이 살아있다. 이스라엘의 건강한 남녀는 18세가 되면 징집되며 군복무기간이 남자는 3년 그리고 여자는 2년이라고 한다. 나는 그들을 보는 순간, 이 나라의 장래가 밝을 것으로 생각하였다.

관리소 측은 지금 입장이 불가하다고 하며 그 이유를 미 국무장관 콜린 파웰(Colin powell)이 이곳에 온다는 것이다. 따라서 30분 뒤에 입장을 허락하겠다고 했다. 우리 부부는 관리소 바로 앞의 서점에 들였다. 이 서점은 유대인학살과 관련된 서적과 이스라엘 관광 안내책자를 판매하고 있었다. 우리는 The Pictorial History of Holocaust(유대인학살 그림역사)라는 책에 시선이 멈추었다. 이 책을 60불이나 주고 샀으며 볼륨이 많고 무거웠다. 독일 나치 정권의 유대인 박해와 대량학살에 관한 것을 구체적으로 알아보기 위해서다.

방문한다던 미 국무장관은 오지 않고 우리는 약속된 30분이 훨씬 지나서 입장이 허용되었다. 근세사 시간에 나치 정권의 만행을 배운 적이 있어 그 만행이 생소한 것은 아니었다. 우리 일행은 숙연한 마음으로 이 기념관에 들어섰다. 이 기념관은 사진 설명이 대부분이다. 1933년 이후 나치 정권의 유대인 박해 모습을 볼 수 있고 나치 통치와 테러 아래에서 유럽 유대인 모습과 유대인 강제수용소, 각 지역에서 죽음의 수용소에 수송되는 유대인들의 모습 등이다.

1941이란 방에는 가스실에 밀려 넣어 죽어 가는 유대인들의 처참한 모습이 보였다. 어찌 인간의 탈을 쓰고 이런 일을 할 수 있었는지 모르겠다. "이름의 방"에는 비명에 죽어간 유대인들의 이름과 인적사항을 기록하여 보존하고 있으며 지금도 신고가 들어오면 컴퓨터에 이름과 인적사항을 입력하여 보존하고 관계인들은 언제든지 열람할 수 있다고 한다. 다른 방과는 다르게 그 방에서는 직원들이 열심히 일하는 모습을 볼 수 있다. 그리고 각 나라에서 희생된 유대인들의 수를 기록한 벽이 있는데 폴란드에서는 300만 명, 소련에서는 125만 명, 헝가리에서는 45만 명, 루마니아에서는 30만 명 그리고 독일에서는 21만 명 등으로 기록되어 있다.

이 기념관 출구에 "망각은 파멸을 가져오지만, 기억은 구원의 비결이다."라고 새겨져 있다. 나는 이 기념관을 돌아보고 이스라엘 사람들의 강인한 생존력을 알게 되었고 일제가 우리나라를 강점한 상태에서 이루어진 만행을 생각해 보았다. 그들의 만행을 용서할 수는 있으나 그 만행을 결코 잊어서는 안 된다고 생각했다.

우리는 세 번째 성지순례지인 로마로 가기 위하여 텔아비브국제공항을 떠나 레오나르도 다빈치국제공항을 통하여 어둠을 헤치고 이탈리아에 입국했다.

◇ 박해받던 기독교인의 피신처 카타콤

순례 여덟 번째 날 아침 우리 일행은 비가 올지도 모른다는 안내자의 말에 따라 각자 우산을 준비해 숙소를 떠났다. 버스를 타고 가면서 보니 눈이 내려서 조금 쌓였고 비도 내렸다. 우리는 걱정하면서 카타콤(Catacombs)에 도착했다. 카타콤은 초대교회 때 박해받던 기독교인들이 피신처로 사용했던 공동묘지이며 지하 예배처이자 생활터전이기도 했다. 우리는 안내를 받으며 어두컴컴한 계단식 통로를 따라 지하로 내려갔다. 그 내부는 생각했던 것보다 깊어 지하 3층 정도 되는 것 같고 습기는 적었으며 바깥 날씨가 추워서 그런지 안온한 느낌이 들었다.

지하통로는 겨우 한 사람만이 지나갈 수 있을 정도로 협소했다. 예배를 드린 장소는 30여 명을 수용할 수 있는 공간이 있었고 특히 성 칼리스트 카타콤 안의 교황 묘실에는 교황 열 분의 시신이 안치되어있다고 한다. 그리고 통로 윗부분 군데군데에는 시신을 묻었던 공간이 보였다. 카타콤 안에는 벽에 성화가 많이 그려져 있다. 우리는 승용차 뒤쪽에 붙여진 물고기 모양의 표지를 가끔 볼 수 있는데 바로 이 물고기 표지가 카타콤 성화에서 온 것임을 알 수 있었다. 우리 일행도 카타콤에서 물고기 두 마리가 그려진 성화를 보았다.

희랍어로 물고기는 그 어휘가 예수그리스도, 하나님의 아들 그리고 구원자의 머리글자와 같다고 한다. 안내자는 이 지하공간에서 신앙생활을 하게 된 이유로 로마제국 당시 로마법에 따르면 누가 묻힌 곳이던 모두 묘실은 성역으로 인정되었으며 그 당시 기독교가 공인되지 않았을 때이므로 기독교인들에 대해 박해가 극심하여 이른바 성역이라고 인정된 이 카타콤에서 신앙생활을 했다고 한다.

◇ 사도 바울 순교기념교회와 바티칸 박물관

카타콤에서 나와서 바울순교기념교회를 찾아갔다. 사도 바울은 유대 종교 지도자들의 고발로 로마 총독의 재판을 받게 되자, 자기는 로마 시민권 자이므로(행 22:24~29) 로마 황제의 재판을 받을 권리가 있다고 주장했다. 이 주장이 받아들여졌으나 이스라엘 가이샤라 감옥에서 2년 동안 있다가 그곳을 떠나 배가 심한 풍랑을 만나는 등 고초를 당하면서 지중해를 건너 로마에 도착한 바울은 2년 동안 황제의 재판을 기다렸다. 그런데 그 2년 동안 옥중에서 복음전파에 전력을 다하였다. 사도 바울은 황제 재판에서 무죄가 선고되었다.

그러나 기독교를 박해한 네로 황제에 의하여 서기 67년에 참수당하고 말았다. 그가 참수당한 곳에 세워진 교회가 바로 바울

순교기념교회이다. 이 교회 안에는 바울을 참수할 때 목을 받쳤던 돌기둥이 있고 그의 목을 칠 때 세 번이나 튀어서 세 개의 샘이 생겼다는 곳이 잘 보존되고 있다.

우리 일행은 바울순교기념교회를 돌아보고 바티칸 박물관으로 발길을 옮겨놓았다. 박물관 입구에서 1백m가량의 관람객들로 장사진을 이루고 있었다. 날씨는 춥고 게다가 바람까지 불어서 체감 온도가 더 낮아졌다. 안내자는 박물관 안에서는 설명하지 못하게 되어 있다면서 밖에 비치해 놓은 사진들을 보면서 추운 날씨에도 불구하고 미켈란젤로(Michelangelo)가 그린 천지 창조, 노아의 홍수, 최후의 심판 등으로 이어지는 세계적인 성화에 역점을 두고 장황하게 설명했다.

그리고 우리는 관람객들의 물결을 따라 박물관 안으로 들어갔다. 대리석으로 만들어진 각종 조각, 당시의 유명 화가들이 그린 많은 성화가 있고 많은 유물이 질서정연하게 진열되어 있다. 위에서 말한 천지 창조, 최후의 심판 등이 그려져 있는 방에는 더욱더 많은 관람객으로 붐비었다. 이 박물관에 소장된 물건의 특징을 각 분야 전문가 아니고는 알 수 없다. 단체 관람하는 학생들은 수첩에 무엇인가? 기록하면서 관람하고 있는데 일반 관람객들은 깊이 있게 관람한다기보다 단순히 구경했다는데 의미를 가질 수밖에 없다.

일반적으로 로마 자체가 유물과 유적으로 가득 차 있는 박물관이라고 한다. 그 말이 틀린 것은 아니다. 옛날 성곽이 길게 뻗어있고 많은 교회건물과 이곳저곳에 고풍스러운 건물 또 수많은 조형물이 로마 시내를 가득히 채우고 있다. 그리고 로마제국시대부터 돌로 포장된 도로가 시내에는 아직도 남아있고 도로의 폭은 비교적 좁다. 아스팔트로 대체하지 않는 이유를 석조건물과의 조화를 이루기 위해서라고 안내자는 설명했다.

◇ 성 베드로 대성당과 순교지 콜로세움

오후에는 성 베드로 대성당으로 갔다. 이 성당은 바티칸시국 안에 있다. 안내자는 우리는 비자 없이 입국절차를 밟지 않고 입국했다고 하면서 바티칸은 독립국가이며 세계에서 가장 작은 나라라고 설명했다. 서기 8세기경에 교황이 프랑크의 페핀을 왕으로 인정해 준 보답으로 로마 성 밖의 바티칸 언덕 일대를 교황에게 기증했으며 이때부터 그 지역은 교황의 소유가 되었다고 한다. 로마와 바티칸 사이에 오랫동안 불편한 관계를 맺고 오다 1929년 라텐칸협약에 따라 바티칸을 독립국가로 인정했다고 한다.

바티칸은 위에서도 설명했지만, 세계에서 가장 작은 나라이나 그 안에 있는 성 베드로 대성당은 규모가 엄청나게 크며 지상의 건축물 중에서 최상의 것이라고 해도 과언이 아니다. 이 성당은 건축하는 데 120년(1506~1626)이 걸렸고 로마에 있는 많은 성당 중에서 제일 오래된 것이며 도서관에는 많은 필사 성서사본과 희귀한 도서가 많이 소장되어 있다고 한다. 예수의 제자인 베드로는 로마에서 복음을 전하다가 네로 황제 때 순교했으며 바티칸 언덕에 그를 매장하였다고 한다. 바로 그 언덕 위에 이 위대한 순교자를 기념하기 위하여 성 베드로 대성당을 건축했다고 한다.

성 베드로 대성당을 살펴본 뒤에 콜로세움으로 발길을 옮겨놓았다. 콜로세움은 서기 72년 로마제국 파스파우스 황제 때 착공하여 80년 티투스 황제 때 완성하였다. 70년 예루살렘을 정복한 티투스 장군이 약 10만 명의 포로를 로마로 데리고 왔는데 일설에 따르면 이 중 4만 명을 콜로세움 축조공사에 동원했다고 한다. 이 콜로세움에는 입석을 포함하여 7만 명 또는 7만 3천 명을 수용할 수 있는 대형구조물로서 지상과 지하로 구분되는데 지하에는 칸을 만들어 맹수뿐만 아니라 검투사, 사형수까지 가두어 놓는 방이 있었다고 한다.

로마사람들은 검투사와 맹수 사이에 벌어지는 격투를 즐겼다고 한다. 그런데 기독교를 박해했던 로마제국 시대에는 기독교 신자들을 이 콜로세움 안으로 몰아넣고 굶주린 맹수를 넣어 이곳에서 피를 흘려 처참하게 순교하게 했다고 전한다.

이 투기장의 원래 정식 이름은 플라비우스 원형극장이다. 그런데 도중에 "거대하다"(Colossae)는 뜻에서 콜로세움(Colosseum)으로 바뀌었다고 하며 오노리우스 황제가 이 야만적인 격투기를 폐지함에 따라 마침내 처참한 역사의 종지부를 찍었다고 한다. 콜로세움은 그 뒤 지진 때문에 피해를 보기도 하고 중세 교회를 건축하는 데 석재로 쓰기도 해서 절반이 없어지는 수난을 겪었다. 개운치 않은 기분으로 콜로세움을 나와서 명화 "벤허"를 촬영했다는 대전차 경기장 언덕에 서서 영화의 한 장면을 떠올려 보았다.

◇ 성지순례를 마치면서

아홉 번째 날 우리 일행은 성지순례를 마치고 귀국 길에 올랐다. 오전 10시 30분경에 알리탈리아 항공기를 타고 레오나르도 다빈치국제공항을 출발하여 경유지인 암스테르담에서 오후 4시경에 서울행 KLM기편으로 갈아탔다. 서울까지 비행 거리가 11시간 정도로 생각하고 느긋한 마음으로 9박 10일간의 성지순례 여정을 뒤돌아보았다. 은혜를 받은 곳보다 그렇지 못한 곳이 많았다는데 아쉬움이 많다.

그리고 촉박하게 짜인 일정은 한 말로 피로한 여정이었다. 항공기에 시달리고 버스에 시달리고 또 얼마를 걸었더냐? 그러니 피로하지 않을 수 없다. 이렇게 어려운 성지순례를 하면서도 성지마다 해박한 지식으로 설명해 주신 성서 고고학자 김 교수에게 감사한다.

경유지인 암스테르담을 이륙하여 지중해 상공을 비행할 때에는 해지기 전이었는데 소비에트 대륙을 횡단할 때에는 이미 어둠이 짙어졌다. 잠시 눈을 붙인 것 같은데 어느덧 항공기는 고비사막을 거쳐서 서해에 들어섰다. 앞으로 한 시간만 지나면 성지순례의 여정도 끝이 난다고 생각하니 순례한 성지가 주마등처럼 뇌리에 스쳐 간다. 그 순간 항공기는 김포국제공항 활주로에 미끄러지듯이 가볍게 안착하였다. 나는 9박 10일 동안의 성지순례를 무사히 마치고 귀국할 수 있도록 도와주신 하나님께 감사 기도를 드렸다.

그리고 성지 순례하면서 은혜를 받을 수 있도록 도와주시고 이 순례기를 쓸 수 있도록 인도해 주신 하나님께 감사했다. 받은 은혜를 가슴 깊이 간직하고 신앙생활의 새로운 이정표를 만들어야 하겠다는 다짐도 했다. (2001.03.16)

사도 바울의 전도여정에 따른 성지순례

◇ 새벽기도를 시키신 하나님

순례 첫날인 4월 27일 새벽 1시 반경에 잠자리에 들었기에 새벽기도집회에 참석하지 않으려고 모닝콜 장치를 꺼놓고 잤다. 그런데 4시 45분에 정확히 잠이 깨져서 급히 교회로 갔다. 하나님께서 새벽기도집회에 참석하라고 잠을 깨우신 것으로 생각하였다. 오늘 기도는 늘 해 왔던 것과 같은 제목으로 드렸는데 특히 터키와 그리스로 떠나는 성지순례 단원들을 위한 기도를 뜨겁게 드렸다.

우리 교회 주관으로 36명의 성도로 구성된 성지순례단은 12박 13일 일정으로 오늘 떠난다. 우리 일행은 떠나기 전에 교회에 모여 사도 바울(Apostle Paul)의 전도여행지를 따라가면서 그의 전도 열정을 담아 온 뒤에 이곳에서 그 열정을 품고 땅 끝까지 복음을 전하자는 각오로 마치 출정식처럼 찬양과 기도를 드렸다. 그리고 두 대의 버스에 분승하여 오전 9시 반에 인천국제공항을 향하여 출발했다. 우리 일행의 표정은 결의에 차 있었으며 웃음을 잃고 굳은 표정을 한 성도들도 있었다.

우리 부부는 떠나는 버스 안에서도 믿음의 선배들이 걸어간 길을 따라가면서 하나님의 지상명령인 전도의 열정을 키워오게 해 달라는 묵상기도를 드리고, 두고 가는 가족과 교회 그리고 직장을 지켜주실 것으로 믿는다는 기도도 드렸다. 하나님께서 우리에게 하신 말씀이 생각난다. "무엇이든지 기도하고 구하는 것은 받은 줄로 믿으라 그리하면 너희에게 그대로 되리라"(막 11:24)는 말씀을 되새겨보았다.

우리 일행은 오후 1시 30분경에 KE 955호기에 탑승했고 이 항공기는 오후 2시 정각에 인천국제공항의 활주로를 힘차게 밀고 올라가 하늘 높이 치솟았다. 장장 12시간을 비행하여 터키 이스탄불국제공항에 안착했다. 항공기 안에서 장시간의 비행은 정말로 지루하고 곤욕스러웠다. 그러나 그 지루함과 곤욕스러움 다음에는 큰 감명과 기쁨이 있을 것을 믿고 그것을 통하여 얻어질 전도의 열정을 기대하는 욕심도 숨어 있었다.

현지 시각으로 오후 7시 50분이 좀 넘은 시각에 항공기에서 내린 우리 일행은 입국 절차를 마치고 공항을 빠져나와 숙소에서 여장을 풀었다. 나는 누워서 지난 1월 중순부터 4월 중순까지 신약성경 사도행전을 중심으로 성지순례를 위한 사전 교육을 받았던 생각이 주마등처럼 나의 뇌리를 스쳐 갔다.

◇ 비잔틴 건축의 최고 걸작 성소피아대성당

순례 둘째 날은 몸이 피로했다. 하룻밤을 쉬기는 했으나 어제 장시간의 비행과 시차의 극복이라는 고비를 넘기기에는 힘에 겨웠다. 그러나 성지를 순례한다는 열정으로 어려움을 극복하기로 했다.

현재 터키의 영토면적은 78만㎢로 한반도 3.5배이며 인구는 8천여만 명이고 관광수입은 연간 국민소득의 50% 이상을 차지하며 종교는 이슬람교도 수가 98%를 차지하고 기타가 2%라고 한다. 이 땅을 지배하기 위하여 옛날부터 많은 종족이 투쟁했으며 특히 3대 종교인 기독교, 이슬람, 유대교가 이 지역에서 발전하고 번성하였으며 서기 313년에는 콘스탄티누스(Constantinus, 280~337) 대제가 밀라노 칙령을 공포, 기독교를 공인하여 로마제국의 국교가 되기에 이르렀다.

옛 문명의 발상지인 유프라테스 강(Euphrates River)과 티그리스 강(Tigris River)을 따라 기원전 8000년부터 인류가 이곳에 왔으며 수많은 부족과 문명이 명멸했던 지역으로 히타이트(Hittite), 헬라(Hellas), 바사(Persia), 알렉산더제국의 마게도냐(Macedonia), 로마(Roma), 비잔틴(Byzantine) 그리고 이슬람 오스만(Osman) 등이 이곳을 거쳐 갔다. 이 때문에 터키 전역에 역사적, 종교적 유물들이 산재해 있다.

우리 일행은 오전 8시에 이스탄불에 있는 성지를 찾았다. 이 도시는 기원전 8~7세기에 메가라 왕국의 수도로서 '메가라'라고 불렀으나 그리스시대에는 비잔티움(Byzantium)이라고 불렸고 서기 4세기 콘스탄티누스 대제가 로마제국의 수도를 이곳으로 옮기면서 콘스탄티노플(Constantinople)이라 부르기 시작했다. 기독교 국가로서 1230년 동안 비잔틴제국의 수도이었던 콘스탄티노플은 1453년 5월 29일 오스만 터키 마호메트 술탄(Mahomet Sultan)에 의하여 멸망했고 이 도시는 3일간의 약탈이 행해진 뒤 이스탄불(Istanbul)이라는 이름으로 불리게 되어 지금까지 이어져 오고 있다.

이 도시는 아름다운 고도(古都)이자, 아시아와 유럽이 만나는 곳, 그 옛날 실크로드(Silk Road. 내륙 아시아를 횡단하는 고대 동서 통상로)의 여정이 마무리된 곳이기도 하다. 1923년까지 1600년 동안 수도였던 이스탄불에는 그리스와 로마시대부터 오스만제국시대에 이르는 많은 사적이 분포해 있다. 영국 역사학자 토인비(Toynbee, Arnold Joseph. 1889~1975)는 이 도시를 일컬어 '살아있는 박물관'이라 하였다.

첫 번째로 찾은 곳은 성소피아대성당(St. Sophia Cathedral)이다. 이 성당은 이곳이 동로마제국의 수도 콘스탄티노플로 불리고 있을 때에 기독교의 대성당으로 지어졌으나 서기 1452년 오토만 제국(Ottoman Empire. 1299~1922)이 콘스탄티노플을 점령한 뒤에 모스크(Mosque)로 개조되었고 4기 미너렛(minaret-모스크 일부를 이루는 첨탑)이 추가되어 아야 소피아(Aya Sofya)로 부르게 되었다. 본래는 하기아 소피아 대성당(Hagia Sophia Cathedral)이라 부르던 비잔틴건축의 걸작이다.

아야 소피아의 그리스식 이름인 '하기아 소피아'(Hagia Sophia)란 '신성한 지혜'(Holy Wisdom), 성삼위일체의 제2의 페르소나(persona)

인 로고스(logos), 즉 그리스도를 가리킨 것이라고 여겨진다. 이 성당은 콘스탄스(Constans Ⅱ)에 의해 서기 325~360년에 건축된 성당인데 532년 1월에 니카(Nika)반란으로 완전히 소실된 뒤에 유스티니아누스 황제(Justinianus I 483~565)가 새로운 설계로 재건축하였다. 그 설계는 트랄레이스의 안테미오스(Anthemios of Tralles)와 밀레토스의 이시도로스(Miletos of Isidoros)가 담당하였고 100명의 감독 밑에서 1만여 명의 공인들이 작업해서 그 거대한 건물을 5년이라는 비교적 짧은 기간 안에 완공해서 서기 537년 12월 7일에 헌당식을 거행하였다고 한다.

이 성당은 길이 77m, 너비 71.7m의 광대한 3랑 바실리카 플랜과 높이 55m 폭 33m의 거대한 돔을 교묘히 조합시킨 절충적인 바실리카 양식의 성당이다. 본당 중앙에 4개의 대지주를 세우고 그 위에 대형 아치와 펜덴티브 돔(pendentive dome)의 발전형인 큰 돔으로 덮고 있다. 풍부한 내부 공간과 동산을 방불케 하는 장대한 외관을 보고 헌당식에 참석한 유스티니아누스 황제는 감격하여 "오 솔로몬이여! 나, 그대를 이겼노라!"고 부르짖었다고 한다. 이 성당 안에는 대소의 기둥머리 조각으로 대표되는 비잔틴의 세련된 장식 조각들이 적지 않게 남아 있다.

이 성당 내부의 모자이크(mosaic)는 약 9톤의 금과 많은 인원이 동원되어 만들어졌다고 한다. 비잔틴제국의 900여 년 동안은 당시 기독교 신앙의 중심적인 역할을 담당하였다. 6세기 헌당할 때의 모자이크 성화는 8~9세기의 아이코노클래즘(Iconoclasm. 성상파괴운동, 聖像破壞運動) 때에 없어지고 그 뒤에 제작된 모자이크 성화도 15세기 이후 이슬람 튀르크(Islamic Turk)의 점거 아래에 거의 없어졌으나 근년의 조사로는 앞방과 2층 복도의 벽면에서 석회로 칠하여진 곳에 그려져 있던 9~13세기 모자이크 성화 일부가 고고학자들에 의하여 발견되어 그 고도의 기술과 뛰어난 표현이 새롭게 주목을 받고 있다.

그 많은 모자이크 성화는 이슬람 사원으로 개축하면서 그 위에 석회로 칠해진 것이라고 일반적으로 알고 있으나 사실은 칠해진 것이 아니라 석회로 덮어 바른 것이다. 성당 2층에 올라가 서쪽 중앙부로 가 보면 석회로 덧바른 벽 상단 부분을 관광객들이 확인할 수 있도록 조그맣게 네모 모양으로 파 놓은 곳이 있는데 육안으로도 석회로 덮어 바른 그 두께가 1㎝쯤 되는 것 같이 보였다. 이 사원은 터키공화국 때부터 박물관으로 사용되고 있는데 이곳에서 기독교 문화와 이슬람 문화가 뒤엉킨 특이한 세계를 엿볼 수 있다.

성소피아대성당의 내부를 돌아본 소감은 한마디로 무거웠다. 이 성당을 전리품으로 접수한 승자가 자기 뜻대로 사용한 것이라서 패자는 가슴이 아플 뿐, 할 말이 없다. 그래서 기독교인으로서 마음이 무겁다는 표현했을 뿐이다. 다만 하나님의 뜻이 어디에 있는지를 찾아서 대처해야 할 것이다.

두 번째로 찾은 곳은 이레네교회(Irene Church)이다. '성스러운 평화'라는 뜻의 이름을 가진 이 교회는 서기 381년에 제2차 기독교 종교회의가 열린 곳이다. 1453년에 오스만 민족이 터키를 점령하면서 1511년에 다른 교회들은 다 회칠했는데 이 교회는 회칠을 안 한 것인지, 못한 것인지는 모르겠지만, 유일하게 회칠이 되어있지 않다.

현재의 건물은 유스티아누스 황제에 의하여 성소피아대성당을 건축하기 전인 532년에 건축되었다. 이 교회의 뛰어난 음향효과 때문에 클래식 콘서트홀(Classic Concert Hall)로 가끔 사용한다고 한다. 교회의 문이 굳게 닫혀 있어서 안을 돌아보지 못한 채 겉모양만 보고 왔다.

끝으로 우리 일행은 히포드롬(Hippodrome), 술탄 아흐메드 사원(Sultan Ahmed Mosque), 톱카프 궁전(Topkapi Palace) 등을 돌아보는 것으로 이스탄불에서 일정을 마쳤다.

그리고 터키 국내선 TK466기편으로 오후 5시 20분에 이스탄불국제공항을 출발하여 1시간 30분가량 비행한 뒤에 아다나(Adana)공항에 안착했다. 이 공항은 현재 미 공군이 일부 사용하고 있다. 2003년 3월 31일 미국이 바그다드를 대규모 공습할 때 이 공군기지에서도 폭격기가 출격했다고 한다.

◇ 사도 바울 전도여행의 전초기지 안디옥

순례 셋째 날은 수리아 안디옥 베드로동굴교회, 실루기아 항구, 바울의 우물과 생가터를 순례한 뒤에 갑바도기아로 이동할 예정이다.

우리 일행은 버스로 끝없이 펼쳐진 비옥한 길리기아 대평원을 가로질러 2시간 30분가량 달려서 안타키아(Antakya. 성경상 안디옥=Antioch)에 도착했다. 이곳은 기원전 2세기에 급격히 발전하여 무역과 문화의 중심지가 되었으며 기원전 312년에 시리아 셀레우코스(Seleucus) 왕조를 창시한 셀레우코스 니카토르 I (Nicator I)가 도시를 세우고 아버지 안티오코스(Antiochos)의 이름을 따서 안티오키아(Antiochia)라고 했다. 이 도시의 당시 인구가 80만 명이었다고 하며 한때 로마, 알렉산드리아와 함께 로마제국의 3대 도시 중의 하나였다고 안내자가 설명해 주었다.

바로 이 도시에 안디옥교회가 있었으며 신약성경에 "안디옥교회에 선지자들과 교사들이 있으니 곧 바나바와 니게르라 하는 시므온과 구레네 사람 루기오와 분봉 왕 헤롯의 젖동생 마나엔 및 사울이라"(행 13:1)라는 말씀이 있다. 이 교회는 예루살렘에서 스데반의 순교사건 이후 핍박받던 기독교인들이 이곳 안디옥으로 피난해 와서 세운 피난교회이다. 하지만 최초로 이방인들에게 복음을 전했으며 이방 교회들의 모체가 되었다는데 큰 의미가 있다.

바울(Paul)은 이 교회에서 3차에 걸친 전도여행을 떠났다. 즉 제1차는 실루기아(Seleucia) 항구로 내려가 배를 타고 바다를 건너 구브로(Cyprus)섬의 살라미(Salami)와 바보(Paphos)로 가는 길을 택하여 버가(Perga)와 비시디 안디옥(Pisidian Antioch) 그리고 이고니온(Iconium)과 루스드라(Lystra)을 거쳐 더베(Derbe)까지 갔다 왔고(행 13:2~14:28, 46~48년).

제2차는 루스드라로 가는 육로를 택하여 드로아(Droas), 빌립보(Philippi), 데살로니가(Thessalonica), 베뢰아(Berea) 그리고 아덴(Aden)을 거쳐 고린도(Corinth)까지 갔다가 에베소(Ephesus)와 예루살렘(Jerusalem)을 들러서 왔으며(행 15:40~18:22. 50~52년).

그리고 제3차는 갈라디아(Galatia)와 브루기아(Phrygia) 내륙지역으로 가는 육로를 택하여 에베소와 마게도냐(Macedonia)를 거쳐 고린도까지 갔다가 다시 마게도냐를 거쳐 드로아와 밀레도(Miletus) 그리고 두로와 예루살렘을 들러서 오는 여정이었다(행 18:23~21:17. 53~58년).

이처럼 안디옥교회는 초대교회 중에서 최초로 선교사를 파송하고 지원했다는데 매우 중요한 의미가 있다. 그리고 처음으로 기독교인을 '크리스천'(Christian)이라는 이름으로 불렀던 곳이며 이방인 개종자의 할례 문제에 관한 논쟁이 처음 있었던 곳이기도 하다(행 15:1~5).

이 안디옥은 예루살렘으로부터 480㎞쯤 떨어졌으며 현재도 남아있는 베드로동굴교회(Peter's Cave Church)는 남쪽을 바라보는 실피우스 산(Mount Silpius) 중 터에 자리 잡고 있고 천연동굴을 손질해서 만든 작은 교회이다.

우리 일행은 이 교회를 찾아 올라가다가 그곳의 어린이들을 만났는데 그중의 몇몇 소년들은 꼬레라고 하면서 "대~한민국 짜자 짜짜 짜, 대~한민국 짜자 짜짜 짜……"라는 2002년도 한일 주최 월드컵 우리나라 응원구호를 외치는 것이 아닌가. 월드컵의 인기와 매스컴의 위력을 새삼 실감했다. 그리고 중동 특유의 빵을 먹었다. 이 빵은 흙으로 만든 큰 화덕의 벽에 반죽된 밀가루로 얇게 만들어 붙여 구운 빵이다. 이 빵을 먹으면서 90년대 초에 중동에서 근무했던 추억에 잠깐 잠겨보기도 했다.

우리 일행은 그 동굴교회 안을 살펴보았다. 정면에 제단이 있고 제단 벽 위에는 오른손에 천국 열쇠와 왼손에 두루마리 성경을 들고 있는 베드로 상이 있으며 제단 오른쪽에는 약수가 흘러나오고 왼쪽에는 기독교인들이 박해받던 시절이라서 예배를 드리다가 가해자들이 오면 도피할 수 있는 통로를 만들어 놓았으며 그 교회 뒷산 위쪽에 출구가 있다고 한다. 그 당시의 신앙생활이 얼마나 어려웠던가를 짐작할 수 있게 해 주었다.

◇ 터도 찾을 길이 없는 실루기아 항구

우리 일행은 지중해 연안 실루기아(Seleucia) 항구로 갔다. 바나바(Barnabas)와 사울(Saul)이 성령의 보내심을 받아 수리아 안디옥을 떠나 제1차 전도여행을 하기 위하여 배를 타고 구브로(Cyprus) 섬으로 가려고 내려갔던 그 항구를 찾은 것이다. 그러나 그 옛날 전도여행 길에 배를 탔던 그 항구는 자취를 찾아볼 수 없다. 안내자는 집들이 옹기종기 있는 곳을 가리키며 이곳 어느 곳에 항구가 있었을 것이라고 말하고 토사(土砂)로 그 항구는 묻혀버렸다고 한다.

터키의 모든 강은 북쪽에서 남쪽으로 흐르는데 오직 남쪽에서 북쪽으로 흐르는 일명 '거역의 강'이라고 불리는 오론테스 강

(Orontes River)이 안디옥을 끼고 좌측으로 흐르다가 실루기아 항구 남쪽 8㎞ 지점에서 지중해로 빠져나간다. 따라서 바나바와 사울이 안디옥에서 배를 타고 오론테스 강을 따라 하류까지 갔다가 남쪽 8㎞ 지점에서 내려서 걸어갔을 가능성도 생각해 볼 수 있다.

그러나 성경에 성령의 보내심을 받은 바나바와 사울이 안디옥에서 실루기아까지 가는데 그 당시 실정을 고려해 볼 때 배를 탔다기보다는 걸어서 간 것으로 보는 것이 타당할 것 같다. 수리아 안디옥에서 실루기아 항구까지는 26㎞라고 한다.

우리 일행은 지중해 해변을 따라가다가 안내자의 안내를 받아 북쪽으로 방향을 바꿔서 산속의 터널을 지나 100m쯤 위에 있는 동굴에 갔다. 이 동굴은 비잔틴시대에 만들어진 실루기아교회(무덤)라고 하는데 이곳에서 순례 중 첫 번째 주일예배를 드렸다. 담임 목사님은 고린도후서 제4장 5절에서 10절까지의 말씀으로 우리에게 두 개의 보배가 있다고 말하고 하나는 주안에 있는 보배 즉 영생이며 다른 하나는 주의 복음을 전할 수 있는 보배 즉 직분이라고 말하고 성도들은 복음을 전할 의무가 있으니 사명감을 품고 전도에 여생을 바칠 수 있어야 한다고 강조하셨다.

터키에는 주거지로, 교회로, 무덤으로 또는 복합적으로 사용된 동굴이 곳곳에 있다. 실루기아교회(무덤) 앞에 세워진 안내판의 기록을 읽어보니 이 동굴 무덤은 18세기 여행자들에 의하여 발견되었으며 베시크리 동굴무덤(Besikli Cave Tomb)이라고 하는데 그 안에 방이 4개나 있다고 쓰여 있다. 그러나 그 안내판의 기록으로 봐서는 이 동굴무덤이 교회(church, girise)로 사용되었다는 내용은 찾아볼 수 없다.

◇ 아쉬움만 남기고 온 구브로 섬

우리 일행은 예배를 마친 다음에 다시 해변으로 내려와서 지중해의 넓은 바다를 내려다보면서 바나바와 사울이 제1차 전도여행을 했던 구부로 섬의 살라미(Salami)와 바보(Paphos)를 생각해 보았다. 일정상 순례하지 못하는 아쉬움이 지워지지 않았다.

그 이유는 사울이 제1차 전도여행을 시작해서 처음으로 복음을 전한 곳이기 때문이다. 사도행전에 바나바와 사울은 성령의 보내심을 받아 실루기아에 내려갔다. 거기에서 배를 타고 구브로 섬에 가서 바나바의 고향인 살라미에 이르러 하나님의 말씀을 유대인의 여러 회당에서 전하고 요한을 수종자로 두었다(행 13:4, 5). 여기에서 요한은 '마가'라 하는 요한을 말하며(행 12:12) 마가는 헬라식 이름이고 요한은 히브리식 이름이다.

바나바와 사울은 섬 가운데를 지나서 바보에 이르러 그 당시의 총독 서기오 바울(Selgius Paulus)을 만났는데 그 총독은 지혜 있는 사람이라 바나바와 사울을 불러 하나님의 말씀을 듣고 싶어 했다. 그러나 이를 방해하는 박수 엘루마(Elymas)가 있어 그에 대하여 바울이라고 이라고 하는 사울이 성령 충만하여 꾸짖어 그를 잠시 소경이 되게 하였으며 이를 본 총독은 주의 가르침에 깊은 감명을 받았다(행 13:6~12 참조)고 한다.

위에서 이미 말한 바와 같이 마가는 바나바와 사울이 제1차 전도여행을 떠날 때 동행했다. 그러나 마가는 도중에 그들로부터 떠나 예루살렘으로 돌아왔다(행 13:13). 그리고 제2차 전도여행 때 바나바가 마가를 데리고 가고자 했을 때 바울은 그것을 거절했다. 그 결과 바나바는 마가를 데리고 구브로로 갔고 바울은 실라와 함께 수리아와 길리기아로 갔다(행 15:36~41). 이 마가는 바나바의 생질이며 뒤에 기자로서 마가복음을 썼다.

실루기아 항구도 보지 못하고 광활한 지중해만 바라보다 섭섭한 마음으로 바울의 고향 길리기아 다소를 향하여 발길을 옮기었다.

◇ 바울의 우물 및 생가터

우리 일행은 실루기아 항구를 순례한 뒤에 바울의 생가가 있는 길리기아 다소(Cilicia Tarsus)를 찾았다. 바울은 서기 10년경에 동서 주요무역도로가 있는 길리기아 성 다소에서 태어난 유대인이다. 그의 원래 이름은 사울이며 그리스 교육을 받고 로마시민권을 가졌으며 젊었을 때 그는 유명한 율법 박사 가말리엘(Gamaliel)의 문하에서 제자가 되었다(행 22:3).

처음에는 열렬한 바리새파(Pharisees)로서 그리스도 교도들을 잡으러 다메섹(Damascus)으로 가던 중 “사울아 사울아 네가 어찌하여 나를 핍박하느냐? 하시거늘 대답하여 주여 뉘시오니까 가라사대 나는 네가 핍박하는 예수라 네가 일어나 성으로 가라 행할 것을 네게 이를 자가 있느니라"(행 9:4~6)라는 예수의 음성을 듣고 땅에서 일어나 눈을 떴을 때 3일 동안 실명 상태가 되었으며 소명을 받은 뒤에 사도가 되었다(행 9:4~18). 3회에 걸친 전도여행을 했으며 로마에까지 그 발자취를 남겼다.

그동안 감옥에 갇히는 등 많은 시련을 겪으면서도 '이방인의 사도로서 사명을 다 하였으며 그의 높은 학식이 더욱 빛을 발하여 그리스도교의 기초를 굳히는 데 크게 이바지하였다. 로마인, 고린도인, 갈라디아인, 에베소인, 빌립보인, 골로새인, 데살로니가인인 자기가 전도한 지역의 사람들과 또 개인적으로 디모데, 디도, 빌레몬에게 조언이나 충고의 말씀을 적어 보냈는데 그것이 13통의 서한으로서 신약성경에 수록되어있다. 그리고 그는 네로 황제의 박해 때 로마에서 순교하였다.

다소는 현재 조그마한 상업도시이지만, 이 시에서 멀지 않은 곳에 '바울의 우물과 생가터'가 있다. 이 우물은 로마시대부터 내려오는 우물이라고 한다. 바울이 어렸을 적에 이 우물에서 물을 마시며 자랐을 것으로 생각하였다.

바울의 우물은 옛 그대로인 것 같다. 두레박을 내려 보냈으나 물이 없는 것 같았다. 한 모금의 물이라도 떠올려지면 마셔보고 싶었는데 가물어서 그런지 아니면 물을 떠올리는 기술이 부족해서 그런지 물을 보지 못했다. 그리고 유리로 덮여있는 바울의 집터라고 하는 곳을 보기도 했다.

이 마을 한가운데 바울기념교회가 있다. 이곳의 특산물은 직조와 장막(천막)이라고 한다. 바울도 어렸을 때 장막 제조하는 기술을 익힌 것이 분명하다. 그리하여 그 기술로 일하면서 전도(행 18:3)했다.

◇ 피압박 성도들의 생활터전 데린쿠유 지하도시

순례 넷째 날은 갑바도기아에서 데린쿠유 지하도시, 괴메레동굴교회와 젤베계곡 등을 순례하기 위하여 이동했다. 갑바도기아(Cappadocia)는 소아시아 동쪽 로마의 행정구역으로, 페르시아시대에는 여러 총독의 분할 통치를 받았고 초기 로마가 점령한 때에는 분봉 왕의 지배를 받았다. 북쪽 본도(Pondus)에서 남쪽의 길리기아(Cilicia)로 가려면 반드시 거쳐야 하는 교통의 요충지(要衝地)이기도 하다. 또한, 오순절 때 이미 예루살렘에는 갑바도기아에서 온 유대인들이 있었으며(행 2:9) 1세기 후반에는 베드로가 이곳에 있는 성도들에게 편지하노니 은혜와 평강이 너희들에게 더욱 많을 지어다(벧전 1:1) 라는 말씀이 있다.

갑바도기아의 면적은 우리나라 경상북도의 면적(19,000㎢)만 하다. 그 지방은 전체가 사암(砂巖)으로 형성되어 있으며 그래서 풍화작용으로 오랜 세월을 거쳐 지표면에 기이한 형태를 빚어놓았다. 그래서 그런 바위들이 있는 계곡의 형태에 따라 붙여진 이름으로 낙타 계곡, 펭귄 계곡, 버섯 계곡 등이 있다.

데린쿠유(Derinkuyu)는 카이막리(Kaymakli)에서 남쪽으로 10km 떨어져 있는 곳에 있으며 깊은 우물이라는 뜻의 거대한 지하도시이다. 이 도시를 처음 건설한 사람들은 히타이트(Hittite)인이라고 여겨진다. 그 뒤 초기 그리스도인들이 로마시대 이래 종교 탄압을 피해 이곳으로 옮겨와 암굴을 판 뒤에 몸을 숨기고 신앙 생활했던 곳이다. 아직도 지하도시 전체에 대한 규모는 모르는 상태이며 현재 공개되는 부분은 지하 8층까지로 55m 깊이에 넓이가 1,500㎡이다. 이 지하도시는 1968년에 발견되었다고 한다.

우리 일행은 안내자의 설명을 들으면서 지하교회 입구(GiRiS ENTRANCE)로 들어갔다. 암굴 안에 들어서니 서늘함이 피부에 스쳤다. 전등이 매달려 있어서 내려가는 데 별 불편은 없었다. 다 그런 것은 아니지만, 통로는 한 사람이 허리를 굽혀야 겨우 다닐 수 있는 높이인 곳도 있다. 그래서 머리를 부딪치는 경우가 종종 있었고 가파른 좁은 길을 내려가고 오르는 데는 힘이 들었다.

이 지하도시는 피난민이 늘어날수록 더 넓은 공간이 필요하게 되자 옆으로 혹은 지하로 계속 파고들어 가 복잡한 미로를 형성하고 있다. 동굴 중간 중간에는 외적의 침입을 차단하기 위해 둥근 맷돌 모양의 큰 석물도 놓여 있다. 이 지하도시는 2만 명 정도 수용되는 주거지로 사용했던 곳으로 방, 부엌, 회의실, 교회, 공동묘지, 성찬 및 세례식을 베푼 장소, 신학교, 곡물 저장소, 포도주 저장실 등 도시 기능을 완전히 갖추었다. 그리고 땅속 깊이 우물을 파서 지하수를 식수로 사용하고 또 이것은 지하의 공기를 맑게 해 주는 통풍공 역할도 했다.

또한, 적이 쳐들어왔을 때 긴급히 다른 지하 도시로 피신할 수 있는 지하 터널이 무려 9㎞까지 연결되어 있다고 한다. 이 같은 지하도시가 이 지역에 36개 정도가 있으며 이 지하도시에는 일체의 성화(聖畵)가 보이지 않는 것으로 보아 기독교 초기 때 만들어진 것으로 추정된다.

괴메레동굴교회(Gomere Cave Church)는 그 개수는 1년을 상징하는 365개가 있다고 하는데 정확한 개수는 아무도 모른다고 한다. 동굴 안은 손상이 있기는 하나 성화(사도 바울, 베드로, 누가 등 최후의 만찬 모습)가 아직도 남아있다. 이러한 성화는 변질하지 않도록 특별한 관리가 필요하다는 생각이 들었다.

젤베계곡(Zelve Valley)은 갑바도기아 지역에서 가장 많은 사람이 살았던 지역이라고 한다. 화산과 침식작용으로 이루어진 특수한 지형의 암굴을 파고 들어가 산 것은 다른 지역과 같으나 그 규모 면에서 크다. 그들의 거주지에는 교회, 방앗간, 물 저장소 등을 갖추고 있으며 교회가 두 개가 있는데 하나는 '포도가 있는 교회', 다른 하나는 '사슴이 있는 교회'라고 하며 벽화는 포도, 사슴, 십자가, 물고기 등의 상징적 그림이 대부분이다.

이러한 동굴박해생활은 서기 313년 2월 '로마제국 안에서 그리스도교의 자유를 허용한다.'는 밀라노 칙령이 발포될 때까지 계속되었다. 모진 박해를 피하여 자기 신앙을 지키면서 지하 동굴생활을 한 선배 신앙인들의 생활 터를 살펴보고 스스로 머리가 숙여졌으며 우리의 신앙생활을 되돌아보며 반성할 수 있는 좋은 계기가 되었다.

갑바도기아 데린쿠유에서 콘야(Konya. 성경상 이고니온)까지 가는 길은 멀기도 했다. 순례 첫날 이곳 터키에서 전세버스를 탈 때는 기분이 좋았다. 버스가 최신형 벤츠라서 튼튼하고 승차감도 좋았다. 한국의 화폐로 3억 원을 주어야 구매할 수 있다고 한다. 그러나 여러 날 버스를 타니까 비싼 차라도 피곤하기는 마찬가지로 느껴졌다.

◇ 바울의 훌륭한 동역자 디모데의 고향 루스드라

순례 다섯째 날은 콘야를 출발하여 루스드라를 순례한 뒤에 비시디아 안디옥을 거쳐서 파묵칼레에 도착할 예정이다.

우리 일행은 루스드라(Lystra)를 찾았다. 이 마을은 한촌(寒村)이다. 이곳에서 바울의 훌륭한 동역자인 디모데(Timothy)가 탄생했다는 것은 하나님의 은혜라고 생각하였다. 루스드라는 소아시아에 있는 루가오니아(Lycaonia) 지방의 성읍으로 이고니온(Iconium) 서쪽에서 60㎞쯤 떨어진 곳에 있다.

이곳은 바나바와 바울이 제1차 전도여행으로 이고니온을 거쳐 방문한 곳이며 나면서 앉은뱅이가 된 자를 치료하는 이적을 보이니 이를 본 무리는 바나바와 바울을 신으로 보고 제사를 드리려는 것에 대하여, 너희에게 복음을 전하는 것은 이 헛된 일을 버리고 살아계신 하나님께 돌아가라는 것이라고 말하여 겨우 제사

지내려는 것을 저지한 사건이 있었다.(행 14:8~18)

그때 비시디아 안디옥(Pisidia Antioch)과 이고니온에서 유대인들이 와서 사람들을 부추겨 돌로 바울을 쳐서 바울이 죽은 줄로 알고 성 밖으로 내쳤다. 그러나 제자들이 바울의 주위에 둘러섰을 때에 그가 깨어 일어나 성에 들어갔다가 이튿날 바나바와 함께 더베로 갔다는 말씀이 있다(행 14:19, 20). 바울은 이때 그들에게 당한 봉변을 평생 잊지 못했던 것 같다(딤후 3:11).

바울은 제2차 전도여행으로 루스드라에 들렸을 때 이곳과 이고니온에서 형제들로부터 칭찬을 받는 디모데를 만났다. 그는 디모데를 데려가고 싶었는데 그의 어머니는 유대인으로 예수를 믿는 사람이었으나 아버지가 헬라인이라는 것을 그 지방에 사는 모든 유대인이 알고 있었기 때문에 디모데에게 할례를 베풀었다. 그리하여 바울과 실라 그리고 디모데는 성을 다니면서 예루살렘에 있는 사도와 장로들이 작성한 규례를 저희에게 주어 지키게 하였다. 그 결과 교회들은 믿음이 더 굳어지고 날마다 그 수가 늘어났다고 성경은 전하고 있다(행 16:1~5).

그런데 우리 일행이 이곳을 떠난 지 얼마 안 돼서 우리가 탄 전세버스가 고장 났다. 그래서 차를 정비하는 동안 민가 옆의 비탈에서 담임 목사님의 말씀을 들었다. 특히 디모데의 고향에서 말씀을 듣는다는 것은 큰 의미가 있다고 생각하였다.

이 마을에도 큰 바위들(석질이 사암임)이 산에도 있고 언덕에도 즐비하게 있다. 생각지 않게 여유시간이 생겨서 마을도 돌아보고 사진 촬영도 했다. 차량정비는 두어 시간 걸려서 완료되었다. 그때 시각이 오후 1시가 다 되었다.

우리 일행은 비시디아 안디옥을 거쳐 파묵칼레로 갔다. 숙소에서 여장을 풀고 이곳에 부설된 유황탕으로 갔다. 생각했던 것과는 다르게 유황냄새를 맡을 수가 없었다. 그리고 종업원들의 서비스도 부족할 뿐만 아니라 시설도 빈약했다. 겨우 몸에 물만 바르고 나왔다.

◇ 성스러운 도시 파묵칼레

순례 여섯째 날은 파묵칼레(Pamukkale)를 거쳐서 에베소로 이동하여 사도 요한무덤교회 그리고 누가의 무덤을 순례하고 셀수스 도서관, 야외 원형극장, 아고라 등을 돌아본 뒤에 쿠사다시(Kusadasi)로 이동할 예정이다.

우리 일행은 먼저 터키 남서쪽 데니즐리(Denizli) 주의 리커스(Lycus) 강변 100m 언덕 위에 있는 야외 온천 파묵칼레를 찾았다. 이 도시는 라오디게아(Laodicea)로부터 6㎞ 북쪽에 그리고 골로새(Golossae)로부터 16㎞ 북서쪽에 있다. 파묵칼레는 터키어로 "목화성(Cotton Castle)"이라는 뜻이다. 그것은 이곳의 석회성분을 많이 함유한 온천물이 수 세기 동안 바위 위를 흐르면서 표면을 탄산칼슘의 결정체로 뒤덮어 마치 멀리서 보면 흡사 만발한 목화송이로 뒤덮인 성과 같이 보이기 때문에 붙여진 이름이라고 한다. 이 온천물은 섭씨 35도로 특히 류머티즘, 피부병, 심장병 등에 특수한 효과가 있다고 전해진다. 그래서 치료와 휴식을 위하여 그리스, 로마, 메소포타미아 등지에서 많은 사람이 몰려들었으며 특히 로마시대에는 여러 황제와 고관들이 이 온천을 찾았다고 한다.

파묵칼레의 옛 이름은 히에라폴리스(hierapolis)라고 하는데 성경에 등장하는 이름이다(골 4:13 참조). 기원전 2세기 초에 버가모의 왕 유메네스(Eumenes II. 197~159)가 세웠으며 그 역사는 라오디게아와 유사한 점이 있다. 그러나 라오디게아는 상업중심지의 기능을 가졌지만, 이곳은 온천과 종교의 중심지 기능을 가졌다고 한다. 일찍 이곳에는 성소(Sanctuary)가 있었다. 히에라폴리스라는 이름도 그 뜻은 본래 "성소가 있는 도시(City of the Hieron)"이며 뒤에 성스러운 성읍(Holy City)이라는 뜻으로 변경하였다고 한다.

히에라폴리스는 로마에 이어 비잔틴제국의 지배를 받으면서도 여전히 번성했으며 11세기 후반에 셀주크 투르크족(Seljuk Turks)의 룸 셀주크 왕조(Rum Seljuk)의 지배를 받을 때 '파묵칼레'라는 현재의 이름으로 부르게 되었다고 한다. 그러나 지배세력의 변천 속에서도 지속적인 번영을 누려왔던 히에라폴리스도 거대한 자연의 힘 앞에서는 무릎을 꿇을 수밖에 없었다. 서기 1364년에 이 지방을 강타한 대지진으로 도시 전체는 폐허가 되었다.

대지진 이후에 역사 속으로 사라진 도시를 1887년 독일의 고고학자 카를프만이 발견한 뒤에 발굴과 복원 작업이 진행되었다.

아름다운 자연과 역사유적을 동시에 갖춘 이곳은 1988년 유네스코 세계자연유산 및 문화유산(the Monuments of world nature and culture Heritage)으로 등재되었다.

바울의 동역자인 에바브라(Epaphras)는 골로새와 라오디게아교회뿐 아니라 히에라폴리스교회를 세우고 목사로서 헌신했다(골 4:13). 바울이 제2차와 제3차 전도여행으로 러커스 계곡 지역을 통과했다고 하나 히에라폴리스를 방문한 기록은 없다고 한다. 일찍 다른 성도들의 뒤를 이어 복음을 전했던 사도인 빌립이 이곳에 머물렀다고 한다.

파묵칼레는 그곳에서 생산되는 양털과 직조물로 유명하다. 특히 그 지역에서 자란 식물에서 추출되고 온천물의 광물질로 질이 향상된 자색 물감이 유명하다.

우리 일행은 세계적인 자연의 비경 가운데 하나로 손꼽히는 이곳 노천에 흐르는 온천물에 발을 담그기로 했다. 흐르는 물을 본 우리 일행은 어린이들과 같이 즐거워했다. 그것은 비단 우리 일행뿐만 아니라 외국인 여행객들도 마찬가지이었다. 다만 다른 것은 우리 일행은 바짓가랑이를 걷어 올리고 흐르는 온천물에 발을 담그는 정도인데 반하여 서구인들 특히 여자들은 민망스러울 정도의 비키니 스타일의 수영복을 입고 나타났다. 아마 일광욕을 겸해서 흐르는 온천물에 발을 담그려는 것 같다.

◇ 초기 기독교인들의 중요 중심지 에베소

우리 일행은 파묵칼레를 뒤로하고 에베소(Ephesus)를 향하여 출발했다. 에베소는 지금의 터키 이즈미르(Izmir) 주 셀축지역에 있던 이오니아(Ionia)의 고대 도시로 카이스테르 강(Caystrus Terre River) 하구에 있던 항구도시이며 동양과 서양을 잇는 거대한 상업, 종교, 문화의 중심지이다.

에베소는 기원전 1500~1000년 사이에 처음 세워졌다고 알려졌으며 기원전 1050년경에 그리스 이주민들이 이곳에 정착하기 시작했으며 그 뒤에 에베소의 중심지는 아르테미스(Artemis) 신전 주위로 옮겨졌다. 에베소 사람들은 희랍신화의 최고신 제우스(Zeus)의 딸인 아르테미스 여신을 수호신으로 섬기었다. 이 여신이 다산(多産)과 풍요를 가져다준다고 해서 그들은 이곳에 신전을 건축하였다. 기원전 6세기경 에베소는 리디아(Lydia)왕국의 군주 크로이소스(Croesus)의 지배를 잠시 받았으며 곧 페르시아에 정복되었다가 다시 알렉산더 대왕(Alexandros the Great)의 손으로 넘어갔다. 아나톨리아(Anatolia) 지방을 지나가던 알렉산더 대왕은 크로이소스에 의해 재건축된 아르테미스 신전의 아름다움에 빠져 이곳을 정복했으며 에베소는 곧 평온을 되찾고 융성해지기 시작했다. 그 뒤에 리시마쿠스(Lysimachos)는 피온 산(Mount Pion)과 코레쏘스 산(Mount Koressos) 중간에 새로운 도시를 건설하고 이곳을 높이 10m, 총 길이 9km의 성벽으로 요새화했다. 오늘날까지 남아있는 야외원형극장, 경기장과 체육관 등의 유적은 그 당시 지어진 것이라고 한다. 그러나 이와 같은 번영도 서기 170년에 일어났던 대지진으로 한순간에 무너져 폐허로 변하였다.

신약시대에는 많은 유대인과 헬라인들을 포함하여 인구가 30만 이상 증가함으로써 에베소 초기에는 기독교인의 중요한 중심지가 되었다. 서기 46~58년 동안 교회의 역사로 볼 때 에베소는 바울이 제2차 전도여행 때 귀로에 들렀으며 그곳 회당에서 유대인들과 변론하고 그들이 오래 체류하길 원했으나 이를 거절하고 "하나님의 뜻이 있다면 너희에게 돌아오리라"하고 떠났으며(행 18:18~21). 아볼로, 브리스길라 등이 전도했던 곳이기도 하다(행 18:24~26). 제3차 전도여행 때 처음 2년여 동안 머물면서 복음을 전했고 아데미 신앙을 뒤엎는 은장색의 소동이 일어났던 곳이다(행 19:1~41). 그리고 바울에 이어 디모데가 감독으로 목회했던 곳이다.(딤전 1:3) 예루살렘이 멸망하기 전에는 요한(John)이 이곳으로 건너와 평생을 보냈으며 그 영향으로 초대교회의 중심지가 되었다. 서기 62년 바울은 로마의 옥중에서 편지(에베소서)를 써서 이곳에 보냈다.

이곳 에베소는 사도 요한이 예수의 어머니 성모 마리아를 모신 곳으로 알려졌다. 에베소에 도착한 요한과 성모 마리아를 위하여 에베소 성도들은 전망 좋은 곳에 거처를 마련해 주었다고 한다. 여기에 교회가 세워진 것은 1세기 중엽으로 그리스도교 교인들이 박해를 받아 예루살렘에서 추방되자 바울이 제3차 전도여행 중 이곳을 방문해 선교 목적으로 교회를 세우면서 시작된 것으로 알려졌다. 그 당시 에베소에는 유대인과 헬라인들이 살고 있었다. 바울은 에베소교회 이외에 소아시아 지역에 서머나(Smyrna), 버가모(Pergamum), 두아디라(Thyatira), 사데(Sardis), 빌라델비아(Philadelphia) 및 라오디게아(Laodicea) 7개의 교회를 세웠는데 이들 일곱 교회를 아시아 7대 교회라고 한다. 요한계시록에는 이들 7대 교회가 여러 번 등장하는데 이 가운데 에베소교회가 가장 먼저 세워졌다고 한다.

그러나 에베소교회라고 하면 어느 한 교회를 가리키는 것이 아니라 당시 에베소 지역에 있던 모든 교회를 아우르는 개념으로 이해된다. 이 지역에는 당시 에베소교회의 유적이 많이 남아 있으며 지금도 계속 발굴되고 있다.

◇ 사도요한무덤교회

우리 일행은 버스로 이동한 뒤에 잠시 걸어서 사도요한무덤교회(St. John Tomb Church) 초입에 세워져 있는 박해의 문을 들어섰다. 이 문은 기독교가 로마의 국교로 인정되기 전에 박해를 받은 수난과 순교한 신도들을 잊지 않으려고 세웠다고 한다. 사도요한무덤교회는 허물어졌지만, 그 안에서 사도 요한의 무덤과 당시의 침례소를 살펴보았으며 건물의 대지와 잔해로 봐서 그 건축물의 규모를 재볼 수 있었다.

사도 요한은 예수의 12제자 중의 한 사람으로서 예수의 공생애

(共生涯) 사역 당시부터 네로황제 때(서기 54~68)까지 복음을 전했고 에베소에서 로마 군인에 의해 체포되어 도미티누스((Domitionus. 서기 81~96) 황제에 의하여 죽을 위험을 두 번이나 당했으며 밧모 섬(Patmos)에 유배되어 극한 박해 속에서도 살아났다. 그리고 그는 에베소에서 요한복음(서기 66~68년경)과 요한 1, 2, 3서(서기 70~95년경)를 썼고 위에서 말한 밧모 섬에 유배 중 거기에서 요한계시록(서기 95~96년경)을 썼다. 이러한 요한은 '사랑의 사도'로 널리 불리고 있다.

교회 사학자 유세비우스(Eusibios. 서기 260~339)에 따르면 서기 37~42년 사이에 예수의 사도들은 예루살렘에서 추방되었는데 요한은 복음을 전하면서 에베소에 왔다고 한다.

안내판을 살펴보니 "사도 요한은 서기 37~48년 사이에 성모 마리아와 함께 에베소에 와서 여생을 보냈다"는 서기 431년에 남겨진 기록이 있다. 예수가 십자가 위에서 돌아가실 때 그가 가장 사랑하는 제자 요한에게 그의 어머니를 부탁했고 그 뒤에 요한은 성모 마리아를 그의 집으로 모셔왔다(요 19:27).

요한은 95세가 돼 하나님의 부르심을 받았으며 그의 소원대로 에베소에 묻혔다. "기독교가 3, 4세기 널리 전파되자 그의 무덤 위에 목조지붕으로 된 바실리카 양식(basilica style)의 교회가 세워졌다. 이 교회가 5세기에 심한 지진으로 붕괴하였을 때 그 위에 유스티니아누스(Justinianus) 황제는 오늘날에도 볼 수 있는 붕괴된 6개 돔의 사도 요한무덤교회를 건설했다. 가로 100m, 세로 140m 정방형, 이 교회는 당시 가장 인상적인 종교 건물들 중의 하나라고 한다. 에베소가 서기 1304년 터키의 수중에 들어갔을 때 그 교회의 일부가 모스크(mosque)로 바뀌었으며 1307년에 심한 지진으로 그 교회는 붕괴되었다. 1920년 이래 그 교회와 부속 건물의 발굴을 계속하고 있다"고 기록돼 있다.

무너진 사도 요한무덤교회의 본당 건물 바닥으로 생각되는 곳의 대리석 위에 사도 요한이 묻힌 곳임을 표시하는 "St. JEAN IN MEZARI. THE TOMB OF St. JOHN"이라는 검은색 글씨가 완연하다.

◇ 바울의 성실한 협력자 누가의 무덤

그리고 우리 일행은 누가(Luke)의 무덤을 순례했다. '누가'는 헬라인으로 안디옥 출신으로서 의사이며 안디옥에서 복음을 전하는 바울을 만나 기독교로 개종하였다. 그는 바울의 사랑을 많이 받았으며 의사로서 바울이 선교하는 데 큰 도움을 주었고 일생 숨어서 섬기는 일을 했다. 그리고 그는 누가복음(서기 60년경)과 사도행전(서기 62년경)을 써서 후세 사람들에게 믿음의 등불 역할을 했다. '누가'는 데살로니가에서 복음을 전하다가 우상 숭배자들에게 붙잡혀 죽임을 당했다. 그의 시신은 요한이 사역하는 에베소에 가져와서 안치했다고 한다.

'누가'의 무덤은 잡초가 우거진 곳에서 외롭게 순례자들을 맞고 있다. 원래 이 무덤이 있는 곳은 이오니아 양식(Ionic order)에 따라 사방 16개의 기둥을 세워 16m의 길이로 건축되었으나 현재는 건물 일부만 남아있다. 이 건물은 원래 로마시대 유명한 용사나 건강의 신을 숭배하기 위한 신전이었다고 한다. 그 뒤 비잔틴시대에 그 구조를 변경시켜 서쪽으로 이동하고 동쪽을 머리 방향으로 하여 예배처소로 사용하였다고 한다.

서기 1860년 영국 고고학자 우드(T. J. Wood)가 오데이온(Odeion)을 발굴하던 중 귀갓길에 이 건물의 일부인 십자가와 황소 모양이 그려진 비석을 보고 누가의 무덤임을 판명하였다고 한다.

그 이외에 셀수스 도서관(Celsus Library), 야외 원형극장(amphitheater) 그리고 아고라(agora) 등을 돌아보았다. 에베소 구라데스 거리에 있는 셀수스 도서관은 서기 117~120년 사이에 줄리우스켈수스 폴로메아누스(로마 집정관)를 위해 그의 아들이 건설한 2층 건물이다. 내부에는 셀수스 무덤이 있고 아름답게 장식된 대리석만 발견되었다. 건물 정면 벽면에 셀수스의 가치관(현명, 지식, 운명, 미덕)이 적혀있다. 에베소의 도서관이었던 두란노서원의 후신이라고 할 수 있다.

그다음에 에베소의 원형극장을 찾았다. 이 극장은 에베소 항구에서 동쪽으로 뻗은 대리석 포장도로(아르카디아) 끝에 있으며 이 원형극장의 중앙에 서서 소리를 질러보았는데 울려 퍼질 뿐 에코우 현상이 없었다. 서기 431년 제3차 세계공의회인 에베소공의회가 이곳에서 개최되었고 이 공의회에서 예수그리스도의 신성이 재확인되었으며 성모 마리아의 신성도 함께 선포되었다. 이 공의회는 니체아와 콘스탄티노플 공의회 이후 교회를 뒤흔든 예수의 신성과 인성에 대한 논란을 일시에 종식하면서 나아가 성모를 하느님의 어머니로 규정하면서 성모 마리아에 대한 신학을 정립했다는 점에서 큰 의의를 지닌다.

지금은 대중 집회에서나 극장 또는 콘서트홀에서 음향기기를 이용하여 의사전달을 하거나 연주하지만, 그때는 과학이 뒷받침해 주지 못했기 때문에 원형극장을 건축할 수 있는 지혜를 하나님께서 주신 모양이다.

끝으로 아고라(agora)로 갔다. 그 당시 '아고라'의 의미는 정치적인 광장과 시장을 겸한 독특한 것으로 그 주변에는 관청과 신전 등 공공건물이 많이 세워져 있었다. 어원은 아고라조(ajgoravzw)로서, 사람들의 모임이나 모이는 장소를 의미하였다. 에베소의 아고라는 가로세로가 각 110m로 되어 있는 이 큰 시장터는 에베소 도시생활의 중심지이었다. 기원전 3세기에 이곳에 세워졌고 카라칼라(Caracalla) 황제시대(서기 188~217년)에 오늘날의 모습이 되었다. 청동제품, 도자기제품, 아라비아산 약용식물, 보석, 비단 등이 거래되었다고 하며 아고라의 중앙에는 물 해시계가 있었는데 지금은 에베소박물관에 소장되어 있다고 한다.

우리 일행은 에베소 순례를 마치고 쿠사다시(Kusadasi)로 이동하여 에게 해(the Aegean Sea) 해변에 자리 잡은 숙소에서 여장을 풀었다. 수평선 너머로 노을을 타고 사라지는 해는 낙조의 장관을 이루었고 멀리 보이는 배는 아름다운 낭만을 가득 싣고 귀항하는 것 같았다.

◇ 바울과 에베소 장로들이 기약 없이 작별한 밀레도

순례 일곱째 날은 밀레도를 순례한 뒤에 이즈미르(Izmir)로 이동하여 서머나교회를 순례하고 디키라로 이동할 예정이다.

쿠사다시에서 밀레도(Miletus)까지 가는 도중에 안내자는 밀레도를 순례하는 성지순례 팀은 열중에 하나 정도라고 했다. 이 말에 비추어 보면 우리 일행은 특별한 성지순례를 하는 것 같다. 여기뿐이 아니다. 순례를 이미 마친 디모데의 고향인 루수드라도 마찬가지이다.

이 밀레도는 바울이 제3차 전도여행 중 귀로에 이곳에서 에베소 장로들을 초청하여 만난 곳이다. 바울은 에베소에 대하여 깊은 애정을 품고 있었으나 시간이 허락되지 않아서 가지는 못하고 에베소 장로들을 그곳으로 불러서 교회를 부탁하면서 바울은 여러분이 아는 바와 같이 나는 유대인의 간계 때문에 당한 시험을 참고 주를 섬긴 것과 여러분에게 유익한 것이라면 무엇이든지 거리낌 없이 전하여 가르쳤다고 말하고 유대인과 헬라인들에게 회개하고 하나님께 돌아올 것과 주 예수를 믿으라고 선포했다고 말했다. 이제 나는 성령의 명령에 따라 예루살렘에 가나 그곳에서 무슨 일이 일어날지 모른다. 다만 내가 아는 것은 어느 곳에 가든지 감옥과 환난이 기다리고 있다고 말했다. 그러나 "은혜의 복음을 전하는 일을 마칠 수만 있다면 내 목숨을 아깝게 생각하지 않는다."는 위대한 신앙고백을 한다(행 20:17~25).

밀레도는 마이안테르 강의 하구가 있는 라트미안 만 남쪽 해변에 있으며 소아시아 서해안에 있는 유명한 헬라의 항구도시였다. 이곳에는 4개의 부두가 있었으며 이 도시는 인근 섬들에 가리어져 있다. 그러나 교역에는 매우 유리한 입지 조건과 많은 인구를 부양하기에 충분한 능력을 지녔었다고 한다.

밀레도의 부두들은 퇴적토로 메워졌고 마이안데르 강줄기의 흐름도 바뀌었다고 한다. 그래서 밀레도의 실제 위치는 현재의 해안에서 내륙으로 깊숙이 들어간 곳에 있었을 것이라고 안내자는 설명했다.

이곳에는 옛날에 항구였던 곳에 기원전 2세기 때 세워진 항구 기념비의 터가 지금도 남아 있다. 이런 변화로 후기 로마시대에는 밀레도에 배를 댈 수 없을 정도로 변했으나 바울시대에는 여전히 활기찬 항구였을 것이다.

밀레도의 날씨는 해변이라고 하지만, 우리나라 늦가을 날씨처럼 습기 없이 몹시 따가웠다. 버스에서 내리자 야외 원형극장이 가장 먼저 시야에 들어왔다. 이 극장 앞에는 수많은 크고 작은 돌들이 널려 있다. 이 원형극장에 올라가자 남쪽으로 펼쳐진 넓은 땅에 밀레도의 유적이 한눈에 들어왔다. 그저 작은 도시였을 것으로 생각했던 내 생각이 완전히 바뀌는 순간이었다.

현재 이곳에는 15,000명을 수용할 수 있는 야외 원형극장을 비롯하여 1세기 이오니아식 상점 터와 로마시대의 파우스티나 목욕탕 및 아고라, 헬라 때의 상점 터, 사자 석상, 체육관 등 수많은 유적이 남아 있다. 특히 아르테미스신전, 세라피스(Serapis)신전, 델피신전 등 여러 신전 터 등이 남아 있다. 그리고 그 옛날 바울과 에베소교회 장로들이 만났던 밀레도의 수많은 유적 가운데 기독교 유적은 현재 미가엘 교회(Michael Church) 터만이 남아 있다.

그곳에서 우리 일행 중 여성도만 따라다니면서 아름다운 들꽃을 선물로 주던 허름한 복장의 중년 신사가 생각난다. 우리 순례팀을 환영한다는 뜻인지 외국인에게 친절을 베풀자는 뜻인지 모르겠으나 꽃을 든 그 신사가 하나님의 사랑을 알 수 있기를 바라면서 이즈미르(Izmir)로 향했다.

◇ 현재도 봉헌되고 있는 서머나교회

우리 일행은 서머나교회(Smyrna Church)가 있는 이즈미르로 갔다. 이 서머나교회는 폴리갑기념교회(Aziz Polikarp Kilisesi)라고도 한다. 서기 170년대에 이 지역을 휩쓸고 간 큰 지진 때문에 서머나는 크게 파괴되고 말았다. 로마 세르쿠스 아우렐리우스 황제 때 복구되었으나 그 뒤에도 여러 차례의 지진으로 파괴되거나 땅속에 묻히고 말았다.

서기 1930년대 이후 이곳에서 고고학자들이 활발하게 발굴 작업을 벌였다. 그때 발굴된 것의 대표적인 것은 '아고라'인데 역사학자 헤로도토스(Herodotus)는 아고라의 유무가 그리스인과 비그리스인을 구별한다고 했다. 고대 그리스의 도시국가(폴리스)의 시민은 집 밖의 공공생활을 즐겼으며 하루 대부분을 아고라에 모여 정치와 사상 등을 토론하는 등 아고라는 일상생활의 중심이었다. 일반적으로 아고라 하면 시장터를 말한다. 따라서 아고라의 규모로써 그 도시의 크기와 경제력을 측정하게 된다고 한다.

종전의 역사적인 기념교회는 화재로 소실되었고 현재의 교회는 1690년에 재건축된 것이라고 한다. 이 교회가 큰 편은 아니나 성화가 유명하다. 성경의 주제뿐 아니라 폴리갑(서기 70~156년)의 생애와 관계된 성화들이 천정과 벽면을 채우고 있다. 이 성화들은 19세기 말 크게 보수할 때 프랑스의 화가 레이몽 페레가 그린 것이라고 한다. 그 많은 성화 중에서 폴리갑의 순교 장면이 눈길을 멈추게 했다.

칼을 든 청년이 손은 뒤로 묶이고 불길에 싸인 폴리갑을 찌르려고 하나 폴리갑의 표정은 태연하고 평화롭다. 그리고 성화 왼쪽에 손이 앞으로 묶인 사람이 이 성화를 그린 레이몽 페레라고 한다. 그 성화를 그리는 중에 자신도 폴리갑처럼 순교하고 싶은 충동이 있었던 모양이다.

우리가 찾았을 때 그 교회 관리자 같은 여신도 한 분이 불을 켜주고 옆자리에 앉아서 우리들의 움직임을 지켜보았다. 이 서머나교회는 현재도 가톨릭교회로 봉헌되고 있다.

폴리갑은 사도 요한의 수제자로 알려졌고 사도들에 의해 서머나교회 감독(115~116년)이 되었으며 로마에 가서는 로마 주교 아니케투스, 영지주의자 발렌티누스 그리고 마르키온주의자들과도 논쟁했다고 한다.

서기 156년에 서머나에서도 기독교에 대해 박해가 시작되었다.

지방 총독인 스타티우스(Statius)는 빌라델비아 등지에서 잡아온 11명의 기독교인을 원형경기장에서 야수의 먹이로 희생시켰다. 이때 폴리갑도 체포되어 끌려왔는데 총독은 그의 나이를 고려하여 죽음을 면해 주려고 "지금이라도 예수를 부인하면 살려주겠다."고 말했으나 "내가 80평생 이상을 살아왔는데 주님은 나를 한 번도 부인하지 않으셨는데 내가 어찌 주님을 부인할 수 있느냐"하고 말하며 순교했다고 전해진다. 그는 성경을 하나님의 음성으로 여기고 "성경에 대해 그릇된 견해를 가지는 자는 누구든지 사단의 맏아들이라 하였다."고 한다.

우리 일행은 기독교의 아픈 고난의 역사를 뒤로하고 디킬리로 이동하여 내일의 여정을 위해 숙소에서 쉬었다.

◇ 유럽 전도를 결심케 한 환상을 본 드로아

순례 여덟째 날은 드로아(Troas)를 순례하고 트로이지역을 살펴본 다음에 그리스 국경 입살라를 통과하여 네압볼리(Neapolis)에 갈 예정이다.

우리 일행은 드로아를 찾아갔다. 알렉산드리아 드로아(Alexandria-Troas. 성경상 드로아라 함)는 소아시아 서북지방에 있으며 에게 해 해안의 데메도스(Themedos) 섬 맞은편에 있는 항구 도시로 고대 트로이 남쪽 16㎞ 지점에 있다. 드로아의 옛 지명은 시기아(Sigia)라고 한다.

바울은 제2차 전도여행 때에 바울과 그의 동역자들은 성령이 아시아 지방에서 복음을 전하지 못하게 하시거늘 그들이 브루기아(Phrygia)와 갈라디아(Galatia) 땅으로 다녀가 무시아(Mysia)지방에 이르러 비두니아(Bithynia)로 가고자 애썼으나 예수의 영이 허락하지 아니하였다. 그래서 무시아를 지나 드로아로 내려갔다(행 16:6~8).

그곳에서 "밤에 환상이 바울에게 보이니 마게도냐 사람 하나가 서서 그에게 청하여 이르되 마게도냐로 건너와서 우리를 도우라 하거늘 바울이 그 환상을 보았을 때 우리가 곧 마게도냐로 떠나기를 힘쓰니 이는 하나님이 저 사람들에게 복음을 전하라고 우리를 부르신 줄로 인정함이러라"(행 16:9, 10) 여기에서 '우리'라는 그 뜻은 사도행전을 쓴 의사 누가가 드로아에서 전도여행에 참여했음을 의미한다. 그러니까 그때 바울의 동역자는 실라와 디모데 이외에 누가가 추가되었다. 바울은 드로아에서 배를 타고 사모드라게(Samothrace)로 직행하여 그 이튿날 네압볼리로 가서 유럽 전도의 길을 열었다(행 16:11~12). 또 바울은 제3차 전도여행 귀로에도 드로아에 들렀는데 이곳에서 7일간 머물었고 제자들에게 밤중까지 강론하였다. 이때 유두고(Eutyclus)라는 청년이 창틀에 걸터앉아 바울의 강론을 듣다 3층 누상에서 떨어져 죽었는데 바울이 그를 소생시킨 일도 있었다(행 20:6~12).

우리 일행은 드로아를 순례하고 트로이 목마(Trojan Horse)를 보기 위하여 갔다. 이 트로이 목마는 호머(Homer)가 기원전 800~750년쯤에 쓴 유럽 최고최대의 서사시인 '일리아드'(Iliad)에서 나오는 이야기이다. 즉 아프로디테(Aphrodite), 아테나(Athena), 헤라(Hera) 여신들의 질투가 발단이 된 이 전쟁은 아프로디테는 트로이 편을 들고 아테나와 헤라 여신은 그리스 편을 들어 각각 신들끼리 편을 갈라 전쟁을 벌였다고 한다.

그리스 쪽에서는 연합군으로 오디세우스(Odysseus), 아가멤논(Agamemnōn), 아킬레스(Achilles) 등이 참전했으나 트로이의 성벽은 견고하여 쉽게 무너지지 않았다. 그래서 오디세우스는 목마를 남겨 놓고 후퇴하는 척했는데 이 목마 안에는 그리스 군인들이 들어 있었으며 밤중에 몰래 나와 트로이의 성문을 활짝 열어 버린다. 그리하여 트로이는 점령되고 말았다는 것이다. 그러나 트로이전쟁이 있었다는 뒷받침할 수 있는 역사적인 근거가 없다. 따라서 트로이전쟁은 없었고 하나의 신화에 불과하다고 한다.

터키 트로이 주변에서 발굴된 동전과 도자기를 근거로 트로이 목마 모형을 만들었다고 한다. 이곳은 1996년 터키 역사 국립공원으로 지정되고 1998년에 유네스코 세계문화유산으로 등재되었다고 한다.

우리 일행은 트로이 목마를 본 뒤에 그리스의 국경 '입살라(Ipsala)'를 통과하기 위하여 에게 해 해변으로 나갔다. 이곳에서 바지선과 같은 대형선박에 대형버스를 싣고 바다를 건넜다. 바다를 건너도 역시 터키 영토였으며 이곳에서 '입살라' 국경으로 갔다.

입살라 국경지대로 가는 도중 안내자의 말에 따르면 그리스 이민국을 통과하기 위해서는 2시간 또는 그 이상이 걸릴지도 모른다고 말했다. 그러나 하나님이 함께하시므로 그리스 이민국에서는 여권 사진과 실물을 대조하고 세관 검사 없이 우리 일행을 쉽게 통과시켰다. 그리스에서 나온 관광버스를 타고 두 번째 안내자의 안내를 받으면서 까발라(Kavalla. 성경상 네압볼리)로 갔다.

◇ 기독교가 유럽에 전파된 최초의 땅 빌립보

순례 아홉째 날은 네압볼리(Neapolis)에서 바울도착기념교회, 빌립보에서 루디아기념교회 그리고 '성 문밖 강가'를 순례하고 암비볼리, 아볼로니아, 데살로니가 그리고 베뢰아를 순례한 뒤에 메테오라로 이동할 예정이다.

이곳 그리스는 본토와 그 부속도서로 이루어져 있으며 본토의 서안은 이오니아 해, 동안과 북 동안은 에게 해에 둘러싸여 있는 반도이다. 위도상으로 봐서 한국과 비슷한 위치를 점하고 있다. 영토 면적은 131,975㎢로 한반도보다 좀 크나 인구는 1천1백만 명으로 한국의 4분의 1 정도에 불과하다. 관광수입은 연간 국민소득의 40% 정도를 차지한다고 한다. 이 나라는 관광자원은 풍부한데 삼면이 바다라 하더라도 수산자원은 빈약하다. 그 이유는 근해에 플랑크톤이 거의 없고 맑디맑은 바다라서 그렇다고 한다. 그래서 그런지 그리스의 바다는 코발트 색깔이다. 종교는 그리스 정교(국교)가 97%, 이슬람이 1.2%이고 기타가 1.8%다.

이 나라의 공직자들은 일반적으로 오전 8시부터 일을 시작해서 오후 2시경이면 종료한다고 한다. 그리고 우리나라와는 정반대의 결혼문화를 가지고 있다. 즉 신랑이 신부 집으로 장가가서 사는데 신부가 모든 혼수를 장만하고 신랑은 침대 하나만 가지고 신부 집에 간다고 한다.

우리 일행이 처음 찾아간 곳은 네압볼리(Neapolis) 해변이다. 네압볼리는 기원전 7세기 중반에 세워진 에게 해의 북쪽 해변 도시로 빌립보 남동쪽 14㎞ 지점에 있고 터키 드로아 항구에서 바닷길로 185㎞쯤 떨어진 곳에 있다.

바울 당시 이곳은 동서양을 뱃길로 잇는 교통의 요지이고 육지 역시 로마로 향하는 에그나티아 가도(Via Egnatia)가 이곳을 지난다. 비잔틴시대 네압볼리는 크리스트우폴리스(Cristoupolis)라고 불리었으나 터키 통치시대부터는 까발라로 변경되었으며 지금도 그렇게 불리고 있다.

바울은 제2차 전도여행 중 드로아에서 환상을 보고 마게도냐 사람들에게 복음을 전하라고 우리를 부르신 줄로 인정하고 배를 타고 지금 우리 일행이 서 있는 이 근방 어느 해변에 배를 대고 뭍으로 올라왔을 것이다(행 16:9~11). 그의 발을 내디딤이 바로 역사적인 순간이었다. 이 때문에 유럽 전역에 복음이 전파되는 계기가 되었기 때문이다.

그곳 해변을 살펴본 다음에 바울도착기념교회를 찾았다. 이 교회는 해변에서 가까운 시가지 안 도로변에 세워졌다. 이 교회의 남쪽 벽에 모자이크로 된 성화가 있는데 그 성화의 왼쪽엔 바울이 드로아에서 “밤에 환상이 바울에게 보이니 마게도냐 사람 하나가 서서 그에게 청하여 가로되 마게도냐로 건너와서 우리를 도우라 하거늘”한 그 환상의 내용을 그린 것이며 오른쪽에는 바울이 네압볼리 해변에 배를 대고 뭍으로 올라오는 모습을 그린 성화이다. 우리 일행은 바울도착기념교회를 살펴보고 빌립보를 향해 떠났다.

빌립보는 에게 해에서 16㎞ 내륙으로 들어간 평지에 있다. 마게도냐의 첫 성이라고 소개되는 이곳은 서쪽으로는 스트리몬 강(Strymon River)과 동쪽으로는 테스토스 강을 경계로 한다. 빌립보의 옛 이름은 크레니타이던 것을 마게도냐 왕 빌립(Philip) II세가 재위(B.C. 359~336)할 때 이 지역을 크게 확장하고 자기 이름을 따서 빌립보(Philippi)로 바꾸었다고 한다. 빌립은 알렉산더 대왕의 아버지이다.

바울의 2차 전도여행 중 빌립보에 사는 자주색 옷감장사 루디아(Lydia)는 바울의 전도를 받고 유럽에서 제일 먼저 복음을 받아들여 빌립보교회의 초석이 되었다(행16;11~15). 그리고 하루는 바울과 실라가 기도처로 가다가 귀신들린 여종을 만났는데 그 여종은 점을 쳐서 주인에게 많은 돈을 벌게 해 주는 여자였다. 그 여종은 바울과 그 일행을 따라오면서 며칠 계속 괴롭혀서 바울은 참다못하여 돌아서서 귀신에게 그 여자에게서 나오라고 하여 나오니 그 여종의 주인이 돈을 벌 희망이 사라진 것을 보고 이들은 군중과 합세하여 바울과 실라를 공격했는데 로마관리는 바울과 실라의 옷을 찢고 매질하라고 명령했다(행 16:22)

이들은 바울과 실라를 많이 친 뒤에 감옥에 가두고(고후 11:25) 간수에게 그들을 잘 지키라고 명령했다. 그리하여 간수는 그 명령을 받고 바울과 실라를 깊은 감옥에 가두고 그들의 발에 차꼬를 단단히 채웠다(행 16:23, 24)

바로 그 감옥을 현지에서 보는 순간 바울의 복음 전파를 위한 그 열정이 배어 나오는 느낌이 들었다. 감옥이라고 하나 언덕을 깊숙이 판 토굴에 문을 달아 놓은 것이다. 이 감옥에 갇혀서 밤중쯤 바울과 실라가 하나님을 찬미하니 홀연히 지진이 일어나서 옥 터가 움직이고 문이 열리며 모든 사람에게서 매인 것이 벗어난지라 죄수가 다 도망간 것으로 생각한 간수가 자살을 기도하는 것을 보고 바울이 큰소리로 우리가 다 여기 있다고 간수를 안심시켰다. 이에 간수는 바울과 실라 앞에서 무릎을 꿇고 어찌하면 구원을 얻으리까? 하거늘 바울은 "주 예수를 믿으라. 그리하면 너와 네 집이 구원을 얻으리라"고 말했다. 이렇게 하여 결국, 간수와 그의 온 가족이 세례를 받고 하나님을 믿었다는 말씀이 성경에 있다(행 17:19~34).

그래서 기독교를 피의 종교, 고난의 종교라고 하는지도 모르겠다는 생각이 들었다. 바울과 실라가 고통을 받음으로 인하여 그 간수와 그의 집에 있는 모든 사람이 하나님을 믿게 된 역사가 일어났으니 말이다

이러한 빌립보 교인들은 바울을 여러 번 도왔고(빌 4:15~16) 로마 옥중에 있을 때도 디도 편에 위문품을 보냈으며(빌 4:18) 이에 바울은 빌립보서를 써서 그들을 위로하였다.

우리 일행은 빌립보 성안에 기원전 4세기경에 지었다는 야외 원형극장을 돌아보고 로마시대 소아시아 지방 대지의 여신인 키벨레(Kybele)의 신전, 서기 5~6세기경에 세웠다는 두 개의 기독교 바실리카(교회), 도서관의 터 등을 돌아보고 도시 광장의 에그나티아 가도 바로 위쪽에 있는 바울과 실라가 갇혔던 감옥 그리고 그 가도 남쪽으로 펼쳐진 아고라 안의 북쪽에 연설대가 있는데 이곳에서 바울이 복음을 설파했다고 안내자가 설명했다.

◇ 유럽 전도의 첫 열매 루디아

우리 일행은 아고라를 거쳐서 루디아기념교회를 찾았다. 이 교회는 빌립보에 있다. 바울이 루디아(Lydia) 여인을 만난 것과 세례 베푼 것을 기념하기 위하여 동방정교회(Eastern Orthodoxy)에서 서기 1972년에 그녀를 성인(聖人. saint)으로 추서했으며 같은 해 루디아기념교회를 세우기로 계획하고 1974년에 마을 사람들이 돈을 모아 그 기념교회를 완공했다고 한다. 여자인 루디아를 기념하기 위하여 지은 교회라서 그런지 아담하고 여성스럽고 아름다웠다. 교회 문을 들어서니 오른쪽 벽에, 오른손에 성경을 들고 왼손에 루디아기념교회 작은 모형을 들고 있는 바울의 성화가 있고 왼쪽 벽에는 루디아의 성화가 있다. 교회 내부 중앙에는 둥근 대리석 세례대가 있고 천장에는 각종의 성화가 그려 있다.

이 교회 내부를 살펴본 뒤에 바울이 안식일에 기도처를 찾다가 루디아를 처음 만났던 성 문밖 강가로 갔다. 성경에 강가로 기록되어있으나 실제로 가보니 옛날에는 어떠했는지는 모르겠으나 물이 좀 많이 흐르는 냇가라고 함이 좋을 것 같았다. 내(川)는 십자가의 모형으로 대리석으로 정리되어 있다.

이곳에서 바울과 실라가 제2차 전도여행 중 유럽에 처음으로 복음의 문을 열었으며 루디아가 그 전도의 첫 열매이다. 이미 살펴본 바와 같이 루디아는 두아디라 지방에서 온 자주색 옷감장사를 하였으며 루디아가 바울의 말을 귀담아들을 수 있도록 주님께서 그녀의 마음을 여셨다. 루디아와 그 집안 식구들이 다 세례를 받았고 바울을 자기 집에 머물게 하는 등 선교 사업에 많은 도움을 주었다(행 16:13~15).

여기서 동방정교회(東方正教會, Eastern Orthodoxy)는 서방(라틴)교회의 상대적 의미로 일컫는 것이지만, 더 깊은 뜻은 죽음에서 부활한 빛인 그리스도를 상징하는 빛나는 태양이 동방(東方)에서 떠오른다는 데 있다고 한다. 사도시대로부터 예루살렘, 안티오키아, 알렉산드리아, 이집트, 인도, 그리스, 동유럽, 러시아 방면으로 발전하여 분포되고 오리엔트의 헬라 문화권 안에서 성장한 그리스도교회를 총칭한다.

◇ 대리석 안내판만 있는 아볼로니아 설교 장소

우리 일행이 갈 암비볼리(Ampipolis)는 빌립보에서 남서쪽으로 약 60㎞ 떨어진 스트리몬 강(strymon River) 유역에 있으며 에게해 해안으로부터 내륙으로 약 5㎞ 지점에 있다. 로마의 에그나티아 가도 상에 있던 이곳은 마게도냐 첫 번째 지방의 수도였다. 바울과 실라는 빌립보에서 투옥 중 석방된 뒤에 형제들을 위로하고 데살로니가로 가는 도중 그 중간에 있는 암비볼리와 아볼로니아(Apollonia)를 다녀갔다(행 17:1).

우리 일행은 다음 순례지로 암비볼리를 거쳐 아볼로니아로 갔다. 이 마을은 데살로니가 북동쪽으로 57㎞ 지점에 있다. 이곳은 소수 인구가 살고 있지만, 성경에 등장하는 지명이라서 자부심과 긍지심이 이 마을 주민에게 배어있다고 한다. 바울과 실라는 데살로니가로 가는 길에 이 마을을 통과했다. 그래서 마을 입구에 바울기념교회가 세워졌고 마을 중앙에는 바울이 복음을 전했다고 기록된 대리석 안내판이 고목 앞 샘터 돌 언덕에 고착되어 있다. 그 안내판에는 희랍어와 영어로 "여기는 사도 바울이 사도행전을 강론한 장소이며 그들은 암비볼리와 아볼로니아를 통과하여 데살로니키에 도착했다."고 쓰여 있다. 여기의 데살로니키(Thessaloniki)는 성경상으로는 데살로니가(Thessalonica)로 표기되어있다.

일반적으로 바울이 전도 여행하면서 토론 또는 설교한 곳은 유대인 회당인데 그렇지 않은 곳으로는 아고라에서 청중보다는 좀 높은 연단에서 말씀을 설파했다. 그런데 여기에서는 바위가 있는 언덕을 연단 삼아 설교했다. 그는 사람들이 있는 곳이면 어디서나 복음을 전한 것을 알 수 있다. 여기에서 우리는 살아있는 교훈을 얻을 수 있다.

오늘의 마지막 일정으로 데살로니가에 갔다. 이곳은 현재 그리스의 살로니카 만에 있는 옛 마게도냐의 중요한 항구 도시이다. 현지에서는 데살로니키라고 한다.

바울은 실라와 디모데와 함께 제2차 전도여행 때 빌립보에서 암비볼리와 아볼로니아를 거쳐 이곳 데살로니가에 갔다. 이곳에서는 전도하면 교인이 생기지만, 핍박도 일어났다. 바울과 실라에게 숙소를 제공했던 야손 일가는 큰 변을 당했고 "이 사람들이 가이사의 명을 거역하여 말하되 다른 임금 곧 예수라는 이가 있다 하더이다."라고 하여 기독교인들은 로마 황제를 예배하지 않고 '예수라는 다른 왕'을 섬기는 자들이라고 고발했다. 그리하여 밤이 되자 신도들은 곧바로 바울과 실라의 신변을 걱정한 나머지 베뢰아로 피신시켰다(행 17:1~10).

데살로니가에는 비잔틴시대에 세워진 역사적인 교회들이 많이 남아있다. 그중에서 대표적인 교회는 성 디미트리우스교회(St. Dimitrios Church)이다. 이 교회는 갈레리우스 황제에게 처형당한 성 디미트리우스콘스를 모신 교회다. 서기 410년대에 건축되었으나 1917년 대화재로 크게 손상을 입었다. 그 뒤 20여 년에 걸쳐 타다 남은 자재 등을 이용하여 재건축하였다. 이 교회에서 비잔틴 특유의 성화를 볼 수 있다고 한다.

애초 계획에는 베뢰아도 순례하기로 되었으나 일정이 촉박하여 뜻을 이루지 못했다. 베뢰아는 데살로니가의 서쪽 80km, 해안에서 40km 내륙에 있다. 바울은 제2차 전도여행 때 위에서 이미 말한 바와 같이 데살로니가에서 피신하여 실라와 함께 이곳에 와 전도하여 큰 성과를 올렸다.

신약성경에 이 지역이 언급되어 있다. 즉 "베뢰아 사람은 데살로니가에 사는 사람보다 더 신사적이어서 간절한 마음으로 말씀을 받고 이것이 그러한가 하여 날마다 성경을 상고하므로"라고 기록되어 있다(행 17:11). 그리고 거기서 바울이 석 달을 있다가 배를 타고 해로(海路)로 수리아로 귀환하고자 할 때 유대인들이 그를 해하려고 공모함을 알고 마게도냐로 다녀 육로(陸路)로 돌아가기를 작정했다는 말씀도 있다(행 20:3~5). 이처럼 바울은 자기를 해하려는 유대인의 음모 때문에 빠르게 가는 바닷길을 택하지 않고 돌아서 가는 육로를 택하여 어려움을 겪으면서 수리아로 귀환하였다. 그는 석 달 동안 가이오 집에 머물면서 그 기간에 로마서를 썼다(서기 58~59년).

우리 일행은 내일 오전으로 계획된 메테오라(Meteora) 수도원을 순례하기 위하여 미리 카람파카(Kalampaka)에 가서 하룻밤을 지내기로 했다. 이 카람파카는 그 시의 동북쪽에 있는 메테오라 바위 정상에 유명한 수도원들로 그리스는 물론 전 세계에 널리 알려졌다.

◇ 관광객이 앗아간 수사의 기도처

순례 열 번째 날은 메테오라 수도원을 순례하고 아테네로 이동하여 바울이 설교한 아레오바고(Areopagus)를 순례한 뒤에 그곳의 고대유적을 살펴볼 예정이다.

우리 일행은 버스를 타고 산 중턱 발라암수도원 건너편 주차장에서 내렸다. 비를 피하도록 만들어진 허름한 헛간 같은 곳에서 순례 중 두 번째 주일예배를 드렸다. 담임 목사님의 인도로 찬양에 이어 대표기도를 마친 뒤에 디모데후서 1장 11절에서 14절까지의 말씀으로 설교하셨다.

위에서 말한 발라암수도원을 포함한 메테오라 수도원들은 유네스코 세계문화유산으로 등재되어 있으며 이곳은 법률에 따라 1995년 10월에 성지로 선포되었다. 이 수도원들은 지상에서 100~150m까지 솟아오른 거대한 바위들(gigantic rocks) 위에 세워졌다. 메테오라는 '공중에 떠 있는 수도원'이란 뜻이다.

이 메테오라 수도원의 창설한 성 아타나시오스(Athanasios)와 후계자 성 이오아사프(Ioasaf)는 역사상 중요한 은둔 수사(修士)로 꼽힌다. 아타나시오스는 14세기 중엽 그리스 동북부 칼키디케(Chalcidice) 반도의 동남쪽 끝에 그리스 정교회 수도원이 많이 있는 아토스 산(Mount Athos. 높이 2,033m)에서 이곳 메테오라로 옮겨왔으며 이곳의 '가장 크고 폭넓은 바위' 정상에 수도원을 건설했고 그 뒤에 이오아사프가 확장했다고 한다.

최근 수도원을 보수하면서 발견된 건축자재와 벽화가 14세기 중엽의 것임을 확인했다고 한다. 크고 높은 바위 위에 세워진 수도원들이 현재도 6개나 남아있다. 즉 성 메타몰포시스(Metamorphosis)수도원, 성 니콜라우스(St. Nicolas Anapafsas)수도원, 성 루사누(Roussanos)수도원, 성 발라암(Varlaam)수도원, 성 스테파노스(St. stephanos)수도원 그리고 성 트리니티(Holy Trinity)수도원이 바로 그것이다.

이 수도원들은 그 높이가 해발 500m라고 하며 처음에는 사람이 암벽을 직접 기어 올라갔고 밧줄에 맨 바구니 같은 것에 생활필수품, 음식물 등을 올리었다고 한다. 수사가 늘어났을 때에는 그 바구니에 사람이 타고 오르내리기도 했다고 한다. 그 말을 듣는 순간 멀리에서 밧줄에 매인 바구니에 사람이 담겨 내려오는 모습이 보였다.

우리 일행은 예배를 마친 다음에 발라암 수도원에 올라가려는데 안내자는 나이 드신 분들이나 심장이 약하신 분들은 안 가시는 것이 좋다는 주의사항을 말해 주었다. 그러나 우리 일행은 한 사람도 빠짐없이 수도원으로 향했다. 올라가는 길은 대부분 자연석과 시멘트로 쌓아 만든 보호 담장이 있는가 하면 어느 곳은 자연석을 깎아서 만든 협소한 길도 터널도 그리고 가파른 계단도 있었다. 그리고 오르기 어려운 것을 고려해서 손으로 잡고 오르라고 철봉 의지대도 만들어 놓았다. 우리 일행은 숨을 몰아쉬면서 수도원 입구까지 올라갔다. 그런데 수도원 측에서 여자 순례자들은 치마를 입어야 수도원에 들어갈 수 있다고 해서 그곳에서 준비해 놓은 거의 같은 색깔, 같은 무늬 치마를 다 입었다.

이곳 수도원은 층(floor)이라고 말하기는 어렵고 계층(level)으로 보는 것이 좋을 듯하다. 1레벨에는 소형의 방, 승강 타워가 있고 2레벨에는 뼈 동굴(납골당), 물탱크, 민속박물관, 수제품전시홀 등이 있으며 3레벨에는 교회, 옛 식당, 옛 주방. 전시실, 발코니 그리고 식수로 이용이 가능한 분수대 등이 있다.

원래는 사람이 오르기 어려운 산이었으나 서기 1960년 이후에 관광도로가 개설되었고 그 뒤에 수사들이 떠나기 시작해서 1975년 이전에 수사들이 완전히 떠났다. 그것은 관광객들 때문에 수도생활에 큰 지장을 주었기 때문이라고 한다.

이곳 메테오라 수도원 중에서 가장 아름답고 낮은 바위에 세워진 성 트리니티 수도원이 있다. 1362년에 이미 세운 최초의 수도원이 있었으나 서기 1456~1476년에 가톨릭교회가 재건축했다고 한다. 현재 이 수도원의 프레스코화(frescos)는 1741년에 안토니 형제(brothers Antony)와 니코라스(Nicolas)에 의하여 그려졌으며 나르텍스(narthex)에는 1692년에 그려진 프레스코화가 있다. 이 수도원은 1925년에 140개의 계단을 설치했으며 이에는 값진 자산과 유물들의 필사본이 성화와 함께 잘 보전되어 오다가 1940년에 약탈 파괴당했다고 한다. 1972년에 본격적인 재건축이 이루어졌다. 그리고 1682년에 지어진 '예비자 요한'이라는 조그마한 성소가 아직도 남아있다고 한다.

◇ 창조와 파괴로 얼룩진 아테네 아크로폴리스

우리 일행은 메테오라 수도원의 순례를 마치고 아테네로 이동했다. 이는 아테네의 역사적인 유물을 살펴보기 위해서이다. 그리스(Greece. 정식명칭: Hellenic Republic)하면 아크로폴리스

(Acropolis)가 생각난다. 고대 그리스 도시국가 대부분은 중심지에 약간 높은 언덕이 있었으며 이를 폴리스(polis)라고 불렀다. 그러나 시대가 지남에 따라 도시국가 자체를 폴리스로 부르게 되었다. 그래서 본래 폴리스였던 작은 언덕은 'akros(높은)'라는 형용사를 붙여 아크로폴리스라고 부르게 되었다고 한다.

아크로폴리스는 1987년 유네스코 세계문화유산으로 등재되었다. 아테네 한복판에 솟아있는 언덕 위에 파르테논(Parthenon)신전, 니케(Nike)신전, 에렉티온(Erechtheion)신전 등 많은 신전이 2,500여 년의 역사를 간직한 채 서 있다. 고대 그리스시대에는 올림포스 신들에게 제사 지내던 성역이며 위와 같은 문화유산들은 외국의 점령기간에 파괴되었고 일부 몰지각한 학자들의 절도행위로 일부는 없어졌으며 지진으로 파괴된 뒤에 현재 남아 있는 모습이다. 한 마디로 인공재해와 자연재해로 훼손되고 파괴된 뒤의 모습이다.

우리 일행은 언덕(polis)길을 따라 올라가 고대 그리스 문화를 대표하는 건축물인 파르테논신전 앞으로 갔다. 학생 시절에 세계사 교과서 표지 등에서 보았던 그 신전이 우리 눈앞에 웅장한 모습으로 우뚝 나타났다. 나는 그 건물의 중압감(重壓感)에 눌렸다. 이 신전은 기원전 447~438년에 대조각가 페이디아스가 총감독을 담당했으며 건축가 칼리크라테스와 익타노스가 건축을 담당한 도리스 양식(Doric style) 신전의 극치를 이루는 걸작이다. 처음에는 아테네인이 아테네의 수호신인 아테나(Athena) 여신을 섬기던 신전으로 사용되었으나 서기 313년 콘스탄티누스 황제에 의해 기독교가 공인된 뒤에는 교회로 그리고 1465년 이후 오스만 터키가 지배했던 때에는 이슬람사원으로, 베네치아와 대치중이었던 때에는 점령자인 터키군의 폭약 저장고로 사용하였다고 한다.

이 신전은 넓은 바위 위에 건축된 것이라서 지진에 의하여 피해를 본 것이 아니라 서기 1687년 베네치아 군이 터키 군을 침공했을 때 포탄이 폭약 저장고에 명중되어 그 저장된 폭약이 폭발했기 때문에 이 신전의 내부와 지붕이 파괴된 것이라고 한다. 그러나 이 신전 상단에 부조(浮彫)된 헤라클레스(Hercules)의 용맹스러운 조각과 알렉산더 대왕이 페르시아를 정복한 뒤에 제사 지내던 모습이 부조된 사각 모서리 기둥의 조각 등이 그대로 남아 있다.

니케신전은 파르테논신전 건축가의 한 사람인 칼리크라테스가 설계를 담당하였으며 기원전 424년에 이오니아 양식(Ionic order)의 4개 기둥으로 세워진 작은 신전이다. 그리스 신화에 나오는 아테네의 수호신이자 승리의 여신 니케를 모신 신전이다. 아크로폴리스에 니케신전의 유적이 남아 있으며 미술 작품으로는 파이오니오스(Paionios)가 만든 '니케상'과 사모트라키섬(Samothrcki)에서 발견된 '사모트라케의 니케', 아크로폴리스미술관의 '샌들을 벗는 니케' 등이 유명하다.

이 파르테논신전 북쪽에 기원전 407년에 세워진 에렉티온신전은 이오니아 양식의 작은 신전이다. 바다의 신 포세이돈(Poseidon)이 삼지창(三枝槍)으로 아크로폴리스를 치고 샘에서 소금물이 솟도록 한 데 반하여 아테네의 수호신 아테나는 아크로폴리스 언덕에 올리브를 싹트게 하자 신들이 아테나에게 승리를 안겨 주었던 장소라고 안내자가 설명했다.

그리고 제우스신전은 코린트 양식(Corinthian order)으로 된 그리스에서 가장 규모가 큰 신전이다. 이 신전은 기원전 6세기에 공사가 착공되었으나 많은 이유로 중단, 방치되었다가 로마 아드리아누스(Adrianus) 황제 때인 서기 130년에 완공되었다. 당시 이 신전 안에 금과 상아로 된 제우스 신상이 있었다고 한다. 지금은 그 일부인 14개의 기둥만 남아 있다.

여기에서 우리 일행에 가장 인상 깊었던 곳은 아크로폴리스 북서쪽 석회암 언덕 아레오바고(Areopagus)이다. 여기에서 아덴(Aden) 시민이 재판을 받거나 회의를 주로 한 바위가 많은 언덕이며 중요한 것은 이곳에서 바울이 아덴 사람들에게 설교했다는 것이다. 바울은 에피쿠로스(Epikouros) 철학자들과 스토아(stoa) 철학자들에게 예수와 부활에 관한 복음을 전했기 때문에 논쟁이 벌어졌다. 그래서 이들에게 붙들려 아레오바고에 가서 "너의 말하는 새로운 가르침이 무엇인지"를 우리에게 말하라고 해서 바울은 하나님은 만유를 창조하신 천지의 주재자이며 공의로 심판하시고 부활 신앙의 증거를 주셨다는 등의 설교를 했다(행 17:16~34). 그때 바울이 전한 말을 듣고 몇 사람이 믿었으며 그중 아레오바고 관원인 디오누시오(Dionysius)가 결신한 뒤에 아덴교회 최초의 감독관이 되었다고 한다.

신학자들은 바울의 이 아레오바고 설교에 대하여 기독교 신앙이 이방의 문화, 철학 사상과 접촉하여 뿌리를 내린 성공적인 예라고 평가했다고 한다.

우리 일행은 주마간산 격으로 올림픽경기장, 국회의사당과 그 의사당의 경비병, 지하철역 등을 돌아보고 숙소로 돌아왔다.

◇ 바울이 아굴라와 브리스길라 동역자를 만난 고린도

순례 열한 번째 날은 일찍 고린도로 향하였다. 신 고린도는 아테네로부터 80㎞쯤 떨어져 있으며 그리스 본토와 펠로폰네소스 반도(Peloponnesos Peninsula. 21,500㎢)를 잇는 개미허리 같은 고린도 지협(地峽)에 인접해 있다.

구 고린도는 번창한 항구 도시였으나 심한 빈부의 차(당시 인구 60만 명 중 노예가 3분의 2였다고 함)와 퇴폐적인 비윤리적 생활로 악명이 높은 곳이었다(고전 5~8장 참조)고 한다. 바울은 2차 전도여행 중 이곳에 복음을 전했으며 동역자인 아굴라와 브리스길라(Aquila & Priscilla) 부부를 만난 곳이고 그들과 함께 장막(천막) 만드는 업을 하면서 바울은 고린도의 복음화를 위하여 관심을 많이 나타낸 곳이다. 회당장 그리스보(Crispus)와 그 집안 온 식구들이 주를 믿고 이 소식을 들은 많은 고린도 사람들이 믿고 세례를 받았다(행 18:1~8)는 말씀이 있다.

그 반면에 대적하고 훼방하는 유대인들도 있는지라, 어느 날 밤 주께서 환상 가운데 바울에게 두려워 말고 복음을 전하라고 말씀하시며 내가 너와 함께 있으며 내 백성이 이 도시에 많다고 알려주시고 아무도 너를 공격하거나 해치지 못할 것이라고 하셨다(행 18:8~11)는 말씀도 있다. 그리고 제3차 전도여행 중 에베소에 2년여 동안 머물면서 서기 56년경 고린도전서를 썼고 그다음 해에 그리스의 북부 마게도냐에서 그 후서를 써서 고린도에서 보냈다.

이 고린도는 기원전 146년 로마의 뭄마우스 장군에 의해 철저하게 파괴되었다가 46년에 율리우스 시저(Julius Caesar)에 의해 재건되어 로마인들이 이주하여 살았다. 그 뒤에 아우구스투스(Augustus, B.C. 63~A.D 14) 황제에 의해 아가야 지방의 수도가 되었으며(B.C. 27년) 상업, 무역, 정치의 중심지로 번창하였다.

신약성경에도 이 도시 이름이 여러 곳에서 나온다. 바울은 이곳에서 로마서, 갈라디아서, 데살로니가전후서를 썼다. 이 고린도는 바울 이후 교회의 역사에서 중요성을 잃어갔으며 1458년에 사라센(Saracen)에 의해 점령되었고 1868년 대지진으로 폐허의 도시가 되었다.

우리 일행은 먼저 고린도 운하를 잠시 살펴보았다. 이 운하는 세계 3대 운하 중의 하나로서 높이가 70m의 암벽을 25m의 폭으로 잘라서 만든 길이 6.3㎞의 운하인데 이 운하의 특색은 운하 안에 갑문이 없는 수평식 운하이라는 것이다. 양쪽만의 간만 시차가 있으므로 강한 조류가 일 때도 있다고 한다.

이 운하를 건설하게 된 동기는 그리스 본토와 펠로폰네소스 반도를 잇는 고린도 지협으로 말미암아 배가 우회하는 불편과 육로(Diokos)로 이동하는 불편을 덜고 경제적, 시간적인 비용을 절감하기 위하여 로마제국시대에 네로 황제가 건설계획을 세웠고 그가 직접 기공식에 참석해 황금 삽으로 흙을 파서 착공했다고 한다. 그러나 시공구간 중 중간지역에 있는 암반을 절단해 내는 공사가 난공사이었기 때문에 네로 황제가 죽은 뒤에 그 공사는 중단되었다고 한다.

이로부터 1800년 뒤에 공사가 재개되어 프랑스 민간회사가 고린도 지협 중간 부분에 있는 거대한 암벽 부분을 잘라내 서기 1893년에 공사를 완공했다. 이 운하는 현재 동쪽의 에게 해(Aegean Sea)에서 서쪽의 이오니아 해(Ionian Sea)를 이어주고 있다. 대형선박이 항해할 때에는 시동을 끄고 예인한다고 한다. 그것은 양쪽 잘라낸 암벽 부분이 엔진의 진동소리나 수중의 프로펠러 회전에 따른 물의 소용돌이 때문에 손상을 입을지도 모른다는 우려에서라고 한다.

우리 일행은 1936년에 세워진 신고린도교회에 갔다. 이 교회는 바울기념교회라고도 하며 그 마당에 사랑의 비석이 세워져 있다. 그 비석에는 사랑장이라고 하는 고린도전서 제13장 즉, "사랑은 오래 참고 사랑은 온유하며... 라고 시작해서 ... 믿음 소망 사랑이 세 가지는 항상 있을 것인데 그중에 제일은 사랑이라"라고 끝을 맺은 '사랑의 찬가'가 표기되어 새겨있다. 이 교회 전면 상단 왼쪽에 천국 열쇠를 들고 있는 베드로와 오른쪽에는 성경을 들고 있는 바울의 모자이크가 있다. 그리고 전면 좌측 중단에 고린도 교회 역대 교역자의 명단이 벽에 음각되어 있다. 이 교회의 역대 교역자 중 1대가 바울이며 2대는 아볼로 그리고 3대는 실라로 기록되어 있다.

우리 일행은 신 고린도에서 구 고린도로 이동했다. 먼저 박물관에서 구석기시대 유물인 토기 등 생활용품으로부터 석상 등의 유물과 인류 최초의 모자이크인 디오니소스 (Dionysos)상을 살펴본 뒤에 그 당시의 아고라를 찾았다.

지진으로 파괴된 돌기둥 기타 건축자재가 널려있다. 벽돌로 쌓아 상가를 구분해 놓은 흔적을 볼 수 있었다. 중앙 그리고 남쪽과 북쪽에도 또 서쪽까지도 상가가 있었다고 하며 바실리카 바로 북쪽에 피레네(Peirene) 샘터도 있다. 이곳의 우물은 19세기 말까지 사용되었으며 정원과 6개의 물 저장소가 서로 유통되도록 설계되었고 지금도 물이 흐르는 소리가 들린다. 신화에 따르면 아들을 잃어버린 어머니(피레네)의 애절한 사랑이 지금도 눈물이 되어 흐르고 있다고 한다.

바울이 2차 전도여행 중 고린도에 1년 6개월을 머물면서 하나님 말씀을 가르쳤는데 유대인이 일제히 일어나 대적하여 바울을 재판자리(Bema)로 데리고 와서 이 사람이 율법을 어기어 사람들에게 하나님을 공경하라고 한다 하여 처벌을 요구했다. 당시의 아가야 총독 갈리오(Gallio. 서기 51~52년)는 "부정한 일이 일어나 괴악한 행동이 있었으면 너희 말을 들어주겠으나 그렇지 않으므로 재판장이 되지 않겠노라"고 거절했다(행 18:11~16). 여기에서 재판자리 즉, 비마(Bema)란 총독이 연설하거나 재판할 때 사람들을 내려다볼 수 있도록 돌로 만들어 놓은 일종의 연단이다.

그리고 고린도 출신으로 알려진 통속의 그리스 철학자 디오게

네스(Diogenes. B.C. 412?-323)가 살았던 곳이라고 하는 장소에서 사진 한 장을 촬영했다. 알렉산더 대왕이 그 철학자를 찾아가 "당신이 원하는 것이 무엇이냐?"고 물었을 때 그는 "대왕께서 나에게 비치는 햇빛을 가리고 있으니 한 걸음 물러나 달라."고 한 말로 유명하다.

끝으로 우리 일행은 나무그늘 밑에서 담임 목사님의 성지순례 여정의 마지막 설교를 들은 뒤에 아테네로 귀환했다.

◇ 두려움 없는 전도

순례 열두 번째 날은 오전 8시에 아테네국제공항에서 이스탄불국제공항으로 가는 항공기에 탑승하기 위하여 새벽부터 서둘렀다. 아테네국제공항은 전에 아테네 시내에 인접해 있었는데 2004년 28회 아테네 올림픽 경기를 개최하기 위하여 외곽으로 이전했기 때문에 버스로 30여 분 이상 소요되었다.

우리 일행은 예정대로 항공기에 탑승하여 이스탄불국제공항에 안착했다. 애초 순례지에서는 쇼핑하지 않기로 하고 이스탄불에서 쇼핑하기로 해서 새 안내자의 안내를 받아 이스탄불 그레이트 바자(Great Bazaar)에 갔다. 이곳에서 선물을 사기도 하고 윈도우 쇼핑(window shopping)을 하기도 했다.

우리의 계획은 오후에 지하물저장소(Yerebatan Sarayi)를 관광하기로 했다. 이 저장소는 서기 532년 비잔틴의 저스티니안

(Justinian) 황제가 궁정과 도시민의 식수를 해결하기 위하여 건축했다고 한다. 19㎞ 떨어진 벨그라드 숲에서 수로를 통해 이 저장소까지 물을 끌어 저장했다고 한다. 길이 140m, 폭 70m, 높이 8m인 지하물저장소의 기둥은 고대 그리스 신전에서 운반되어 온 것으로 336개의 기둥이 약 4m 간격으로 28개씩 12줄로 서 있다. 그중에 2개의 주춧돌은 메두사(Medusa)의 두상을 사용했다고 하며 저수량은 약 8만 톤이라고 한다.

그런데 우리 일행은 모두가 피로해서 지하물저장소의 관광을 포기하고 보스포루스해협(Bosporus strait)에서 유람선을 탔다. 이 해협의 길이는 30㎞, 너비는 550~3,000m, 수심 60~125m이며, 아시아 대륙과 유럽 대륙과의 경계를 이룬다. 그래서 터키의 국토를 유럽과 아시아로 나누어 있는 셈이며 서쪽은 유럽이고 그 반대쪽은 아시아다. 고대로부터 흑해와 지중해를 연결하는 중요한 수로인 데다가 마르마라 해(Marmara Sea)의 출입구에 해당하는 위치에 있었으므로 서기 1453년 이래 터키가 장악하게 되자 방위를 목적으로 양안을 요새화하였다.

지형적으로 양안은 급사면을 이루고 있으나 경관이 매우 아름다웠다. 서기 1973년 10월 26일 터키공화국 제50주년을 기념하기 위하여 완공된 보스포루스해협 횡단 유라시아 대교(Eurasia Big Bridge)는 세계 유수의 현수교(懸垂橋) 중 4번째이며 아시아와 유럽을 잇는 대교로서 보스포루스 수면 위 높이가 64m이며 길이는 1,500m라고 한다.

보스포루스 수심이 깊어서 물빛은 짙푸르렀으며 여러 개의 유람선이 관광객을 태우고 질주했다. 이 해협에서 유람선을 타는 것이 관광객의 피로를 푸는 일종의 방법이기도 한 모양이다. 우리가 유람선을 탄 시간은 1시간도 훨씬 넘은 것 같다.

우리 일행이 유람선에서 내려서 공항으로 가는 길에 안내자 목사님은 이곳 터키에 한국식당이 여러 개가 있으며 선교사들도 여러 명이 파송돼 있다고 한다. 첫 번째 안내를 담당한 목사님은 터키에서의 선교가 심히 어렵다고 했는데 이번 안내 목사님은 그렇지가 않다고 한다.

그래서 "공개적으로 예배가 가능하냐?"고 물었더니 "사전 신고하면 가능하다."고 한다. 그리고 만약 "여기서 선교하다 추방당하면 그것은 가문의 영광"이라고 말하면서 추방당하는 것을 두려워하지 않는다고 말했다. 그렇다! 두려움 속에서 이루어지는 일은 없다. 역시 생명을 걸고 전도한 사도 바울과 그 동역자의 성령충만한 믿음에 머리가 숙어졌다. 구약성경 시편에 "내가 하나님을 의지하고 그 말씀을 찬송하올지라 내가 하나님을 의지하였은즉 두려워하지 아니하리니"(시 56:4)라는 말씀이 생각났다. 우리 일행은 피로한 몸으로 아침에 내렸던 이스탄불국제공항으로 갔다.

◇ 순례의 막을 내리면서

어젯밤 9시 40분에 이스탄불국제공항에서 인천국제공항으로 비행하는 항공기에 탑승한 뒤에 지난 12일 동안의 성지순례 여정을 되돌아보았다. 순례지마다 은혜를 받았으면 좋았으련만, 그렇게 하지 못한 것에 대한 아쉬움이 남아 있다. 어느 곳은 인상 깊게 새겨진 곳도 있고 어느 곳은 순례하기에 너무 어려웠던 곳이라서 머릿속에 남아있는 곳도 있다. 그리고 일정이 좀 타이트하게(tightly) 짜였다는 생각하면서 잠들었다.

그리고 잠을 깬 뒤에 다짐의 시간을 가졌다. 신약성경 사도행전 1장 8절에 "오직 성령이 너희에게 임하시면 너희가 권능을 받고 예루살렘과 온 유대와 사마리아와 땅 끝까지 이르러 내 증인이 되리라 하시니라"고 한 말씀이 생각났다.

믿음이 견고해져서 하나님께 영광을 돌리며 성령 충만하여 하나님의 말씀을 땅 끝까지 전해야 하겠다고 다짐했다. 이러한 다짐을 실현하기 위해서는 기도하면서 이번 성지순례를 통하여 얻은 선배 신앙인들의 열정을 닮아야 하겠다는 생각도 했다.

이러한 다짐의 시간을 보내는데 기내 방송은 "우리 대한항공은 앞으로 1시간 뒤에 인천국제공항에 도착할 예정입니다. 서울 기온은 섭씨 19도이며 날씨가 흐립니다."라고 안내방송을 했다. 우리가 탑승한 항공기는 도착예정시간보다 좀 늦게 오후 1시 반 경에 인천국제공항에 안전하게 내렸다. 나는 착륙하자마자 하나님께 감사기도를 드렸다. 12박 13일 동안 성지를 순례할 수 있는 여건을 마련해 주신 하나님께 감사하고 또 무사히 다녀올 수 있도록 도와주신 데에 대하여도 감사했다. (2007.05.25)

우리나라 기독교 성지순례

우리 교회의 국내성지순례계획에 따라 9월 24일 아침 8시 30분에 3박 4일의 일정으로 집을 나섰다. 담임 목사님의 인도 아래에 교우 13명과 다른 교회 목사중창단 내외분 총 26명과 함께 세 대의 밴(Van)에 분승하여 첫 번째 성지를 향해 교회를 출발했다. 우리 일행이 순례하기로 계획한 성지는 외국선교사들이 묻힌 서울의 양화진외국인선교사묘원, 주기철 목사님이 시무하셨던 진해 웅천교회, 손양원 목사님이 시무하셨던 여수 구애양원교회, 문준경 전도사님의 사역지인 증도 증동리교회, 한국전쟁 때 77인이 순교한 영광 염산교회 그리고 일제의 만행으로 23인이 순교·순국한 화성 제암리교회이다.

첫 번째 순례지는 외국인 선교사들이 묻혀있는 양화진이다. 양화진(楊花津)은 서울시 마포구 합정동 일대의 한강 변이며 제2한강교 상류 쪽에 있다. 이곳은 조선시대 양화나루터를 지키던 양화 진영이 있었던 곳으로 언론계, 교육계, 종교계 외국인 인사들이 묻혀 있어서 “서울외국인선교사묘원” 라고 한다. 이 묘지는 북악산을 멀리 뒤에 두고 그 앞에는 한강 물이 유유히 흐르고 있으며 풍광이 좋은 곳이다. 이 양화진은 구한말 조선에 전래한 천주교와 개신교 양 교파와 끊을 수 없는 순교 성지가 되었다. 옛 순교자들의 거룩한 정신을 본받기 위해 돌아보아야 할 곳이다.

양화진은 1866년 병인교난(丙寅敎難) 때 대원군에 의하여 천주교도 1만 명이 죽임을 당한 피맺힌 순교 성지가 되었고 개신교는 이 땅의 선교에 몸 바쳐온 많은 외국 선교사들이 묻혀있어 영원히 잊을 수 없는 성지가 된 곳이다. 양화진 바로 옆에 있는 절두산기념교회와 서울외국인교회는 마주 바라보면서 서강 밖 양화나루에서 강바람을 받고 있다.

우리 일행이 양화진외국인선교사묘원 입구를 들러서니 "양화진 이야기"라고 쓰여 있는 안내판이 보였다. 우리는 안내판 앞에서 가던 걸음을 멈추고 읽어보았다. 큰 제목으로 "양화진의 유래 옛 한양 방비 5진의 하나, 묘지공원의 연혁 1890년 헤론의 묘지로, 공원묘지의 현황 500기... 선교사 가장 많아"라고 구분하여 주요한 사항이 기록되어 있다. 그늘 집에 앉아서 담임 목사님으로부터 "양화진 이야기"를 다시 한 번 듣고 묘역 쪽으로 발길을 옮겨 놓았다. 묘역 주변 한강 쪽의 시멘트 담장 너머에서 미친 듯이 질주하는 자동차들의 소음소리가 들려왔다.

우리는 먼저 호레이스 그랜트 언더우드(Horace Grant Underwood, 元杜尤 1859 ~ 1916)일가 묘역부터 살펴보고 한국 최초의 감리교 선교사인 헨리 게르하르트 아펜젤러(Henry Gerhard Appenzeller.(1858~1902)일가 묘역, 미국 북감리교회 최초 교육선교사인 다이젤 벙커(Daizell A. Bunker. 1853~1932) 그리고 고종의 밀서를 가지고 워싱턴에 갔던 호머 베젤엘 헐버트(Homer Bezaleel Hulbert.

1863~1949)의 묘역, 최초 의료 선교사 존 헤론(John W. Heron, 惠論. 1856~1890)과 그 뒤를 이은 의료 선교사 윌리엄 제임스 홀(William James Hall. 1860~1894)의 묘역, 미처 피지 못하고 진 루비 켄드릭(Ruby Rachael Kendrick. 1883~1908), 헤론의 부인 헤티 게일(Hattie G. Gale) 등의 묘역을 살펴보기로 했다.

◇ 양화진과 개신교의 역사

양화진이 개신교와 본격적인 관계를 맺은 것은 1890년 호레이스 그랜트 언더우드 등 외국선교사들이 양화진을 외국인 선교사 묘지로 허락해 줄 것을 정부에 건의한 데서 비롯되었다. 건의하게 된 동기는 1890년 7월 26일 제중원(濟衆院, 廣惠院 후신. 세브란스병원 전신) 원장을 지낸 미국 북장로교회 최초 의료 선교사 존 W. 헤론이 과로 때문에 34세로 세상을 떠났고 동료 선교사들은 헤론의 시신이 양화진 숲 속에 묻기를 희망했다. 그래서 정부 당국에 이를 허락해 달라는 서한을 보냈다.

그러나 왕궁이 있는 서울 중심에서 15리(6㎞) 이내에는 무덤을 쓸 수 없다는 정부 방침 때문에 거절당하였다. 그리하여 헤론의 시신은 일단 정동에 있는 미국공사관 구내에 임시 매장하였고 선교사들을 위한 묘지조성 계획을 꾸준히 진행하게 했다. 선교사들은 한성에 와 있는 5개 외국공사(미국, 러시아, 프랑스, 독일 등) 이름으로 묘지조성 안을 정부기관에 신청했다. 먼젓번 선교사들의 건의는 거절했지만, 주재외국공사들의 정중한 건의에 왕도 쉽게 거절할 수 있는 상황이 아니었다. 결국, 고종황제는 이들의 건의를 수락하는 특별조치를 취했다.

고종의 윤허(允許)를 얻은 양화진외국인선교사묘지는 1893년에 조성되었고 그 규모가 4,628㎡(1,400평)이었다(지금은 지하철공사로 1,322㎡ 잘려나갔고 3,306㎡뿐임). 정동 미국공사관 구내에 임시 매장되었던 헤론도 3년 만인 1895년 10월 24일에 외국인 선교사들이 지켜보는 가운데 그 유골이 양화진외국인선교사묘지로 이장되었다. 그리하여 헤론은 외국인 선교사로서 이곳에 처음으로 묻힌 자가 되었다. 이어서 감리교 의료 선교사 윌리엄 홀, 한국교회의 여명을 밝힌 장로교의 호레이스 그랜트 언더우드 일가와 감리교의 헨리 게르하르트 아펜젤러 일가, 최초 교육 선교사인 다이젤 에이 벙커, 고종의 밀서(密書)를 워싱턴에 전한 호머 베젤엘 헐버트, 미처 피지 못하고 진 루비 켄드릭, 헤론 부인 헤티 게일, 사무엘 포만 무어 등이 묻혀있다.

◇ 존 W. 헤론 일가 묘역

1) 최초 의료선교사 존 W. 헤론

1884년에 미국 북장로교회 선교부는 의술이 뛰어난 청년 헤론(John W. Heron)을 조선 최초의 의료선교사로 임명하였다. 그러나 조선 땅에 제일 먼저 진출한 의료선교사는 알렌(Horce N. Allen 安蓮)이다. 그는 중국에서 뜻을 이루지 못하고 1883년 5월에 조선 땅에 진출했다. 헬론은 1885년 6월에 조선에 와서 선교사, 의사, 공사관원 등 다각적인 면에서 활동한 선교사였다. 아렌과 함께 창덕궁 서쪽에 있었던 광혜원(廣惠院 세브란스병원의 전신이며 고종의 지시로 1885년 4월 10일 개설됨)에서 의료 선교를 시작했으며 아렌이 원장 직을 사임하고 귀국한 뒤에 헤론이 그 원장 직을 이어 맡았다.

그리고 헤론은 호레이스 그랜트 언더우드, 헨리 게르하르트 아펜젤러, 스크랜톤, 알렌 등과 함께 성서번역도 하였고 농촌지방을 돌면서 수많은 환자를 치료하였다. 그는 순회 진료 때문에 극도로 피로한데다 이질에 걸려 34세라는 젊은 나이로 1890년 7월에 이 세상을 떠났다. 위에서 언급한 바와 같이 헤론은 미국에서 조선 선교를 위하여 자원한 최초의 의료선교사이며 죽어서 한성 근교 양화진외국인선교사묘원에 묻혔고 그는 이 묘지공원을 개척케 한 첫 선교사이기도 하다. 그의 비문에는 "하나님의 아들이 나를 사랑하셨고 나를 위해 자신을 주셨다."라고 쓰여 있다. 그는 조국보다 자신의 가족보다 더욱 조선 사람들의 영혼을 사랑하였다.

2) 열정적 선교활동을 한 헤티 게인

헤티 게인(Hattie G. Gale)은 남편인 존 W. 헤론과 함께 조선에 왔다. 그녀는 남편과 함께 열정적인 선교활동을 하였으며 남편이 사망하자 명성황후와 마펫, 게일의 도움으로 살아가게 되었다. 그녀는 남편이 세상을 떠난 지 2년 뒤인 1892년 게일(James Scarth Gale)과 재혼하였다. 게일은 선교 초에 헤론과 같이 사역하며 가깝게 지내던 캐나다 출신의 선교사였다. 헤론의 미망인 헤티 게인은 재혼한 남편과 함께 원산에서 선교활동을 하다가 폐결핵으로 48세의 나이로 생을 마치고 이곳 양화진외국인선교사묘원에 묻혔다. 그녀의 비문에는 "그 분이 오실 때까지"라고 쓰여 있다.

◇ 윌리엄 제임스 홀 일가 묘역

1) 의료 선교사 윌리엄 제임스 홀

의료선교사 윌리엄 제임스 홀(William James Hall)은 캐나다 온타리오 주 글랜뷰엘 가난한 농가에서 1860년 1월 26일에 태어났다. 같은 주 킹스톤 퀸즈대학 의과를 마치고 뉴욕 벨리뷰의과대학을 거쳐 외국선교사 훈련을 받기 위해 감리교의 에피스코펄 교회 매디슨 가(街)의 의료선교부 책임의사로 일을 시작했다. 그러다가 1891년 의료선교사로 조선에 파송되었다. 그는 조선에서 미국 감리교 여성 해외선교부 소속인 여의사 로제스터 셔우드와 어렵게 결혼했고 결혼한 뒤에 로제스터는 한성에 있는 병원에 근무하도록 명령을 받았고 제임스는 평양 선교기지 개척담당자로 임명되었다.

그는 동학(東學) 진압을 핑계로 조선 땅이 청일전쟁의 마당이 되었을 때 선교사 제임스 홀의 선교지인 평양이 격전지가 되자 한성에 아내와 아들을 두고 되돌아가 부상자를 치료하다가 장티푸스에 폐렴이 겹쳐 그는 쓰러졌다. 그러나 그를 돌보아줄 의사는 한 명도 없었다. 그래서 배를 타고 한성에 도착하여 사랑하는 아내 로제스터와 아들 앞에서 1주일 동안 앓다가 1894년 11월 24일 34세의 젊은 나이로 세상을 떠났다. 그의 시신은 양화진 언덕에 묻혀있다.

2) 로제스터 셔우드 홀과 그의 딸

로제스터는 남편 장례식이 끝난 며칠 뒤에 아들 셔우드 홀의 양육문제를 감당하기 어려워 귀국했다. 뉴욕 리버티에 있는 친정집에 도착한 로제스터는 1895년 1월 18일에 유복녀인 딸을 낳았고 제임스가 지어 놓았던 에디스 마거릿이라는 이름을 붙어주었다. 출산 뒤에 고향인 병원에서 의사의 일을 다시 시작했다. 남편인 제임스의 출생지이며 모교회가 있는 캐나다 온타리오 주의 글랜뷰엘을 찾아간 것은 에디스가 태어난 지 반년쯤 되던 무렵이었다.

그 뒤에 로제스터 셔우드 홀은 남편의 유지를 받들어 조선 땅에 나온 직후 유복녀였던 딸 에디스를 이질 병으로 하늘나라로 보냈고 조선 땅에서 43년 동안 의료 선교하였다. 은퇴해서 고향에 돌아간 뒤에 한 줌의 재가 되어 남편과 딸 에디스가 묻힌 양화진 언덕으로 돌아와 묻혔다.

3) 결핵 퇴치에 앞장선 셔우드 홀

윌리엄 제임스 홀의 아들 셔우드 홀(Sherwood Hall)은 1911년 미국 마운트 유니온대학에서 의학 공부를 했고 재학시절에 부인 메이언 보텀리(Marian Bottomly)를 만났으며 메이언은 필라델피아 여자대학에서, 셔우드 홀은 토론토 의과대학에 진학하여 의학 공부를 마친 뒤에 1926년 4월 어머니 로제스터의 회갑인 해에 조선에 나왔다. 그는 해주에서 구세병원(救世病院, 노튼기독병원) 일을 시작했고 해주 의창(懿昌)학교 교장직을 겸하기도 했다. 1928년에 조선 최초로 결핵요양원인 '구세요양원'(救世療養院)을 건립하고 요양원 안에 결핵위생학교도 설립했다.

또 그는 안식년에 크리스마스 창시자인 비셀(E. P. Bissell)을 찾아가서 크리스마스 씰 운동에 관한 자료를 수집해 조선 땅에서 1943년 크리스마스 때부터 이 운동을 시작했다. 그는 1940년 일제의 간첩죄 누명을 쓰고 인도로 가서 23년간 결핵 퇴치를 위하여 일하는 등 모두 37년간 의료선교의 막을 내렸다. 그는 1991년 1월 5일에 브리티시 콜롬비아에서 세상을 떠났으며 유해가 양화진으로 이송되어 안장되었다.

◇ 조선의 여명을 밝힌 언더우드 일가 묘역

1) 호레이스 그랜트 언더우드 선교사와 그의 부인 호튼

언더우드(H. G. Underwood)는 1859년 영국 런던에서 출생하여 1881년 미국 뉴욕대학교, 1884년 뉴브런즈윅신학교를 졸업하였다. 1885년 아펜젤러((H. G. Appenzeller) 목사와 함께 미국 북장로교 선교사가 되어 조선에 파송되었다. 조선에 온 뒤에 그는 광혜원(廣惠院)에서 화학과 물리를 가르쳤다. 또한, 벽지 전도를 통해 다각적이고 왕성한 선교활동을 벌리었다.

1887년 9월 27일 정동 13번지 언더우드 목사 집 사랑채에서 14명이 모여 예배를 드린 것이 새문안교회의 출발이었다. 어학에 뛰어난 그는 우리나라 「말본」과 「한영소자전(A Concise Dictionary of the Korean Language)을 편찬 발행하였고 이를 위해 「대한기독교서회」의 전신인 「기독교서회」(The Korean Religious Tract Society)를 창설하였다. 그는 1889년에 미국 북장로교 의료 선교사 릴리아스 호튼(Lillias Stirling Horton, 好敦)과 결혼하였다. 그들은 결혼기념으로 평양, 강계, 의주를 여행하며 전도활동을 펼쳤다. 특히 그는 국법에 어긋나는 것을 꺼려 의주 교인 33인에게 압록강 중국지역에서 세례를 집전했다.

언더우드는 1900년 기독교청년회(YMCA)를 조직하였으며 1915년에는 경신학교(儆新學校)에 대학부를 개설하여 연희전문학교로 발전시켰다. 그는 한국 개화기에 종교, 정치, 교육, 문화 등 여러 분야에 많은 공을 남기었다. 1916년 신병으로 귀국하여 애틀랜틱

시티(Atlantic City)에서 사망하여 그곳에 안치되었다가 1999년 5월 20일에 양화진외국인선교사묘원에 이장되었다. 그의 부인 호톤은 여성 의료사업에 헌신하는 한편 명성황후의 시의(侍醫)로 활동했으며 선교에도 크게 헌신하였다. 그녀도 양화진 언더우드 일가의 묘역에 잠들어 있다.

2) 호레이스 호튼 언더우드와 그의 부인 와그너

호레이스 호튼 언더우드(Horace Horton Underwood, 元漢慶)는 호레이스 그랜트 언더우드가 서울에서 얻은 첫 아들이다. 그는 뉴욕대학에서 교육심리학을 전공했고 선교사로서 한국에 와서는 경신학교에서 교편을 잡았고 연희전문학교 교수로 활동했다. 그는 연희전문학교에 사회학을 개설 강의해서 한국에 처음으로 사회학을 개설한 공헌을 했다. 또 1919년 3·1운동 당시 제암교회 학살사건을 전 세계에 여론화시켜 일본의 잔악한 만행을 만방에 알리기도 했다.

이 때문에 그는 일본의 미움을 받아 일제 말엽에는 일본 헌병들에 체포되어 외국인 수용소에서 6개월간 감금되었다가 외국인 일제 추방령에 따라 본국으로 쫓겨 갔다. 8·15광복과 더불어 다시 한국을 찾아와 선교사로서 미 육군성의 고문 겸 통역관으로서 활약했다. 그뿐만 아니라 그는 연세대학교 백낙준 총장을 도와 학교 재건에 힘을 쏟았지만, 좌익 세력이 판치던 당시 1949년 3월 17일에 그의 부인 와그너(Ethel Van Wagner)는 연대 부총장 숙소에서 공산당 괴청년의 총에 맞아 순교하였으며 양화진 언더우드 일가 묘역에 묻혀있다.

그뿐만 아니라 언더우드 목사의 손자이며 원한경의 아들인 호레이스 그랜트 2세(Horace Grant II Underwood, 元一漢)와 그의 부인 조안 D. 언더우드(Joan Davidson Underwood, 태요한)도 그들과 함께 묻혀있다. 이처럼 부모와 맏아들 내외 그리고 맏손자 내외 3대가 함께 양화진 언덕에 잠들어 있다.

◇ 헨리 게르하르트 아펜젤러 일가 묘역

1) 최초의 감리교 선교사 아펜젤러

헨리 게르하르트 아펜젤러(Henry Gerhard Appenzeller)는 1858년 2월 6일 미국 펜실베이니아 주 서러튼에서 태어나서 1882년 랭커스터 프랭클린 마셜대학과 뉴저지 주 매디슨의 드루대학 신학부를 졸업하였다. 1884년 미국 감리교 선교회에서 조선 선교사로 임명받고 갓 결혼한 아내 D. 엘라와 함께 1885년 초 조선에 온 최초의 감리교 선교사이다. 그는 이 땅에 와서 조선 선교회를 창설하고 배재학당(培材學堂)을 설립하였다.

그는 어학에 남다른 재주가 있어 1887년 조선성경번역부가 생기자 H. G. 언더우드, J. S. 게일 등과 함께 성경국역사업에 참여하여 「마태오의 복음서」, 「마르코의 복음서」, 「고린도인들에게 보낸 편지」(I·II)의 번역을 마쳤다. 한편 1895년 월간잡지 「조선휘보」(The Korean Repository)를 복간, 그 편집을 맡았다. 1902년 6월 11일 목포에서 열리는 성경번역자회의에 참석하기 위해 인천에서 여객선(558톤급 구마가와마루호, 熊川丸)을 타고 가다가 군산 앞바다에서 상선(기소가와마루호)과 충돌하여 익사하였다. 그는 이 땅에서 17년간 믿음의 씨앗을 뿌리고 46세의 나이로 우리 곁을 떠났다. 그의 시신을 찾지 못해서 양화진외국인선교사묘원에 그 이 묘가 없다.

2) 헨리 아펜젤러의 맏딸과 외아들

H. G. 아펜젤러와 엘라 아펜젤러(Ella Appenzeller)의 맏딸 엘리스 아펜젤러(Alice Appenzeller)와 외아들 헨리 다지 아펜젤러(Herry Dodge Appenzeller)는 이 땅의 복음화를 위하여 헌신했다. 딸 엘리스는 1885년에 조선 땅에서 태어난 첫 백인 아이였다. 그녀는 매사추세츠 주 웰즐리대학을 졸업한 뒤에 컬럼비아대학 사범대학원을 졸업했다. 아버지의 유지를 받들어 1915년 이화학당 교사로 부임했으며 그 뒤에 이화학당을 세계 굴지의 학교인 지금의 이화여자대학교로 만드는데 그녀의 젊음을 다 바쳤다. 3.1 운동 이후 일본의 전쟁 도발로 강제 추방되었던 엘리스는 1946년 12월에 다시 이화에 몸을 담았다. 그리고 1950년 2월 20일 아침 예배 설교 중에 강단 위에서 쓰러져 세상을 떠났다.

외아들 헨리 다지 아펜젤러는 1889년에 태어나 13세 때 아버지를 잃은 충격과 슬픔을 안고 살면서 아버지의 뒤를 이어 1907년 랭커스터 프랭클린 마셜대학을 졸업한 뒤에 프린스턴대학에서 학위를 얻었다. 그는 1917년 아버지가 묻혀있는 땅을 찾아왔다. 그는 1940년까지 인천지방에서 선교한 뒤에 배재학당의 교장 직을 맡아 일하면서 일제의 핍박 속에서도 학생들이게 신앙과 애국심을 불어넣어 주었다. 결국, 일제의 압박에 밀려 호놀룰루 제일감리교회에서 목회하다 해방과 더불어 한국에 와서 한국전쟁을 직접 치렀다. 1952년 배재중고등학교 재단이사장으로 일하던 중 1953년 건강이 나빠져서 귀국하여 치료를 받다가 돌아오지 못하고 그 해 12월 1일에 세상을 떠났다. 그는 누님 엘리스의 뒤를 이어 그의 유언대로 한 줌의 재가 되어 한국 땅 양화진 언덕에 묻혀있다.

◇ 최초 교육 선교사 벙커

벙커(Dalzell A. Bunker. 1853~1932)는 미국 오하이오 주에서 태어났다. 그는 1883년 오버린대학(Oberlin College)을 졸업한 뒤에 유니언신학교에서 신학을 전공했다. 1882년 4월에 조미수호통상조약을 체결한 뒤에 미국의 근대식 교육제도를 받아드리려고 조선에서 최초로 근대식 교육기관인 육영공원(育英公院)을 세웠다.

벙커는 고종의 초청을 받고 미국 정부의 추천으로 1886년 7월

4일에 입국한 미국 북 감리교회 초기 교육 선교사였다. 그는 조선에 와서 육영공원(育英公院) 교사를 역임되어 학생들을 가르쳐 조선 근대 교육의 개척자가 되었다.

1894년 육영공원이 폐교된 뒤에 배재학당 장은 감리교 선교부의 요청에 따라 벙커를 배재학당의 교사로 채용하였다. 배재학당은 1895년 2월부터 조선 정부의 요청에 따라 200명의 학생을 받아 벙커의 책임 아래에 가르쳤고 제3대 배재학당 장이 되었다(1906~1911). 그는 10년 동안 많은 인재를 길러냈다.

벙커는 1899년 1월 개혁세력인 만민공동회(萬國共同會)를 이끄는 이승만 등이 체포되어 투옥되자 벙커는 아펜젤러와 함께 석방운동을 펴는 한편 감옥에 기독교 서적과 교양서적을 넣어주기도 했다. 그는 49년 동안이나 교육 사업을 펼치고 정년퇴직한 뒤 미국에 돌아가 살다 79세로 생을 마감하고 그의 유언에 따라 유골을 양화진 외국인선교사묘원에 안장하였다.

그리고 그의 부인 앨러스 벙커(Annie Ellers Bunker. 1860~1938)는 미시간 주 버오크에서 장로교회 목사의 딸로 태어났다. 1881년 일리노이 주 록포드대학을 졸업하고 페르시아 선교사로 가려고 보스턴에 있는 의과대학에 입학해 의료선교사로서 준비 중 조선에서 활동하던 북 장로회 알렌(H.N. Allen)이 조선으로 올 것을 요청했다.

그녀는 1886년 7월 육영공원 교사로 부임하는 벙커(D.A. Bunker), 헐버트(H.B. Hulbert) 등과 동행하여 조선에 와서 제중원에서 알렌을 도와 의료선교에 착수하였다. 제중원에 부녀과를 신설하여 여자들도 서양의술과 기독교적 선교의 대상으로 삼았다. 그렇게 하면서 벙커와 결혼했고 이후 일생을 남편과 함께 선교에 바쳤다.

1887년 6월 제중원 사택에서 5명의 여자에게 글을 가르친 것이 발전하여 정동여학교가 되었고, 이것이 오늘 정신(貞信)여자고등학교가 되었다. 그녀는 1938년 10월 8일에 서울 정동 그레이하우스에서 소천하였다. 부군과 함께 이곳 양화진 외국인선교사묘원에 묻혀있다.

◇ 근대식 여성 교육기관인 이화학당을 세운 스크랜턴

스크랜톤(Mary Fletcher Benton Scranton. 1832~1909)는 1832년 12월 9일 미국 메세추세츠 주에서 태어났다. 1885년(고종 22년) 2월 어머니 메리 스크랜턴(53세)은 목사인 외아들 윌리엄 스크랜턴(William B. Scranton)과 함께 의료선교사로 조선에 왔다.

같은 해 9월 10일 윌리엄 스크래턴(29세)은 정동병원을 개설하여 독자적으로 의료선교를 시작했고 1886년 9월 31일 어머니 메리 스크린턴은 최초의 근대식 여성 교육기관인 이화학당(梨花學堂 : 지금의 이화여자고등학교와 이화여자대학교의 전신)을 세우고 20여 년간 여성 지도자 양성과 학교경영에 힘쓰는 한편, 선교사업에도 진력하는 등 교육과 선교에 헌신했다.

메리 크리스턴은 1909년 10월 8일 서울 상동 자택에서 77세로 소천하여 서울 마포구 합정동 양화진 외국인선교사묘원에 안장되었으며 아들 윌리엄 스크랜턴은 1922년 3월 일본 고베에서 66세로 소천하였다.

◇ 고종의 밀서를 워싱턴에 전한 헐버트

호머 B. 헐버트(Homer Bezeleel Hulbert. 1883~1949)는 미국 북감리교 교육 선교사로서 내한하여 육영공원 교사로 일했다. 이 육영공원이 없어진 뒤에는 감리교 출판사를 친히 운영하기도 했다. 1905년 을사늑약 체결 뒤에 한국의 자주독립을 주장해 조선평론(Korea Review)을 통하여 일본의 야심과 야만성을 폭로하는 한편, 1907년 네덜란드 헤이그(Hague)에서 열린 제2회 만국평화회의에 특사로 이준, 이상설, 이위종을 파견하도록 고종에게 건의하고 자기 자신도 먼저 헤이그에 가서 한국의 주권 회복을 위하여 적극적으로 협력했다. 그는 고종의 밀사로서 밀서를 휴대하고 워싱턴까지 가서 미 국무장관을 만나려한 일도 있다. 그의 명저로 알려진 「The History of Korea」(조선의 역사)는 그가 조선에서 겪은 경험론적인 회고록이라고 할 수 있다.

그도 일제 말엽에 외국인 선교사에 대해 내린 추방령에 따라 본국으로 쫓겨 갔다. 1949년 이승만 정부가 독립유공자를 초청하자 82세의 노구를 이끌고 한국에 왔으나 노령인데다 여독도 있고 해서 청량리 안식교 병원에서 눈을 감았고 양화진외국인선교사묘원에 묻혀있다.

그의 묘비에는 "I would rather be buried in Korea than Westminster Abbey"(나는 웨스트민스트 성당보다 한국에 묻히기를 원한다.)는 그의 유언이 새겨있다. 이 글에서 그가 한국을 얼마나 사랑했는가를 알 수 있다. 또한, 헐버트 박사 기념사업회에서 그의 묘역에 "한국인보다 한국을 더 사랑했고 자신의 조국보다 한국을 위해 헌신했던 헐버트 박사 이곳에 잠들다."라는 비문을 새겨 그의 50주기인 1999년 8월 5일에 비를 세웠다.

◇ 미처 피지 못하고 진 루비 켄드릭

루비 켄드릭(Ruby Kendrick. 1883~1908)은 미국 남감리교 선교사이다. 그는 22세 때 여 선교사로 지원했으나 나이가 어리다는 이유로 감리교 선교부의 권고로 2년간 더 훈련을 받기도 했다. 1907년 9월에 남감리교 여성 외국선교부의 파송으로 조선에 왔다. 그러나 개성에서 선교 준비하던 중 불과 8개월 만에 급성맹장염으로 미처 피지도 못하고 생을 마치고 이곳 양화진 언덕에 묻혀있다.

그녀는 죽으면서 앞으로 미국에서 더 많은 선교사가 조선에 파송되도록 해달라는 유언을 남겼다고 한다.

고향 교회 청년들이 그녀의 죽음을 애도하여 묘비를 세워주었는데 그곳에는 "If I had a thousand lives to give, Korea should have them all." Ruby Kendrick. (만일 나에게 1천 개의 생명이

있다면 모두 조선인을 위해 바치겠다.)라고 쓰여 있다. 이 비문이 가슴을 뭉클하게 했다.

◇ 천민들에게 복음을 전한 사무엘 포먼 무어

사무엘 포먼 무어(Samuel Forman Moore, 牟三悅)는 미국 북장로회 선교사로서 1892년 이미 46세의 나이로 조선에 와서 당시 가장 천대를 받던 백정들을 상대로 선교활동을 펼쳤다. 그는 천민들의 권리회복을 위하여 계몽하면서 복음을 전파하였다. 한성 곤당골에서 16명의 교인을 모아 교회를 설립하여 지금의 승동교회의 모체가 되게 했다. 그는 그 교회 초대 목사로서 1906년 12월 22일 46세로 세상을 떠날 때까지 24년 동안 조선 교회를 위하여 자신의 모든 것을 바치고 이곳 양화진 언덕에 묻혀있다.

양화진외국인선교사묘원에는 젠센, 성공회의 테너 조교 등도 묻혀있다. 그뿐만 아니라 YMCA의 지도자 브루크만 구한국정부 미국인 고문 르장드르, 뉴욕대학 교수 레이놀즈, 한국 양악의 개척자 에케르트, 대한매일신보 사장인 영국인 베델, 한국 고아들을 극진히 돌본 일본인 소다 옹과 그의 부인 다끼 여사 등이 묻혀있다.

발길을 되돌려 놓으면서 양화진 언덕에 묻혀있는 많은 선교사의 젊은 날을 생각해 보았다. 각자 푸른 꿈을 품고 아름다운 삶을 엮어가기로 한 때도 있었겠지만, 세상적인 것을 접어두고 그들은 하나님의 도구가 되어 이 땅을 땅 끝으로 알고 찾아왔고 자신의 달란트대로 이 땅에 복음을 전하다 피로와 병마를 이기지 못하고 쓰러져 이곳에 묻혔거나 이 땅에서 갖은 고초를 당하면서 일생을 사역하다 귀국하여 말년을 보내다 한 줌의 재로 이곳에 돌아와 묻힌 분들도 있다.

그러나 우리의 젊은 날은 어떠했는가? 이 세상의 열락을 위하여 살아왔고 이제 겨우 새사람이 되고자 발버둥 치고 있는 안타까운 모습이 아닌가? 그들의 무덤을 찾아가면서도 꽃 한 송이라도 사 들고 와 참배를 하지 못한 나 자신의 부족함에 자괴감을 느끼었다.

우리 일행은 양화진외국인선교사묘원을 뒤로하고 마포의 한 식당에서 때가 많이 지나서 점심으로 감자탕을 먹었다. 잠시 휴식을 취한 다음 순례지인 진해를 향해 떠났다. 아무리 차의 성능이 좋고 고속도로라 하더라도 서울에서 목적지인 진해까지 가는 길은 멀었다. 더러는 대화도 나누고 더러는 찬양도 부르고 더러는 찐 밤도 까먹고 더러는 졸기도 하면서 목적지에 밤 9시경에 도착했다.

진해 어촌 근처에 있는 식당에서 저녁을 먹었는데 생선 미역국이 그렇게 맛이 있었다. 물론 장거리 여행을 해서 소화도 잘되겠거니와 저녁 식사가 늦어서 더욱 시장했던 차에 음식을 먹으니 더욱 맛이 있었을 것으로 생각한다. 하기는 진해 출신인 배 집사님이 소개한 특별한 음식점에서 별미를 맛을 본 것으로 생각했다.

두 번째 순례지는 주기철 목사님이 시무하셨던 웅천교회이다. 우리 일행은 원래 마산에서 일박하고 다음날 일찍 진해 웅천교회에 갈 계획이었다. 그러나 애초 계획과는 달리 저녁을 진해에서 했고 식당에서 멀지 않은 곳에 웅천교회가 있다고 해서 우리 일행은 어둠을 헤치고 찾아갔다. 이 교회 전면에 대한예수교 장로회 웅천교회라는 교회 이름이 외등 빛에 희미하게 보였고 그 밑에 "주기철목사순교50주년기념교회"라고 쓰여 있다. 그리고 교회 옆에는 주기철목사기념비가 외롭게 서 있다. 그 교회 담임 목사님으로부터 주기철목사기념관에서 주기철(朱基徹. 1897~1944) 목사님의 생애와 신앙생활 그리고 순교하시기까지의 헌신에 대한 설명을 들었다.

◇ 주기철 목사님의 성장기

주 목사님은 1897년 11월 25일 경남 창원군 웅천면 복부리(현재 진해시 웅천 1동)에서 주현성 씨의 4남 3녀 중 넷째 아들로 태어났다. 그가 태어난 웅천은 1595년 임진왜란 때 왜장 고니시 유키나가(小西行長)가 많은 왜군을 이끌고 웅천성에 와서 조선 병사들과 주민을 무참히 학살했던 비운의 역사현장이기도 하다. 1905년 을사조약(乙巳條約)이 체결되자 일제가 웅천에 다시 올 것을 우려했던 주 목사 일가의 어른 주기효 씨는 민족 수난을 극복하기 위해선 힘을 길러야 한다면서 1906년 이곳에 개통학교

(현 웅천초등학교)를 세웠다. 어린 기복(基福 기철의 아명)은 이 학교에 입학하여 투철한 민족정신과 남다른 민족애를 키웠다. 이즈음 그의 맏형인 주기원은 이곳에 웅천교회를 세워 목회활동을 시작했는데 어린 기복은 이 교회에 열심히 다녀서 "소년 목사"라는 칭호를 듣기도 했다.

개통학교 7년 과정을 마칠 무렵, 그는 당시 부산에서 우연히 춘원 이광수의 애국 강연을 듣고 감동하여 춘원이 교장대리로 있던 평북 정주 오산학교에 진학하기로 한다. 그 학교에 진학한 그는 그곳에서 민족 지도자인 이승훈, 조만식, 서춘 선생 등을 만나 철저한 민족 교육과 함께 신앙교육을 받았다.

주기철(朱基徹)은 1916년 오산학교를 졸업한 뒤 그 해 4월 선교사들이 세운 연희전문학교 상과에 진학했다. 그러나 입학한 지 몇 달도 안 돼 지병인 안질이 심해져 학업을 포기하고 고향으로 돌아왔다. 그는 웅천교회에서 집사로 봉사하면서 교남학교에서 교편을 잡으며 야학과 청년운동에도 정열을 쏟았다. 그 당시 그는 김해교회 이기선 목사의 중매로 안갑수와 혼인했다.

◇ 성령 체험과 목회의 길

주기철은 1920년 마산 문창교회에서 열린 김익두 목사의 부흥회에 참석해 뜨거운 성령 체험을 한 뒤 목사 되기로 결심하고 1922년 3월 평양 장로회신학교에 입학했다. 이곳에서 그는 사무엘 마펫(Samuel A. Moffett, 馬布三悅) 교장을 비롯하여 배위량,

왕길지, 곽안련, 나부열 등 쟁쟁한 교수진으로부터 철저한 신학 교육을 받았다. 당시 그는 출신도 별로 나뉘어 있던 기숙사 제도의 맹점을 학교 당국에 시정토록 건의하여 혼합방식을 채택토록 하는 선도적 역할을 해내기도 했다. 신학교 재학시절 양산읍 교회 전도사로 시무한 그는 1925년 12월 신학교 졸업과 함께 경남노회에서 목사 안수를 받고 첫 목회지인 부산 초량교회 위임 목사로 부임했다. 이 교회에서 헌신적이고도 정열적으로 목회활동을 했다.

주기철 목사님은 당시 구덕 산기슭에 자기 기도처를 정해 놓고 수시로 밤샘 기도를 했는데 이튿날 내려올 때에 온몸이 비를 맞은 듯 땀에 흠뻑 젖어 있었다고 한다. 또 외출도 하지 않고 설교원고를 집필, 완성된 원고를 토요일 밤까지 수십 번씩 낭독해 암송한 뒤에야 주일 설교에 나섰다고 한다.

◇ 신사참배 거부

1925년부터 일제의 신사참배운동이 일어나기 시작했으며 주 목사님은 이때 신사참배 문제가 곧 전국 교회에 시련을 안겨주게 될 것임을 직감하고 교인들에게 신앙의 연단과 우상숭배에 대한 설교를 자주 하였다고 한다. 그리고 신사참배가 기독교 교리에 어긋난다며 '신사참배반대 결의안'을 노회에 제출하여 정식 가결을 받아 내기도 했다.

주 목사님은 1936년 마산 문창교회에 이어 평양 산정현교회에 부임해 갔는데 그 당시 일제는 신사참배라는 무기로 한국교회의 목을 죄어오기 시작했다. 일제는 신사참배에 반대하는 교인들을 모조리 구속하고 고문하는 잔악성을 드러내기 시작했다. 탄압이 계속되자 당시 평양에서 열린 제27회 장로회 총회에서는 굴욕적인 신사참배를 공식 결의하기에 이르렀다. 그러나 신사참배를 강요하는 일제 당국과 이를 결의 실행하는 제도권 교회를 비판하면서 신자들을 대상으로 신사참배 거부를 권유하고 거부자들 간의 결속을 강화하는 운동을 폈다. 그 중심인물은 평남의 주기철(朱基徹), 평북의 이기선(李基善), 경남의 한상동(韓尙東), 주남선(朱南善), 전남의 손양원(孫良源), 함남의 이계실 등으로 전국 각지에 분포되어 있었다.

일제는 이들을 수차례 회유도 하고 탄압도 하다가 1940년 6월경부터 9월경에 걸쳐서 본격적인 검거에 착수하고 재판에 회부하여 해방되기까지 옥고를 치르게 하였다. 1940년에 나온 일제의 “기독교에 대한 지도 방침”이나 같은 해 9월 20일 새벽을 기하여 전국에 걸쳐서 시행된 “조선 기독교도 불온분자 일제 검거령”은 바로 이들을 탄압하려는 조치였다. 대부분 목회자가 무기력하게 신사 앞에 무릎을 꿇었지만, 주기철 목사님과 그와 뜻을 같이하는 일부 목회자들은 신사참배를 강요하는 일본군의 총칼 앞에 당당히 맞섰다.

◇ 잔인무도한 고문과 감옥생활

주 목사님은 1938년부터 1944년 마지막 순교할 때까지 모두 5차례 총 5년 4개월간 감옥생활을 하였다. 옥중에서 일제의 고문은 잔악한 살인적인 만행이었다. 훈련용 검도로 머리든 몸이든 닥치는 대로 후려쳤고 그것도 싫으면 목사님을 천장에다 매달고 채찍질을 수도 없이 하였다. 고춧가루를 탄 더운물을 코에 부어 넣어 숨이 끊어지는 듯한 기절을 몇 번이나 했는지 모른다. 이런 고문으로 식도가 부어 며칠 동안 식사도 못 하고 호흡조차 곤란하였다. 그뿐만 아니라 알코올 심지를 성기 요도에 쑤셔 넣는 성기 고문까지 자행하여 요도에서 피가 흘러나왔고 통증이 심했으며 특히 소변을 볼 때마다 통증으로 변소 통을 잡고 울기도 했다고 한다. 그러나 주 목사님은 고통을 잊기 위해 온 정신을 갈보리 언덕에서 일어난 그 쓰라린 장면을 생각하면서 찬송하였다고 한다. 그 이외 찜질, 쇠못 밟기, 발바닥 때리기, 어머니와 아내 그리고 아들 앞에서의 고문하기 등 상상도 할 수 없는 갖은 고초를 당하면서도 끝내 신앙적 변심을 하지 않았다.

그리고 주 목사님은 그동안 구속과 석방을 거듭하며 안질, 폐병, 심장병 등이 악화하여 폐인이 되어갔지만, 감옥에선 언제나 평화로운 얼굴로 성경 말씀을 묵상하며 감사와 찬양을 했다고 한다. 5번째로 투옥되기 직전 자택에서 노모와 처자, 20여 명의 평양 산정현교회 교인들이 모인 가운데 그는 생애 마지막 설교를 남겼다. "우리 주님 날 위해 십자가 고초당하시고 십자가 지고 돌아가셨는데 나 어찌 죽음이 무섭다고 주님을 모른 체하리까. 오직 일사각오(一死覺悟)가 있을 뿐입니다…, 소나무는 죽기 전에 찍어야 시퍼렇고 백합화는 시들기 전에 떨어져야 향기롭습니다. 이 몸도 시들기 전에 주님 제단에 드려지기를 바랄 뿐입니다."라고 말씀을 선포하셨다고 한다. 이처럼 믿음의 지조를 지킨 것은 인간의 힘으로는 불가능하며 성령의 힘으로 이겨낸 것이다.

◇ 유언과 순교

주 목사님은 투옥된 이후 취조와 고문을 혹심하게 당했다. 그 때문에 그의 몸은 약해졌고 드디어 그는 옥중에서 순교하시게 되었다. 때는 1944년 4월 13일이었는데 그날 사모님과 마지막 면회할 때 남긴 말은 다음과 같다고 한다.

"어머님 뵈옵고 싶구려…. 미음도 먹고 싶소....

"나는 가나 산정현 양 떼들은 어찌하리까?" 이때 오정모 사모님은 "그것을 염려하지 마십시오."라고 위로하였다. 주 목사님은 "그러면 안심하겠소. 어머님을 많이 위로해 드리시오." 이 말을 남긴 뒤에 사모님과 영원히 작별했다.

1944년 4월 21일 금요일 밤 9시 숱한 고문으로 그의 몸은 만신창이(滿身瘡痍)가 되어 평양형무소의 한 귀퉁이에서 그날 밤 9시 30분에 49세로 세상을 떠났는데 "내 여호와 하나님이여 나를 붙잡으소서." 하시고 웃으며 운명하셨다고 한다. 현재 주 목사님의 시신은 서울 동작구 동작동 국립서울현충원(국립묘지)에 안장되어 있다.

이러한 와중에서도 주기철 목사님은 당시로 보아서는 참신하고도 독창적인 제도를 창출하셨다. 새벽기도를 처음으로 만들어 시행했고 이 이외도 권찰제도, 회계감사의 실시, 금요기회의 정착, 장례제도의 창설 등을 들 수 있다.

주 목사님의 실천 신앙에 숙연한 마음을 가졌고 부족한 믿음에 대한 부끄러움으로 마음이 무거웠다. 더욱이 신앙생활에 새로운 결단이 있어야 한다는 생각에 짓눌려 더 마음이 무거웠다. 부끄러움을 감추기나 하듯이 야음을 타고 우리 일행은 자정이 넘어서 마산시 내 숙소에 여장을 풀었다. 밤도 깊고 피로도 해서 잠을 청했으나 지하 카바레에서 들여오는 악기 소리에 제대로 잠을 이루지 못했다. 여행 중일 때에는 잠자리가 편한 것이 피로를 덜어 주기도 한다.

세 번째 순례지는 손양원 목사님이 시무하셨던 여수 구애양원교회 이다.

담임 목사님은 마산을 떠나면서 오전 11시 반경에 목적인 여수애양원에 도착할 예정인데 그곳에는 음식점이 없다고 하면서 도중에 점심 먹기를 권했다. 그래서 우리 일행은 고속도로 휴게소에서 간단한 백반 등으로 점심을 가볍게 했다. 그리고 빵 몇 개를 사 가지고 손양원(孫良源. 1902~1950)) 목사님께서 시무하셨던 여천군 율촌면 신풍리1 여수 구애양원교회(舊愛養園教會)

로 갔다.

우리 일행은 차를 탄 채 구애양원교회(지금은 성산교회) 남동간에 있는 손양원목사순교기념관으로 먼저 갔다. 기념관 앞머리에 "네가 죽도록 충성하리라"라고 쓰여 있다. 기념관은 2층으로 되어 있는데 그 내부에 들어서니 전시장에는 손 목사님이 생전에 입으셨던 조끼와 엷은 솜바지가 있었고 옥중서신, 교적부, 자작시, 두 아들이 순교한 뒤에 하나님께 드린 감사 헌금 봉투, 손 목사 삼부자의 사진, 성경 등에서는 손 목사의 사랑이 배어나는 느낌이 들었다. 우리는 모두 숙연한 마음으로 유품을 살펴보면서 담임 목사님으로부터 손양원 목사님의 생애와 일생 중 주요사항에 대한 설명을 들었다.

손 목사님은 1902년 경상남도 함안에서 부친 손종일 장로와 모친 김은주 집사 사이에서 3남 1녀 중 장남으로 태어났다. 그는 1910년 아버지와 함께 그리스도교에 입교, 1917년 선교사 맹호은(孟晧恩)에게 세례를 받았다. 1920년 일본 스가모중학교(巢鴨中學校)를 마친 뒤 그곳에서 성령 충만한 체험을 하였다. 1924년 1월 정양순 여사와 결혼하고 그 뒤에 주기철 목사님과 교류 중 주의 종이 되기로 결심하고 1926년 경남성경학교를 졸업하고 1934년 평양신학교에 입학할 때까지 부산 강만동에서 나병(癩病, 일명 문둥병 또는 한센병) 환자들에게 전도했고 나병 환자 교회를 세 곳이나 세우셨다. 1938년 평양신학교를 졸업한 뒤 1939년 7월 14일 여수 구애양원교회 목사로 부임한 뒤 나병 환자들과 고락을 함께하셨다. 손 목사님은 신사참배 거부로 6년간 옥중생활을 하고 해방된 뒤에 풀려났다. 그리고 1948년에 두 아들 동인과 동신이를 잃고 2년 뒤인 1950년에 북한 공산군에 의해 순교당하였다.

◇ 나병 환자의 피고름을 입으로 빨아낸 나병 환자의 아버지

손양원 목사님이 여수 애양원이란 나병 환자촌에 부임한 이래 순교할 때까지 오직 나병 환자들을 대상으로 목회하셨다. 부임 당시 그곳에는 1,250명의 나병 환자들이 생활하고 있었다. 그는 나병 환자들과 숙식을 같이 했으며 나병 환자들의 상처에서 떨어진 진물이 섞인 밥도 전혀 마다치 않고 먹을 정도로 사랑을 말로서가 아니라 몸소 실천한 선한 목자였다.

그 당시 애양원 '제14호실'은 나병 환자 중에서 중환자들이 있는 곳이었다. 이곳에는 손가락도 없고 얼굴이 일그러졌고 손과 발이 뭉개져 거의 형체를 알 수 없는 몰골을 한 환자들만 살고 있었다. 그곳에는 사람들이 근접하지 않았으며 간호사들까지도 이 방에 들어가길 꺼렸다고 한다. 온 방 안에 진물이 고여 있고 핏자국과 땀들이 엉겨 붙어 있어 치료하러 들어가더라도 눈만 제외하고 머리부터 발끝까지 싸매고 들어갔으며 방바닥에 신문지 같은 종이를 깔고 들어가 2시간에서 3시간 동안 치료했다고 한다.

손 목사님이 처음으로 제14호실에서 예배를 드리려 할 때 동행한 성도가 "나병 환자들까지도 싫을 정도로 악취가 나서 지금까지 문밖에서 예배를 드렸으니 들어가시지 말고 문만 열어 놓고 그냥 예배를 드리시죠."라고 말씀드렸더니 "무슨 냄새가 난다고 하느냐? 나는 달콤한 냄새가 나는데..."라고 말하였다고 한다. 그리고 방안에 서슴지 않고 들어가서 맨손으로 진물을 죽- 닦아내고서 흉한 환자를 끌어안고 머리를 쓰다듬으면서 기도해 주었다고 한다. 기도를 마치고 나오면 손이라도 씻으시라고 권유하면 "그렇게 하려면 내가 왜 거기에 들어가서 기도하겠느냐?"라고 말할 정도로 나병 환자들을 극진히 사랑했다. 손 목사님은 나병 환자의 피고름 나는 손을 거침없이 잡고 장시간 대화를 나누기도 했으며 나병의 환부에는 사람의 침이 좋은 약이 된다며 입으로 피고름을 빨아내는 일도 마다치 않았다고 한다.

손 목사님의 이런 행동을 병원 측에서는 말렸고 설득하여 피 검사를 하기도 했는데 손 목사님의 피는 보통 사람들의 피보다 더 맑다는 결과가 나왔다고 한다. 그는 오히려 "차라리 당신들과 같은 병에 걸려 같이 살았으면 좋겠다."고 말했다고 한다. 그가 이처럼 나병 환자들을 몸으로 사랑할 수 있었던 것은 하나님을 그 어느 것보다도 더 사랑하였기 때문이었으며 하나님의 사랑을 덧입어 실제 몸소 그 사랑을 보여 준 것으로 생각한다.

손 목사님은 하나님 다음으로 나병 환자를 사랑하였고 자기 가족들보다 더 사랑하였다. 가족들이 먹고 입을 것이 떨어져도 나병 환자들은 굶주리지 않도록 했다. 나병 환자들은 이러한 손양원 목사님을 "나병 환자의 아버지"라고 불렀으며 이들은 예수가 누구인지는 몰라도 손 목사님으로부터 감동받아 자연히 예수를 믿게 된 경우가 많았다고 한다.

◇ 신사참배를 거부한 타협하지 않는 신앙

1938년 당시 일본은 우리 민족에게 신사참배를 강요했으며 손 목사님께서는 신사참배 반대운동을 전개했다. 이 신사참배 문제가 한국교회에 대두하였을 때 교단에 따라서 신사참배를 국민의례로 규정하고 받아들였다. 신사참배를 교계 지도자들까지도 인정한 마당에 신사참배를 거부한 손 목사님에게 돌아온 것은 투옥과 고문이었다. 손 목사님께서는 설교할 때마다 신사참배는 우상숭배로서 하나님의 계명 중 제1계명과 제2계명을 범하는 것이므로 절대로 금하여야 한다고 말씀하셨고 진정으로 두려워할 죄는 하나님의 계명을 어기는 것이라고 말하였다. 결국, 이러한 목사님은 1940년 9월 25일에 여수경찰서에 투옥되었고 해방되기까지 옥중생활을 하셨다.

손 목사님의 옥중 서신은 그가 투옥기간 중에도 신앙에 한 치의 흔들림이 없다는 것을 말해 주고 있다. 그는 숱한 고문과 회유를 버티어내고 구금기간을 전도의 기회로 활용하여 죄수건, 간수건 상관없이 복음을 전하기에 힘썼다. 형사들이 온갖 수단과 방법으로 신사참배를 설득하였지만, 손 목사님은 신앙의 순결을 지키고 말씀 편에서 항상 대답하셨다. 이 때문에 손 목사님은 거의 한 줌도 안 되는 주먹밥을 먹고 지내야 했다.

그는 옥중에서도 신앙생활을 강조하는 부탁과 격려의 내용이 담긴 편지를 보내기도 했는데 한 번은 찾아온 부인에게도 "걱정하지 말고 기도나 해 주구려!"라고 오히려 위로까지 하였다고 한다. 그러한 6년간의 옥중생활도 8·15 광복과 함께 감옥의 문이 열려 풀려났다.

◇ 두 아들을 죽인 원수까지 용서하시고 아들 삼은 사랑

1948년 여순사건 때 손양원 목사님의 두 아들은 안재선에 의해 순교 당하였다. 큰아들 동인이는 25세였고 작은아들 동신이는 19세였다. 동인은 사범학교 졸업한 뒤 미국에 유학하려고 준비하고 있었다. 사랑하는 두 아들이 한꺼번에 총살당했다는 비보는 부모에게는 엄청난 충격과 아픔이었을 것이다. 안재선은 손 목사님의 가족에겐 불구대천의 원수였다. 그러나 손 목사님은 인간적인 슬픔에 빠지지 않고 두 아들의 장례식 때 오히려 다음과 같은 9가지 감사 제목을 발표했다.

즉, 첫째, 나 같은 죄인의 혈통에서 순교의 자식들이 나오게 되었으니 하나님께 감사합니다.

둘째, 허다한 많은 성도 중에 어찌 이런 보배들을 주께서 하필 내게 맡겨 주셨는지 그 점 또한 주님께 감

사합니다.

셋째, 3남 3녀에서도 가장 아름다운 두 아들 장자와 차자를 바치게 된 나의 축복을 하나님께 감사합니다.

넷째, 한 아들의 순교도 귀하거늘 하물며 두 아들이 함께 순교했으니 더욱 감사합니다.

다섯째, 예수 믿다가 누워 죽는것도 큰 복이라고 하거늘 하물며 전도하다 총살 순교했으니 더욱 감사합니다.

일곱째, 미국 유학 가려고 준비하던 두 아들을 총살한 원수를 회개시켜 내 아들로 삼고자 하는 사랑의 마음을 주신 하나님께 감사합니다.

여덟째, 두 아들을 순교로 말미암아 무수한 천국의 아들들이 생길 것이 믿어지니 더욱 하나님께 감사합니다.

아홉째, 이와 같은 역경 중에서 이상 여덟까지 진리와 하나님의 사랑을 찾은 기쁜 마음, 여유 있는 믿음을 주신 주 예수그리스도께 감사합니다.

손 목사님은 슬퍼하는 기색 없이 장례행렬에 앞에서 "영광일세! 영광일세! 내가 누릴 영광일세!" 하시면서 계속 찬송하셨고 감사헌금까지 하셨다. 그리고 그는 "자기 자식들은 순교하여 천당에 갔으나 안재선이는 지옥에 갈 것"이라고 말하면서 그는 자식을 죽인 원수를 용서했을 뿐만 아니라 회개시켜 아들로 삼았다. 그리고 안재선을 손재선이라는 이름으로 개명시켜 자신 아들로 삼고 나중에는 전도사로 키워내는 놀라운 사랑의 역사를 이루었다. 손 목사님의 이러한 실천적 신앙은 당시 교계에 널리 알려져 이때부터 손 목사님은 이미 성자(聖者)로 존경을 받았다고 한다.

◇ 양 떼를 떠나지 않은 목자

손양원 목사님의 양 떼에 대한 사랑은 한국전쟁 중에 잘 나타나 있다. 전쟁이 터지자 북한군은 남한에 있는 목회자들을 잡아 죽이고자 하였다. 이때에 애양원 교인들은 손 목사님을 피난시키려고 갖은 노력을 다하였다. 그는 애양원을 떠나 숨을 수도 도망갈 수도 있었다. 그러나 손 목사님은 양 떼를 떠나지 않았다.

나병 환자들이 손 목사님을 강제로 피난선에 태워 드리면 다시 내리시기를 여러 번 했다. 목사님은 “몸도 성치 않은 나병 환자들을 버리고 나만 살자고 어디로 피난 가겠느냐? 죽어도 같이 죽고 살아도 같이 살아야 한다.”며 “애양원에 한 사람이라도 남아 있으면 떠나지 않겠다.”고 하였다. 목사님은 자기 자신을 돌보지 않고 전쟁 중에도 생명을 걸고 양 떼를 지켰다. 이 때문에 목사님은 체포되어 또다시 감옥생활을 하였다. 그리고 마지막 형장에 끌려가는 그 순간까지도 북한군에게 복음을 전하였다고 한다. 그는 끝까지 양 떼를 지켰고 두 손 모아 하나님께 간절히 기도하시다가 1950년 9월 28일 여수 근교 미평동에서 총살당하여 순교하셨다.

우리 일행은 손 목사님의 순교기념관을 나와 성산교회로 갔다. 담임 목사님이 미리 말씀해 주셨던 "고 산돌(活山) 손양원 목사님 출생 100주년 기념 전국대회 및 52주기 순교자합동추모예배"에 참석했다. 이곳 전남에 손 목사님만 순교한 것으로 생각했는데 그 이외에 조상학 목사, 지한영 강도사, 윤형숙 전도사 그리고 허상용 집사 네 분이 더 있었다. 이 순교자를 기리기 위하여 매년 합동추모예배를 드리는데 우리 일행이 공교롭게 이 예배에 참여했다. 이 네 분은 한국전쟁 당시 손양원 목사님과 같이 순교하신 분들이었다.

◇ 애양원 양재평 장로님의 신앙 간증

추모예배를 마친 뒤에 교회에서 준 도시락 몇 개를 받아 일행은 함께 요기하고 애양원 나병 환자휴게소에 가서 신앙 간증을 들었다. 간증자인 양재평 장로님은 1942년 19세 때 애양원에 입원했는데 양 장로님은 연희전문학교에 다닐 때 나병이 발병해 다니던 그 학교도 중단하고 부모 밑에서 치료를 받았다고 한다. 그러나 한두 달이 아니고 해를 넘기며 앓았고 주변 사람들의 눈길 때문에 계속 집에서 머무를 수 없어서 아버님께 가출의 의사를 말씀드렸던바, 붙잡아야 할 생부께서 잘 생각했다는 식으로 말씀하셔서 아! 이 병은 생부까지도 싫어하는구나! 이렇게 생각하고 일종의 배신감 같은 것을 느꼈다고 한다.

그는 가출하여 이곳 애양원에 와서 다른 나병 환자들과 같이 생활했다고 한다. 그 당시 나병 환자가 700여 명이었다고 한다. 양 장로님은 83세라는데 말씀에 힘이 있고 카랑카랑한 목소리로 간증을 이어나갔다. 그간 DDS(화농 치료제)가 나와서 나병 환자 중 1천여 명이 치료되어 애양원을 퇴원했고 나머지 250명 중에서 130명이 죽고 120명이 남아있다고 한다. 현재 이 애양원은 복지법인으로 되어 있으며 나병 환자를 치료했던 애양원병원은 애양재활병원으로 개칭되었고 일반 피부과와 정형외과가 있다고 하면서 나병이 양성으로 밝혀지더라도 지금은 피부과에 입원 되지 않고 치료만 가능하다고 한다.

우리 일행이 휴게실에 들어갔을 때 10여 명의 환자가 있었는데 그들도 치료된 상태였다. 그들은 시력을 잃고 얼굴이 일그러졌고 손발이 꼬이고 손가락이 없어서 그들이 할 수 있는 일은 아무것도 없다고 한다. 그래서 그들은 생각 끝에 신약성경을 외우기 시작해서 두 번이나 외웠다고 한다. 양 장로님은 신약성경을 손양원 목사도 외우지 못했다고 하면서 그런 면에서 자기들이 낫다는 농담을 섞어가면서 입담 좋게 말씀을 이어갔다.

그들은 나병이라는 천형(天刑)의 병 때문에 갖은 고초를 겪으면서 살아왔으나 예수를 알고부터 그것은 천형의 병이 아니라 천혜(天惠)의 병이었다고 말하면서 예수를 영접하고 즐겁게 새로운 삶을 살아가고 있다고 간증했다. 하나님의 은혜는 인간이 버린

폐인들에게도 희망과 즐거움 그리고 평안을 주었고 그들의 영혼을 구원했다고 생각하면서 나 자신은 건강한 육신을 가지고 있음에도 신앙인으로서 부족함이 너무 많다는 것을 느꼈다.

우리 일행은 애양원 남쪽에 있는 손 목사님 내외분과 두 아들이 영원히 잠들어 있는 묘소를 찾아서 참배하였다. 갈 길은 먼데 해는 서산 노을 속으로 기울어지고 어둠이 밀려오기 시작했다. 우리는 순천동부교회를 향하여 떠났다. 그 교회에서 수요예배를 드리기 위해서였다. 오후 7시가 좀 넘어서 순천동부교회에 도착했으며 그 교회 안금남 담임 목사님의 인도로 예배를 드렸다. 이 교회의 출석 교인이 1,000명가량 된다고 했다. 성도 수와 비교하면 건물의 규모가 큰 교회였다.

우리는 피로한 몸을 뉘일 목포를 향하여 떠났다. 목포 숙소에 도착하니 자정이 넘었다.

네 번째 순례지는 문준경 전도사의 사역지인 증동리교회이다.

우리 일행은 증동리교회가 있는 증도에 가려고 뭍에서 증도(曾島) 행 여객선을 탔다. 배의 뒤쪽 일부는 객실과 기관실로 돼 있고 앞부분 일부는 바지선과 같이 돼 있어 그곳에 차량과 물건을 싣고 증도까지 운항하는 여객선이다. 우리도 배에 밴 3대를 싣고 증도에 갔다. 증동리교회 집사님이 운영하는 식당에서 점심을 먹고 문준경(文俊卿. 1891~1950) 전도사께서 시무하셨던 증동리교회로 갔다. 이 교회는 야산비탈에 동향으로 세워졌는데 문 전도사가 순교한 제방 쪽 바닷가를 바라보고 서 있다. 그 교회 담임 목사님으로부터 문준경 전도사의 생애와 사역 그리고 순교에 대한 설명을 들었다.

◇ 고난의 결혼생활

문준경은 전남 신안군 암태면 수곡리라는 조그마한 섬마을에서 1891년에 문재경 씨의 3남 4녀 중 셋째 딸로 태어났다. 그녀는 비록 섬마을이기는 했으나 조부가 진사 벼슬을 하였기에 좋은 가문에서 태어나 유복하게 자랐으며 어려서부터 총명하고 재덕을 겸비하여 주위 사람들로부터 사랑을 받았다. 그녀는 서당에서 글 공부하고 싶어 했으나 부친의 반대로 뜻을 이루지 못했다.

1908년 17세 되던 해 3월에 신랑의 얼굴도 보지 못하고 결혼했으나 외지를 도는 남편은 아내를 돌보지 않은 채 목포에서 소실을 두고 자녀까지 낳아 살았다. 그러나 문준경은 며느리로서 시부모를 극진히 모시고 형제간에 화목 하는데 한 치의 어긋남이 없었다. 시아버지는 이러한 막내며느리를 유난히 예뻐했으며 시아버지로부터 국문을 깨우쳤고 한문도 배웠다고 한다. 그러나 결혼한 지 20년 되던 해에 자신을 극진히 아껴주던 시아버지마저 세상을 떠났고 시어머니는 큰 아주버니 댁에서 모시게 되었다. 혼자 남은 문준경은 20년간의 시댁생활을 마치고 목포시 북교동에 셋방을 마련하여 삯바느질로 외롭고 고달픈 삶을 살아갔다.

◇ 하나님 사람으로서의 사역

그때 문준경은 신학교를 갓 졸업한 이성봉(李聖鳳) 전도사가 북교동 초가집 한 간을 얻어 막 개척을 시작한 북교동성결교회 전도대원으로부터 복음을 전해 듣게 되었다. 당시 그녀의 나이는 37세였다. 교회에 나간 뒤 한 번도 빠짐없이 출석하였으며 1년 만에 학습과 세례를 받았다. 그리고 1928년 6월 목포 근처 압해도의 개척교회를 돌아다니면서 전도하는 한편 목포의 한 지역을 맡아 개인전도와 축호전도(逐戶傳道)에도 힘썼다.

이성봉 목사의 설교는 성령의 역사하심으로 희망도 즐거움도 없었던 그녀에게 마음의 변화를 일으키게 했다. 주님이 주시는 사랑과 평안은 그녀에게 새로운 삶의 기대와 기쁨을 채워주었다. 그때부터 문준경은 서울에 있는 경성성서학원(서울신대 전신)에 입학할 수 있도록 길을 열어 주시기를 기도했다. 기도한 지 2년 만인 1931년 5월에 기도에 응답받아 경성성서학원에 입학하게 되었다. 그러나 결혼한 여자는 입학을 허락하지 않는 당시의 관례 때문에 처음에는 청강생으로 시작했다. 정규학생이 아니라 장학금 지원도 받지 못했던 초기에는 배고픈 설움도 많이 겪었다. 결국, 이성봉 목사의 간청과 보증으로 정규학생으로 인정받고 기숙사에 들어가게 되었다. 여기서도 그녀는 모범적인 생활로 인기가 높았다고 한다.

문 전도사는 학생 시절 실습기간에 신안군 임자면 진리에

1934년 임자진리교회를 설립하는 것을 시작으로 1935년 증동리교회, 1936년 대초리교회, 방축리교회 그리고 우전리교회를 설립하였다. 아무것도 가진 것이 없는 상태에서 오직 믿음만으로 교회를 세운 그녀에게 수많은 어려움과 고초가 쉬지 않고 따랐으나 기도는 언제나 승리를 안겨 주었다. 증동리교회를 세울 때 큰 시아주버니가 터를 제공해 주었으며 그 집안 가족 전부가 성도가 되었고 문 전도사가 전도 활동할 때 몹쓸 소문도 났으나 그 시아주버니께서 이를 잠재워주기도 했다고 한다.

졸업 뒤에 대도시를 마다하고 증도로 돌아온 문 전도사는 나룻배를 타고 이 섬 저 섬 교회가 없는 지역을 돌며 교회를 개척하고 복음을 전했다. 문 전도사는 특유의 아름다운 음성으로 희망가나 천당가를 부르면 동네 아낙들이 모여들었고 이때부터 전도를 시작했다고 한다. 그녀는 주민의 부탁으로 짐꾼 노릇, 우체부 노릇을 마다치 않았고 섬 주위 돌밭 길을 얼마나 걸었는지 1년에 고무신이 아홉 켤레나 닳아 떨어졌다고 전해진다.

문 전도사의 열정적인 기도는 신유의 은사까지 더해 정신병자, 중풍병자를 고쳐내 "여 의사"란 말까지 들을 정도였다. 한때 장티푸스가 나돌아 많은 사람이 죽어서 가족도 환자 곁에 가지 않았는데 "나는 죽어도 홀몸이니 부담이 없다."며 환자를 돌본 이야기는 유명하다.

1943년 일제의 탄압으로 성결교단이 강제 해산됨과 동시에 문 전도사가 개척한 증동리교회까지 여파가 미쳤다. 그런 가운데 문 전도사는 신사참배를 거부했다. 그런 이유로 목포경찰서는 그녀를 불러내 고문을 일삼았다. 그때마다 그녀는 찬송가 "환난과 핍박 중에도 성도는 신앙 지켰네"를 부르며 에스더서 4장 16절 "죽으면 죽으리라"를 수없이 되풀이했다고 한다. 아무리 회유와 협박이 이어져도 굴욕적인 신사참배는 허락하지 않았다고 한다.

◇ 문 전도사의 순교

문 전도사의 사랑과 충성의 결실이었던 증동리교회에도 수난이 찾아왔다. 첫 번째 수난은 일제 말 1943년에 교회를 강제로 빼앗기는 아픔을 당한 것이었다. 교회당이 이른바 '경방단'(警防團)에 매도 헌납되었으나 1945년 해방과 더불어 되찾았다. 물론 이 과정에서 동민과의 갈등, 폭도들의 구타와 행패가 뒤 따랐으나 결국, 법정 승소로 교회당을 되찾을 수 있었다.

두 번째 수난은, 1950년 문 전도사의 나이 60세에 일어났다. 한국전쟁의 발발로 북괴 남침의 비보와 함께 비운의 날은 다가오고 있었다. 이 비보와 더불어 며칠이 안 되어 이 고장 치안을 담당하던 경찰관들은 그 자취를 감추고 공산당들이 증동리교회를 점령한 뒤에 양도천, 백정희 두 전도사를 자기네 말을 듣지 않는다고 무수히 구타하여 감금하였다. 문 전도사에게도 오랫동안 괴로움을 주다가 이성봉 목사와 함께 숙청하기 위해 목포 정치보위부로 압송하였다.

문 전도사께서 목포에 도착한 것은 9월 28일 새벽이었다. 다행히도 목포에는 공산당들이 모두 도망갔고 연합군이 상륙하기 시작하였다. 그녀 일행을 연행하고 가던 분소 소장이 선심을 쓰며 "친척 집이 있으면 빨리 가라."고 하며 놓아주어, 친척 집을 거쳐 이성봉 목사를 찾아뵙고 증동리교회로 다시 돌아가려 할 때, 이 목사께서 조용한 목소리로 이사야 26장 20절 "내 백성아 갈지어다. 네 밀실에 들어가서 네 문을 닫고 분노가 지나가기까지 잠깐 숨을지어다."라는 말씀을 읽어주며 가지 말기를 권면했다. 그러나 문전도사는 백정희 전도사와 신도들의 위태로움을 잊을 수 없어 타고 왔던 그 선편으로 다시 증동리교회로 돌아왔다.

이곳 공산당들은 뒤늦게 목포 소식을 전해 듣고 마지막 발악으로 10월 4일 밤에 대대적인 숙청을 계획하고 양민 일제 검거령을 내렸다. 그중에 문 전도사와 백 전도사도 사형수들의 대열에 끼였고 두 손을 포박당한 채 해변으로 끌려갔다. 성난 이리와 같은 공산 폭도들에게 처형되기 직전에 문 전도사는 백정희 전도사만은 살려달라고 애원하자, 무자비한 공산 폭도들은 곤봉과 비수, 죽창을 휘두르며 "너는 반동의 새끼를 많이 깐 씨암탉이란 말이야!" 라며 몽둥이로 내려쳤고 그녀는 "아버지여 내 영혼을 받으소서"라는 마지막 말을 남기고 이어진 총탄에 의해 순교하였다. 이 사실은 함께 잡혀가 문 전도사 옆에 있다가 구사일생으로 살아난 수양딸 백정희 전도사에 의하여 세상에 알려졌다. 섬마을 영혼들을 구원한 어머니요. 사랑의 사도요. 복음의 용사인 문준경 전도사는 이렇게 60세로 순교하셨다.

우리 일행은 증동리교회 뒤쪽 산 중턱에 잠들어 있는 문 전도사의 묘소를 찾아서 참배하고 내려왔다. 내려오는 길 왼손 쪽으로 문준경전도사기념관이 있는데 이곳에 유품이라고는 흑백사진 한 장이 액자에 넣어 걸려있으며 이곳은 현재 청소년수련장으로 쓰이고 있다고 한다. 산에서 내려와서 문 전도사가 순교 당한 해변으로 갔다. 제방 위로 2차선 자동차도로가 개설되어 있다. 우리 일행은 숙연한 마음으로 순교지를 살펴보고 "도서 복음의 어머니 고문준경전도사순교지"라고 두 줄로 써 세워진 비 앞에 기념촬영을 하고 다음 순례지를 향하여 출발했다.

다섯 번째 순례지는 교인 77인이 순교한 영광 염산교회이다. 우리 일행은 갈 때와는 역방향으로 증도에서 뭍에까지 왕래하는 여객선에 밴을 싣고 증도를 떠났다. 출렁이는 바다 물결은 옛날과 다름없이 숨 쉬고 있었으며 공중을 나는 갈매기들은 어느 고혼(孤魂)을 달래려는 듯 공중을 맴돌다 멀리 사라지곤 했다. 뭍에 하선한 우리 일행은 넓고 곧게 뻗어있는 서해안고속도를 타고 북상하여 전라도 지방에서 빼놓을 수 없는 순교 현장이며 신앙을 굳게 지켜온, 많은 순교자와 많은 수교사화(守敎史話)를 남긴 영광 염산교회에 도착했다. 약간 경사진 대지 위에 아름답게 건립된 염산교회는 순교자들의 유물이 전시된 순교교육관을 안고 남향으로 아담하게 서 있다. 교회 본당에서 그 교회 담임 목사님으로부터 염산교회의 설립과 수난 당시 성도 3분의 2인 77인의 순교 등에 관한 설명을 들었다.

◇ 염산교회의 설립과 수난

염산교회는 대한예수교 전남장로회(합동) 소속 교회로서 전남 영광군 염산면 봉남리에 소재하고 있다. 1939년 영광군 군남면 군남교회 허상 전도사가 옥실리 이봉오의 집을 기도처로 정하여 예배를 드린 것이 염산교회의 시작이었다. 1년 만에 교인이 10여 명으로 늘어났고 초가 3칸(18평)짜리 예배당도 새로 건축하였다. 허상은 그 해 초대 장로로 장립되었고 원창근 목사를 제1대 위임 목사로 청빙(請聘)하였다.

그러나 인근 지역에서의 좌익운동으로 교회는 큰 혼란을 겪었고 원 목사는 사임하였다. 1950년 3월 김방호 목사가 제2대 목사로 부임하였다. 교회는 28평짜리 교회당을 건축할 정도로 크게 부흥하였다. 그러나 이곳에는 공산 세력들이 많이 활동하던 지역으로 한국전쟁 이전부터 사상적 마찰이 잦은 지역이었다. 전쟁이 발발했던 그 해 7월 23일로 일단 교회가 폐쇄되었고 예배는 교인들의 가정에서 비밀리에 드리기 시작했다. 교회는 공산당 사무실로, 목사관은 그들의 숙소로 징발당하고 말았다. 김 목사는 교인들의 피난 주선을 마다하고 어린 자녀들을 데리고 교인의 가정을 전전하였다. 그러한 와중에도 집집마다 심방을 게을리하지 않고 교인들의 신앙심을 북돋아 주고 격려하면서 목회 활동에 전념하였다고 한다.

◇ 77인의 순교와 사랑

패잔 공산군과 그에 협조한 그곳의 좌익분자들은 10월 7일에 교인 기삼도 등을 붙잡아 죽였고 특히 기삼도는 공산군의 창에 찔려 순교하였으며 염산교회당은 잿더미로 변하였다. 나머지 청년들은 새끼줄로 서로 얽어 매인 채 바닷속에 수장하였다. 8일에는 노병재 일가족 9명을 제방 수문통 바닷물에 밀어 넣어 학살하였다. 노병재 집사는 동네의 유지이기도 한데 그가 수장될 때 온갖 회유에도 굴하지 않고 마지막 물에 수장되기 직전 "내 주를 가까이하게 함은……." 찬송을 힘 있게 부르고 순교했다고 한다. 그의 아우 노병인의 가족 7명도 같은 장소에서 함께 목숨을 잃었다. 그밖에 허상, 김동곤과 김병호 장로의 가족도 함께 순교하였다.

이상과 같이 양일간, 허상 장로를 비롯하여 청년들과 갓난아이에 이르기까지 새끼줄로 묶어 바닷물에 빠뜨려 익사시키고 구덩이에 묻어 생매장시켰으며 교회 뜰에서 죽창으로 찔러 무참하게 죽였다. 한 편 김방호 목사와 7명의 가족을 한 줄로 세워놓고 몽둥이를 주면서 아들들로 하여금 아버지 김 목사를 치라는 명령이 내려졌다. 이때 아들은 "주여! 주여! 이 일을 어떻게 합니까? 우리 모두 아버지와 어머니와 같이 죽여주시옵소서"하고 애원을 했었다고 한다. 말을 듣지 않는다고 구둣발로 차고 공산군들은 부인과 자녀 그리고 손자들이 보는 가운데 사정없이 창과 몽둥이로 김 목사를 죽였다고 한다. 바로 이어 김 목사의 부인, 아들들과 8세와 5세 손자가 차례로 죽임을 당했다. 죽기 직전 7인 가족 모두 "내 주를 가까이하게 함은…" 이라는 찬송을 부르며 순교했다고 한다. 당시 목포에 머물었던 김 목사님의 장남 기휼 목사는 목포형무소에 수감되었다가 역시 공산군에게 처형당하였다.

여자들의 목을 칼로 쳐 죽였는데 여자의 긴 머리카락이 칼에 잘리지 않으므로 한 사람은 여자의 긴 머리채를 잡고 다른 한 사람은 일본도로 목을 쳐서 죽였고 어린애들은 칼로 배를 찔러 죽였다고 한다.

이러한 공산당의 만행은 1950년 9월 28일 서울수복 뒤 9월 9일 국군과 UN군이 목포에서 함평, 영광을 수복할 때 기독인사와 우익 인사들이 그들을 환영하러 나간 것이 직접적인 원인으로 알려졌다.

이로써 염산교회의 전체 교인 중 3분의 2인 77명이 옥실리 뒷산, 교회 뜰, 바닷가 수문 밑에서 순교하였다. 또한, 이 교회의 초대 목사였던 원창권 목사와 그 가족도 모두 공산군에 의해 살해되었다.

1951년 3월 부임한 안종렬 전도사가 순교자들의 시신을 찾아 매장하고 뒷수습을 마무리하였다. 그리고 김방호 목사의 둘째 아들 김익 전도사가 제4대 교역자로 취임하였다. 그는 부친을 비롯한 교인들을 학살하는데 가담했거나 협력한 좌익계 사람들을 용서하는 사랑의 심정을 표하였다. 이에 사람들이 회개하였고 원수를 용서하는 사랑의 사도로 인근에 많은 감동을 주었다고 한다.

◇ 순교교육관과 순교지 수문

영광 염산교회 본당에서 순교에 관한 설명을 듣고 순교교육관에 들려서 순교자들을 괴롭혀 무참하게 살해한 육모방망이, 쇠사슬, 손을 뒤로 묶었던 새끼줄 등의 살해 도구, 교인들을 살해할 때 새끼줄로 얽어 매인 모습을 그린 그림과 유품 등을 살펴보았다. 순교교육관 앞 잔디밭에 세워진 자연석에 굵은 글씨로 "77인 순교기념"이라고 음각된 탑 앞에서 기념 촬영을 하고 순교지인 수문(水門)을 찾아 바닷가로 갔다.

어둠은 대지를 덮기 시작했다. 우리 일행은 수문이 있었던 곳을 찾았으나 그곳에는 시멘트로 콘크리트 된 자동차도로가 개설되어 있고 주변에 많은 차량이 주차해 있었다. 옛날 순교자들의 손을 뒤로 해서 묶고 목에 돌을 매달아 바다에 밀어 넣어 처참하게 익사시킨 수문 터를 찾을 길이 없었다. 어둠에 싸인 바닷물은 금방 사람을 삼킬 것 같이 검은 모습으로 출렁이었다. 우리는 제방 아래에서 옛날 순교 장면을 생각하면서 숙연한 마음으로 묵상기도를 올렸다.

순교현장은 염산교회로부터 직선거리로 약 300m 안에 있다. 이 역사적인 순교현장이 시멘트 콘크리트에 묻혀있는 것을 보고 가슴이 더 아팠다. 시멘트로 덮어버렸으니 원상회복이 거의 불가능하다. 산 사람들의 편의만 생각한 행정에 분함마저 끓어올랐다. 이러한 순교지는 영구히 보전되어야 한다. 후손들이 순례하면서 옛 순교자들의 거룩한 정신을 일깨우기 위해 들려보아야 할 곳이기 때문이다.

우리 일행은 순교현장 바로 위에 있는 음식점에서 저녁 식사를 마치고 밤 10시에 변산반도에 있는 숙소에 도착해 여장을 풀었다. 산중 터에 있는 숙소라서 공기가 그렇게 좋을 수가 없었다. 내일 아침에 등산해서 예배를 드리기로 하고 잠자리에 들었다.

여섯 번째 순례지는 경기도 화성 제암리교회이다.

변산반도에 있는 숙소 뒷산 중턱까지 올라가 신선한 공기를 마시며 아침 7시에 예배를 드리고 숙소로 내려와 아침 식사를 마친 다음 목적지인 화성 제암리교회(提岩里敎會)를 향하여 떠났다. 가는 도중에 변산반도의 아름다운 해변을 거닐면서 내 고향 태안반도의 해변도 그려보았다. 어촌 마을의 분주한 삶의 모습에서 활기찬 내일이 엿보였고 출렁이는 파도 속에서는 천고의 숨소리가 들리는 듯했다.

우리가 탄 밴은 서해안고속도를 질주해서 오후 2시 반 경에 제암리교회에 도착했다. 이 교회는 야산의 양지바른 곳에 억울함과 아픈 기억을 묻고 한 폭의 그림처럼 세워져 있다. 본당에서 그 교회 담임 목사님으로부터 3.1운동과 기독교, 제암리교회 교인들의 독립만세 그리고 제암리 학살사건 현장 등에 대한 설명을 들었다.

◇ 3·1운동과 기독교

1880년대 한국 땅에 들어온 개신교는 한국민족주의의 전개에 상당한 영향을 끼쳤다. 개항 이후였기 때문에 1백 년 먼저 들어온 천주교처럼 격렬한 탄압에 직면하지는 않았지만, 토착민족주의 세력은 개신교에 여전히 거부감을 지니고 있었다. 그러나 한편으로는 개신교 선교사들이 한국에 전파한 서구식 제도와 민주주의 사상은 근대민족주의가 싹트고 성장하는 데 큰 역할을 했다. 선교사들이 설립한 교회와 학교를 통해 많은 민족지도자를 배출했으며 자유와 평등, 자주 사상이 대중에게 전파되어갔다.

1919년의 3·1운동은 개신교가 한국민족주의 운동에서 차지하는 위상이 분명하게 드러나는 계기가 되었다. 이 운동이 일어나기 전인 1919년 2월 8일 간다구(かんたく) 조선기독교청년회관에서 "학우회 총회"라는 이름으로 독립선언서를 낭독하였다. 그리고 기독교(15명)는 천도교(16명), 불교(2명)와 함께 3·1운동에서 지도적 역할을 담당했으며 전국 각지에서 발생한 크고 작은 독립만세 시위 중 상당 부분이 개신교 신자들에 의해 주도되었다. 그만큼 일제의 무자비한 탄압에 의한 피해도 컸는데 이를 대표적으로 보여주는 곳이 바로 경기도 제암리 학살사건이다.

◇ 제암리의 3·1운동

제암리는 경기 수원군(지금의 華城市) 향남면(鄉南面) 안의 한적한 농촌이었다. 이 마을에 제암리교회가 건립된 것은 1905년 8월 제암리 이장이었던 안종후의 주도로 설립되었으며 동족촌락이라는 특성 때문에 유난히 강한 단결력을 지녔다. 1919년 2월 초부터 안종후는 기독교 지도자인 이승훈과 감리교 지도자인 박희도와 친분을 가지고 지내면서 독립 지도자의 뒷바라지를 하며 애국지사의 사상을 직접 받게 되어 3·1운동에 앞장서게 되었다. 저녁이면 청년들과 예배당에서 자주독립을 기원하는 기도를 드렸고 여성들은 발안 시장에 가서 광목을 사다가 태극기를 만들며 독립만세 시위를 위해 치밀한 계획을 세웠다.

수원에서 일어났던 3·1운동은 중앙에서 시도했던 평화적 시위와는 달리 방화와 살육의 폭력운동으로 변질하였다. 3월 31일과 4월 5일 발안 장날을 기하여 제암리 교인들은 마을 어귀에서 시장가는 주민에게 태극기를 나누어 주었고 장터에 나가 가게문을 열지 않도록 협의했다. 장꾼들이 많이 모여든 시간에 교회 청년들은 발안주재소 일경들 앞에서 대한독립만세를 외쳤고 다른 민중도 함께 만세를 외쳤다. 이에 당황한 일경들이 가혹한 매질을 가하며 진압하여 많은 젊은이가 상처를 입고 돌아왔다. 그러나 이에 굴하지 않고 투철한 신앙과 민족사상으로 단결된 젊은이들은 밤마다 뒷산에 올라가 만세를 외치곤 했다.

◇ 제암리학살사건 현장

이 사건은 3·1운동이 있은 그다음 달인 4월 15일 오후 2시경 일본 육군 중위 아리타 도시오(有田俊夫)가 독립만세 운동이 일어났던 제암리에서 마을의 기독교 신자들을 집단으로 살해한 만행사건이다.

주재소 사사끼(ささき) 소장과 조희창은 지난 4월 5일의 발안 장날 사건에 대해 사과하러 왔다며 15세 이상의 남자 신자들은 모두 예배당에 모이게 했다. 사람들이 모이자 사사끼는 조희창이 넘겨준 주모인사의 명단을 가지고 참석자를 확인하여 참석하지 않은 사람들에게 일경을 보내어 불러오기까지 하였다. 다 모이자 잠시 앉아있으라며 사사끼는 밖으로 나갔고 그가 나가자마자 일경과 헌병들은 예배당 문마다 가로대 나무를 대고 못질을 하여 폐쇄하고 석유를 뿌린 뒤 불을 질었다. 헌병대원 30명은 예배당을 포위하고 총을 쏘기 시작했다. 그때 한 부인이 어린 아기를 창 너머로 내놓으면서 이 아기만은 살려달라고 애원했으나 일본 군경들은 그 아기마저 찔러 죽였다고 한다.

이처럼 교회당에 불을 질러 학살을 저지른 일제는 아직 죽지 않은 신자들이 아우성을 치며 밖으로 나오려고 했으나 한 사람도 나오지 못하게 하여 모두 불에 타 죽었다고 한다. 이렇게 하여 성도 21명이 학살당하였고 그 참사를 알고 교회 앞마당에 와서 아들을 살려내라고 울부짖는 어머니와 남편의 죽음에 항거하며 울부짖는 부인을 군도로 목을 잘라 죽였다고 한다. 그래서 총 23

명이 순교하였다. 이것은 일제의 씻을 에야 씻을 수 없는 천인공노(天人共怒)한 만행이었다.

일제는 이것으로도 부족해서 인근의 교회 건물과 민가 등 31호에 불을 질러 또다시 살상자를 내었다. 이는 3월 31과 4월 15일 발안 지역에서 일어난 독립만세 운동에 주도적 역할을 했던 제암리교회에 성도들에 대한 무자비한 보복이었다.

일제 경찰은 이어 제암리에서 5백 미터 떨어진 고주리에서 천도교 신자 6명을 살해하고 시체를 불태워버렸다. 이 같은 만행으로 이날 제암리 일대에서는 사람과 가옥, 가축, 의류, 곡식 등이 타는 냄새와 연기가 10여 ㎞밖까지 퍼져 나갔다고 전한다.

제암리교회 학살사건이 일어난 뒤 성도나 일반인들은 일제의 감시 때문에 사건 현장에 접근할 엄두를 내지 못했다. 결국, 일제의 만행은 선교사들의 분노를 사게 하여 캐나다 의료 선교사 프랭크 스코필드 박사(Dr. Frank Schofield. 1889~1970)가 현장으로 달려가 그 생생한 현장을 사진에 담아 "수원에서의 잔악 행위에 관한 보고서" 를 작성하여 미국에 보내어 여론화시켰다. 그리고 희생자들의 시신은 스코필드 박사가 이틀 뒤 불탄 교회에서 수습하여 시체 8가마니를 인근 공동묘지 입구에 묻었다고 한다.

위에서 설명한 내용을 담은 제암리 3·1운동순국기념관에 들려 독립만세를 외친 애국심과 불의에 항거한 신앙심 그리고 일제의 만행을 다시 한 번 상기했다. 마지막 장면에 쓰인 "용서는 하되, 잊지는 말자"라는 글을 읽으면서 작년에 이스라엘에 갔을 때 유대인학살기념관을 보고 나올 때의 감정이 되살아났다.

◇ 순교자 묘와 각종 기념물

제암리교회 뒤쪽에 순교자 23인이 합장된 묘는 따가운 가을 햇볕을 받고 있었고 비문은 한자로 "提岩里三一運動殉國二十三位之墓" 라고 쓰여 있다. 이 묘는 공동묘지에 스코필드 박사가 매장했던 순교자들의 유해를 발굴하여 제암리 23인 합동순교묘지에 합장한 것이다. 교회 왼편에 제암리 3·1운동순국기념관에는 시청각교육실과 전시실이 있고 1959년 4월 그 기념관 동편에 고 이승만 대통령의 친필로 쓴 「三一運動殉國獨立紀念塔」이 세워져 있다. 그 기념탑 30m쯤 동편에 추모비가 세워졌다. 그 추모비 터에는 중앙에 높이 솟은 돌기둥과 그 상단에 원형의 구멍이 뚫려 있고 그 기둥을 중심으로 23개의 작고 낮은 돌기둥이 세워 있다. 이 추모비는 "3·1 독립만세 운동 때 무참히 학살된 순국선열 23인의 넋을 기리고 자주독립 의지를 계승하기 위하여 이곳에 추모의 뜻을 세웠다"고 한다. "23개의 크고 작은 돌기둥은 순국선열들의 혼을 담은 추모비이며 높이 솟은 돌기둥은 무한한 발전과 자유를, 기둥 상단의 원(○)은 시간과 공간을 초월한 무한한 미래를 상징한다."는 것이라고 한다.

제암리교회 앞에 들어서면 "제암리 3·1운동순국기념관"이란 종합안내도가 있고 또 위에서 말한 묘비나 기념탑 등의 비문에 "순국(殉國)"이란 단어만 쓰여 있지 "순교(殉敎)"라는 단어는 눈을 씻고 찾아보아도 찾을 수 없다. 무참하고 잔인하게 학살당한 사람들이 모두 기독교 성도들이라는 것을 망각한 것이다. 정부나

지방관청의 주관 아래에 이 순교성지를 조성했기 때문에 이러한 결과를 빚은 것으로 생각한다. 그런데 그리스도교계에서는 어찌 남의 일보듯 했는지 모르겠다. 묘비나 기념탑 등을 규모가 좀 크고 석질이 좋은 돌로 만들어 건립하고 벼슬이 높은 사람들이 비문을 짓고 썼다 해서 그 뜻이 더 높아지는 것은 결코 아니다. 제암리교회는 순교의 성지이며 순국의 사적지라는 것을 잠시도 잊어서는 아니 될 것이다.

◇ 제암리교회의 재건립

제암리교회는 1919년 7월 불탄 자리에서 옮겨 다시 건립하였고 1938년 현재의 위치에 기와집 예배당이 건축되었지만, 학살사건의 진상규명은 광복 뒤까지 기다려야 했다. 1970년 9월에는 일본의 기독교과 사회단체들이 속죄의 뜻을 담아 보내온 1천만 엔의 성금으로 새 교회와 유족회관이 건립됐다. 또 1982년 9월 정부에 의해 공동묘지에 임시로 매장되었던 순교자들의 유해를 교회 뒤쪽에 마련된 묘소에 합장했으며 그다음 해 7월 새 기념관과 기념탑이 세워졌다.

현재 제암리교회는 국내의 개신교 성도들은 물론, 일본인 3천여 명을 비롯해 매년 약 4만 명이 찾는 손꼽히는 순교의 성지이며 순국의 사적지가 되었다.

우리 일행은 오후 5시가 다 되어 무거운 마음과 피로한 몸으로 우리 교회로 돌아왔다. 하나님께서 한국 안의 순교성지 순례를 할 수 있도록 계획해 주시고 무사히 다녀올 수 있도록 도와주신 은혜에 감사했다. 이번 순교성지 순례를 계기로 차지도 덥지도 않은 믿음에 대하여 새로운 결단이 필요함을 느끼었다.(2006.08.17.)

-끝-

이상화 두 번째 수필집

사랑의 징검다리

2015년 11월 1일 초판 인쇄
2015년 11월 10일 초판 발행
저 자 이 상 화
발행인 신 용 호
발행처 창조문학사
서울 서대문구가좌로 86 동천아카데미5층

등록번호 제1-263호
전화 02 - 374 - 9011 FAX 374-5217
이메일: hmpo@hanmail.net

공급처: 한국출판협동조합 전화 716-5616~9
저자와 협의에 의해 인지를 생략합니다.
파본은 바꾸어 드립니다.
ISBN 978-89-7734-461-7
정가 12,000원